古城印记

方小康 著

浙江工商大学出版社
ZHEJIANG GONGSHANG UNIVERSITY PRESS
·杭州·

总序一

　　早就听说龙游是一个历史悠久的古县，有着深厚的文化积淀。到龙游工作后，随着了解的深入，我对这个城市有了深刻的印象。这里有将近一万年前人类生活的遗址；春秋时期是姑蔑国的中心区域，现在的县城就是当时的姑蔑城所在；秦始皇统一六国之后，在姑蔑地建大末县，成为浙江省境内最早设立的县治之一，屈指一数，建县历史已有2200多年。

　　历史悠久，文化积淀当然丰厚：一大批凝聚着龙游人民智慧和汗水的地方戏曲、民间舞蹈、匠作工艺、民俗饮食等地方文化结晶，演绎了独具魅力的龙游区域文化。千古之谜龙游石窟，为龙游一方故土增添了神秘色彩。龙游民居苑古建筑，见证着龙游商帮的历史荣耀，讴歌了"无远弗届"的创业精神，谱写了"遍地龙游"的千古佳话。傍着县城东流的衢江，曾是历史上的一条交通干线，有不少骚人墨客，受龙游山水风光的感染而写下锦词丽句，使得这段水道成了历史上又一条"唐诗之路"。2018年，更有建于元代的姜席堰入选世界灌溉工程遗产，再一次证明了龙游人民改造自然的优良传统和不凡的创造能力，成为龙游地方文化的又一张"金名片"。当我在加拿大萨斯卡通现场接过"世界灌溉工程遗产"牌匾之际，一种自豪感油然而生，我为龙游骄傲，为龙游人民骄傲。

　　龙游的历史上，曾有《文心雕龙》的作者刘勰、"初唐四杰"之一的杨炯、抗金名将宗泽等在此任地方官，也涌现出不少出生龙游、名载史籍的文化名人，如南朝以"箬叶学书"传为佳话的学者徐伯珍、唐代诗人徐安贞、宋代"南渡名宰"余端礼、元代天文奇才赵友钦、明代天台宗师释传灯、近代方志学家余绍宋、革命战士兼学者的华岗等，为我们留下宝贵的精神财富。更有无数龙游先贤撰著了一批儒学、宗教、天文、历史、医学、工器、类书等方面的著作，创作了大量立意深远、讴歌家乡山水风光的诗词歌赋。这一切，为这片古老大地赢得了"儒风甲于一郡"的美誉，既是无比珍贵的文化遗产，也是我们回顾历史、开展地方文化研究的水之源、木之本。由于时空更迭、沧海桑田，不少珍贵的文化遗产已湮没在历史的尘埃之中，留存至今的也被深藏于国内外各图书馆的善本书库之中，在我们龙游，反而是难以寻觅了。

文化是一个地方的血脉渊源和精神家园，为此我们遵循党的十九大精神，本着传承优秀文化，增强文化软实力的初衷，启动了龙游文库文化工程。一方面是通过历史文献的整理重印，让这些古籍回到家乡，使龙游百姓和后代子孙得以亲睹先贤著作，使尘封已久的文化瑰宝为现实的生产建设提供丰富的精神食粮，使人民看得见历史、记得住乡愁。我们通过影印本的形式，在国家图书馆出版社的支持下，《龙游历史文献集成》8 函 74 册古籍已于 2017 年得以重印出版。另一方面，一些比较重要的前贤诗文集和各种旧县志，为了方便大家阅读，县史志办公室进行点校整理，由中华书局出版发行。

文化需要传承，更需要创新。龙游文库文化工程的历史文化研究系列，重点围绕新时代改革发展的大环境，编著出版一批新的地方文化著述，以新视野、新观点、新角度，赋予龙游地方文化新的内涵。通过梳理完善，将原先分散的文化亮点串连起来，使龙游的文脉更加完整更加清晰，从而发挥整体效应和时代效应，紧密结合社会主义核心价值体系建设，坚定发展信念，为全县经济社会科学发展注入新的活力，凝聚更多文化认同，汇聚更大精神力量。

习近平总书记说："坚定文化自信，离不开对中华民族历史的认知和运用。历史是一面镜子，从历史中，我们能够更好看清世界、参透生活、认识自己；历史也是一位智者，同历史对话，我们能够更好认识过去、把握当下、面向未来"。我相信，通过《龙游文库》

这个载体，对龙游地方文化全面、系统、扎实的整理和研究，必将有效提升龙游文化软实力，助力区域明珠型城市建设，为全面建设"活力新衢州、美丽大花园"做出贡献。对此，我愿与各方关注龙游文化的有识之士共勉。是为序。

中共龙游县委书记

2019 年 1 月 18 日

总序二

龙游，历史悠久、人文荟萃，素有"姑蔑故都、万年文明"之誉。源远流长的历史，留下了丰厚的文化积淀。从史前文化到古代文明，从近代变革到当代发展，龙游历经千百年的传承与创新，形成了具有鲜明龙游特色、深厚历史底蕴、丰富思想内涵的龙游商帮、姜席堰等一批地域文化，这是龙游人民共同创造的物质财富和精神财富的结晶，是龙游文化发展的动力和源泉。

习近平总书记曾指出："从区域文化入手，对一地文化的历史和现状展开全面、系统、扎实、有序的研究，一方面可以借此梳理和弘扬当地的历史传统和文化资料，繁荣和丰富当代的先进文化建设活动，规划和指导未来的文化发展蓝图，增强文化软实力，为全面建设小康社会、加快推进社会主义现代化提供思想保证、精神动力、智力支持和舆论力量；另一方面，这也是深入了解中国文化、研究中国文化、发展中国文化、创新中国文化的重要途径之一。"我们今天实施龙游文库的编撰工作，其目的和意义也在于此。

如何让龙游历史文化的深厚底蕴、优良传统为当代所用，为县域发展服务，这是历史传承给我们的一项艰巨任务，也是历史赋予我们的一项神圣使命。在这件工作上，时代是出卷人，我们是答卷人，人民是阅卷人。2014年，龙游文库编写工作正式启动，它将深藏于国内外各图书馆中涉及龙游历史的古籍进行收集、整理，或影印，或点校，采用适合当代人阅读的方式进行系统出版，此为文献整理；同时又组织县内外的专家学者，对历史文化中的重点领域进行课题式研究，此为专著编撰。

这两大类书籍的出版，必将丰富、发展龙游文化的外延，进一步增强龙游文化的创新能力、整体实力、综合竞争力，发挥文化在促进龙游经济、政治和社会建设中的作用，这是当今龙游人的文化自觉和责任担当，具有重要的现实意义和深远的历史意义。

文章合而时为作。《龙游文库》的编撰，是对龙游区域文化历史和全景风貌的展示，既能让人看到文化发展脉络的延续，同时也能让人感受到它的发展方向，因此，文库在史料性、知识性、学术性、创新性、时代性、可读性等方面都要有所体现，其编撰难度可想而知。我来龙游后，抽空也认真阅读了一些有关龙游历史文化的书籍，真切地感受到大家对龙游文化的热爱，以及编写者对历史的高度负责态度和严谨学术精神。正是有这样一批辛勤奉献的文化人，才使龙游的历史文化得以精彩地展现，也正是有史志办等相关部门的共同努力，才会使龙游文库变得更加厚重丰实。当然，总体来说我们的研究还刚刚起步，面对万年龙游的深厚积淀，还需要一个持续、长远的坚持。同时，也由于研究力量相对薄弱，完成时间相对紧张，一些作品中难免还有一些失漏、讹误等遗憾。对于这些问题，也希望广大学者和读者能够批评指正。相信，随着研究力量的增强和研究水平的提升，龙游文库的作品一定会越来越好。

当前，龙游文化建设正站在一个新的历史起点上，面临千载难逢的机遇，也面临十分严峻的挑战。如何抓住机遇，迎接挑战，始终保持龙游文化旺盛的生命力，真正走在衢州乃至全省的前列，力争上游，是需要我们认真研究、不断探索的重大课题。我们要以习近平新时代中国特色社会主义思想为指导，以更深刻的认识、更开阔的思路、更有力的措施，大力推进龙游文库研究工程，努力实现在文史研究上"多作贡献、走在前列、当好表率"。

奋斗创造幸福，实干成就梦想。我们期待有更多的优秀成果问世，以展示龙游文化的实力，使龙游文化强县建设更上一个新的台阶。

中共龙游县委副书记
龙游县人民政府县长

2019 年 1 月 18 日

活在故乡别处

——为方小康先生《古城印记》序

我从来没有真正了解过我的故乡，那座小小的南方县城。在不同时期里，我曾短暂拥有过两个房间，几个亲人，很少的朋友。长到十五岁，然后出门远行。我选择了一个与故乡气质迥异的所在，西北的黄土与黄河，似乎是少年急于摆脱的证明。1992 年里幼稚的决绝，几乎影响了我的一生。

若干年后，回来，居住在与故乡近在咫尺之处。有时，那座小城会在我的睡梦中，在两江交汇处摇曳。那里有很新的街道，越来越老的亲人，中年油腻的朋友。然后呢？"只有一块叫月亮的石头没被换掉 / 轻轻重重，压了半生。"

人到中年，觉得恍惚，许多确定无疑的事，好像一夜之间就土崩瓦解了。"我六百年故乡一无所知 / 我四十年肉体草长莺飞。"许多次，觉得身心俱疲时，就回到那个小城，寻一点旧弄堂，莫名其妙地来回走着。而这样的弄堂也已经越来越少了。写了几本小说，用一两个已经消逝的地名，几个应该是小城里长大的孩子，仿佛是一种不甘心，却不知迟迟不肯放手的究竟是何物。"我在天下行走是毕生病痛与错误 / 堆砌、虚构、重建一个旧城黑白的影子。"

至少在小康兄的著作《古城印记》中，我找到了一种别样的生存况味。

结识小康兄年数并不长。初看他是个精致的男人，有文人气、才子味。

读他的文字，却是另一个他。翻古籍，做考证，勘实地，下苦功，他的每一行文字背后，有旧器物与尘埃在里面。这是一种拙实的修行，是我这样的读书人所缺乏的。

我读他的书稿，像是在抚摸那片土地，那些山水，那些历史的体温与痛点；像用手指一点点拂拭婺州窑残片上的多年遮盖，让那些青青黄黄的花纹重现出来。"稻谷青黄，坟茔颓废，水流过新城旧墙／那白鹭迟疑停在半空，从何时来，往何处去／俱我身。"

小康兄嘱我作序，我认真地一一拜读他的文字，像是一种还愿，请求故乡原谅，或重新走一遍那些山水与时间的灰烬。这样的阅读是一种福分，是一个男人与土地的对话，也是两个故乡孩子的对话。而最令我羡慕的，是他与故土长期的握手言和。这几乎就是我半生一直苦求而不得的东西。

我相信会有一种真正的血肉相连，双脚长出根须，像植物般深入土地。那是一种简单的、笨拙的、永恒不竭的生长方式，让先人们为之歌哭，让父辈们为之笑骂，也让我们这些半生行走纸上的孩子有一个最终的归宿。那里真实不虚，心无挂碍，远离颠倒梦想。那里，是故乡或家园，或简单地叫它龙游古城。用我喜欢的词，我唤它：姑蔑。

阿剑

2019 年 3 月 2 日于三衢

前　言

在前期调查过程中，不时遇上这般说法："早几年，若谁还在的话，他知道的信息会更多，可惜了！"是的，时光不仅摧毁了有形的东西，也磨灭了人的记忆。时间不等人，行动正当时，这是我撰写《古城印记》的初衷。

然而，对这种类似于城市考的写作要求来说，其资料匮乏程度可想而知。龙游作为历史古城，历经北宋宣和年间的方腊起义、元明清朝代更替，至咸同之乱、抗日战争，每一次兵燹，对龙游城的破坏几乎都是毁灭性的。真是应了那一句：历史越悠久，痕迹越模糊。

庆幸的是，老祖宗还留下来三本不同时期的县志：明万历壬子年《龙游县志》、康熙癸丑《龙游县志》和民国《龙游县志》，尤其是余绍宋编纂的民国《龙游县志》，既为后人提供了相对系统的历史信息，也可作为其他文献、考古发现等的相互佐证材料。

但仅有三本县志是远远不够的。2017 年 7 月，正值大南门历史文化街区保护开发项目启动，抽调了部分专业人士挖掘历史文化，其中有史志办原主任黄国平、博物馆馆长雷栋荣及文联主席周巧萍等。在分工上，史志办可提供相应文献，博物馆负责收集考古成果，周巧萍负责联系采访等。于是，信息资料慢慢多了起来。在确立创作大纲后，我通过浙大雷军、青简社王汉龙、民间收藏人徐辉等收集到一批流散于民间的资料，包括老照片、宗谱、古籍、老物件等。同时又组织二十余位龙游老人进行口述历史采访。采访对象是精挑细选的，其中有百岁老人，有画家，也有教授、农民等；口述历史采访提纲也经过精心设计，有一定的针对性；采访中还提供一些老照片、老地图等作为提示；每次采访均有专业团队进行全程录音、录像，确保资料的真实性。有些新的历史信息往往要通过三人以上同时印证才录用，应该说，口述历史采访补充了大量历史信息。而每次整理好一篇口述历史采访记录后，还适时组织"古城故事沙龙"，通过讲解、讨论等多种形式集思广义，补充完善相关历史信息。在资料引用上，我始终坚持文献引用、考古成果、口述历史三结合的原则，不杜撰，不想象，但会提出一些思考。

从第一篇《从挑水巷轻轻走过》起笔，至最后一篇《阜宁巷，游鼎隆》结稿，历时三年，其中苦乐，只有自知。其间，刘永翔、郑嘉励、许彤等老师给了我许多帮助和指导，与其说我在撰写文字，还不如说我是伴着文字成长。更让我感触的是，越深入生活，历史信息越源源不断，给了我丰富的创作素材。

当然，由于自身学养等因素，本书对龙游历史的探索还是有局限性，也包括"古城溯源"章节中前四篇过分重视历史信息量而缺少文学性等，这些都敬请大家批评指正。

目　　录

古城·溯源

历史·回眸

街巷·漫谈

名胜·遗存

商帮·追踪

古城·溯源

如同穿越漫长的时光隧道，
黑白光影闪烁，曲折，明暗。
那停驻于心底最柔软一隅的名字逐一浮流而过，
姑蔑，太末，龙丘，龙游。
它们所有来与去的影踪，在掸去岁月尘埃的瞬间，
滑过光芒。

姑蔑城

古城溯源

　　在浙江西部,有一座古城,从西周一直延续至今,坚守着一方土地。它曾名姑蔑、太(读dà)末、龙丘或盈川,这就是龙游古城。它看似遥远,却近在眼前。每一个城市的形成都有它的渊源,龙游城也不例外,我们试着慢慢走近它,不知厚厚的尘土下面又藏着多少秘密?

适合人类繁衍生息的自然条件是城市形成的基础。在龙游大地上，散布着一些重要的地质遗迹，包括岩石、结构剖面和化石等。这次龙游县博物馆兴建过程中，我们整理出较为系统的龙游地质历史和生态资源等资料。循着这些线索，我们从能够追溯到的原点出发，做一次穿越时光的旅行。

龙游最早地质样貌的证物是从古元古代开始，余村金和溪口上扁石村的变质侵入岩，向我们讲述 18 亿年前，古元古代哥伦比亚大陆聚合向裂解转折，华夏古陆陆壳再造的沧海巨变的故事。然后是白石山头的榴闪岩（8.8 亿—4.5 亿），堪称"浙江第一稀有岩石"。接着是溪口上北山超镁铁质岩岩体（4.5 亿）及志棠地区的奥陶纪笔石地层（4.7 亿—4.43 亿）。

在横山镇、石佛乡，我们发现大量"硅化木"化石，这些化石属于 2.05 亿—1.3 亿中生代。我们熟悉的石佛饭甑山风景名胜，是 1.3 亿年前白垩纪早期一处典型的火山构造遗迹，它不仅记录了当时岩浆喷溢和侵出的火山活动特征，也反映了当地龙游地区地质地貌及其运动的历史。湖镇中戴组地层剖面的白垩纪砾石、砂砾岩、砂岩和粉砂岩组合，记录了距今约 1.05 亿年的金衢盆地早期辫状河三角洲相沉积的环境特征。小南海衢县组剖面的粉砂岩、砂岩和砂砾岩组合，则记录了距今约 0.95 亿年的金衢盆地晚期盆内大型河流相沉积的环境特征。

龙游地区至今尚未发现恐龙的骨骼化石，但在白垩纪（0.96 亿—0.65 亿）陆相盆地的红层地层中却发现了恐龙蛋化石，是地质历史时期的重要自然遗产，等等。

这些沿时光层层叠压的地质遗迹，是承载着历史记忆的载体，它们在岁月的地层上记录下曾经产生过重要影响的自然事件与现象。它们像一部打开的书，述说着龙游这片土地所经历的沧桑巨变，正是这一系列地质史上的伟大运动，为人类的生存与文明创造奠定了坚实的基础。

龙游地处金衢盆地，介于北纬 28°44′—29°17′，东经 119°02′—119°20′之间，总面积 1138.72 平方公里。境内山脉、丘陵、平原、河流兼具，南仙霞岭余脉，北千里岗余脉，中部金衢盆地，衢江、灵山江穿城而过，是龙游最主要的水系。龙游属亚热带季风气候区，四季分明，冬夏长、春秋短，光温充足，年平均气温 17.3℃，降雨丰沛，年平均降水量 1621.9 毫米。

这样的自然环境是适合人类繁衍生息的。一方水土养育一方人，站在这片土地上，不管是南竹乡还是北丘岭，总让人无限感慨，这些地质变迁是否也像人类文明进程一般？

时光悄然进入 700 万年前，人类开始与最近的高级灵长类动物分离，经历数百万年漫长的进化之路，发展成为现代人。浙江省文物考古研究所调查发现，龙游的历史最早可追溯到中更新世到晚更新世时期。2013 年 10 月，在龙游城南开发区、塔石镇、横山镇、詹家镇、小南海镇等地发现了 16 处旧石器时期遗存，所采集的石制品以石英砂岩和砂岩为主要质地的砍砸器、刮削器、石核及石片手镐等，具有南方砾石工业石制品的特征。采集的石制品大多数出自岗纹红土和下蜀土中，由此可将本次调查的石制品时代定在旧石器时代早期至中期，具体年代最早在 30 万—40 万年前就有远古人类在龙游大地繁衍生息。这个阶段大约在直立人向智人进化阶段。

专业研究人员对龙游的旧石器中期时代与旧石器晚期时代是否属于一脉相承的文化传统产生了分歧，但这又是一个很有研究价值的学术领域，而"建德人"的发现又为后人研究提供了一些重要的线索。1974 年，考古人员在龙游县城以北，直线距离不足 40 公里的建德市李家镇新桥村航头牌乌龟洞，发掘出一枚人的右上犬齿化石，除其齿远端外侧稍缺一小块外，其他部分均基本保存完好。经鉴定，这枚犬齿化石为更新世晚后一阶段的智人类型，齿龄 30 岁左右，定名为"建德人"。这是迄今为止浙江发现的唯一的旧石器时代古人类化石，距今约 5 万年，这说明古龙游在 5 万年前也是人类的活动区域之一。

都说万年龙游，这源于荷花山遗址、青碓遗址的发现，它们代表着龙游新石器时代早期文化。

荷花山遗址发现于 2011 年春。遗址位于龙游县城以东，湖镇镇马报桥村邵家自然村南侧，坐落在海拔 56—65 米的低丘上，荷花山遗址距离龙游县城不足 4 公里。通过东、西两区发掘，发现分别存在一个较完整的聚落居住单元和一处"块石、石制品混合遗迹"，其中东区聚落一角有房址和大量灰坑。出土了以大口盆、平底盆、高领敞口罐为代表的陶器组合，并伴有环状穿孔器、磨棒、磨盆、斧等石器。荷花山遗址与上山遗址相似，但荷花山遗址地貌保持比较完整，片区分布更为复杂。考古研究者采用了遗址东区夹炭陶片进行测年，遗址年代距今1万到9000年。

青碓遗址位于龙洲街道寺后村西面500米，灵山江西岸，海拔50多米，所在位置原有一个相对高度1.5米左右的土丘。尽管遗址遭到大规模破坏，但在更大范围内，还是可以看到残留的文化层堆积，考古人员推测遗址面积超过2万平方米。2010年8月，青碓遗址开始试掘，考古人员不但获取了确凿的上山文化遗存信息，还获知了上山文化之上叠压有跨湖桥文化层。

距今1万年前后，正好对应于新仙女寒冷期结束后的气温上升和全新世早期的气候波动期。因气候的变化，人类从利用大型食草动物转向利用小型动物和其他资源，从而实现了从简单狩猎向复杂渔猎采集经济的转变，这是对不稳定生态的一种适应方式。于是，钱塘江上游开始聚集了第一批从洞穴走向旷原的人类。可以想象，在衢江、灵山江及大小支流河畔，人们用木棍、石球进行狩猎和采集活动，并用石磨盘加工坚果和其他淀粉类块茎食物，而且可能驯养了狗、猪等动物。

在荷花山遗址陶器上还发现了一些象征性的刻画图案，如在早期陶纹中，有一种"田"字纹可能具有特殊的意义。当然最为重要的经济活动，是稻作农业。在遗址出土的夹炭陶中，羼和了大量的稻壳和稻叶，陶片里稻壳中还保留着小穗轴特征。这不仅显示龙游先民的制作陶器工艺特色，而且也充分说明当时稻谷的使用量是相当多的。如果没有一定的稻谷产量，在陶器制作中就不可能有选择地采用稻谷壳作为主要的掺和物。陶片中能够观察至颖壳部分的形态都比较完整，说明当时就有比较有效的稻谷贮藏和加工方法。①

之后，龙游历史进入了新石器时代晚期。

离荷花山遗址仅1公里的寺底袁村三酒坛遗址则代表6000年的河姆渡—马家浜文化时期。三酒坛遗址分布在寺底袁村东北的一座海拔56米的小山上。遗址文化层堆积简单，以夹砂红陶为主，夹炭陶中还

---

① 蒋乐平、雷栋荣：《龙游史前文化探源：万年龙游》，中国文史出版社2016年版，第44页。

有一些黑胎的陶片。

崧泽文化距今 5700—5300 年，上承马家浜文化，下接良渚文化。在荷花山遗址东区的晚期灰坑中，发现了一件泥质灰陶的圈足盘，灰皮红褐胎，圈足部位有一周凸棱，同期出土的还有穿孔石斧，具有崧泽文化的特征。

比较而言，龙游县境内的良渚文化遗址（距今 5200—4400 年）更加丰富。三酒坛遗址也发现了良渚文化时期的墓葬，另外还有鸡鸣山遗址、乌龟山遗址。三酒坛遗址的泥质灰陶豆、双鼻壶是典型的良渚文化器物。鸡鸣山遗址陶片较少，出土的有鱼鳍形足、夹砂红褐罐口沿片，

大南门

以及石镞等石器。

龙游境内的扶风殿遗址、杨后殿遗址则是代表距今 4300 年的钱山漾文化—广富林文化，扶风殿遗址以夹砂红陶和泥质灰陶为主，如沿部带多旋棱的折侈口泥质陶罐、凹圆底的带绳纹的夹砂陶器等。

牛形山遗址位于县城南 5 公里下杨村北牛形山，面积约 1500 平方米。该遗址水土流失严重，文化层已破坏，仅地表散落各种纹饰软硬陶片、零星石器，以及部分陶器残件。印纹陶片纹饰有席纹、绳纹、叶脉纹、菱形纹、圆圈纹、方格纹等。石器有石镞、石网坠、有段石锛等。据推断，该遗址至迟在商周时期。

2017 年 10 月，考古人员在大南门旧县治前的土地祠原址上做了一次纵剖面发掘，也发现一些相对零乱的商周时期遗迹。

龙游县城周边大批不同时期且又有些千丝万缕的新石器时代文化遗址的发现，为龙游考古及城市溯源提供了非常现实的意义。

应该说，荷花山遗址是浙西目前保存最好、内涵最为丰富的重要遗址，为解决上山文化和跨湖桥文化的关系以及周边考古学文化的关系提供了全新的资料。该遗址把龙游与浙江早期新石器时代文化遗址群联系起来，是东亚地区最早、最具规模的早期稻作文化遗址群。

"农业起源""人的起源""国家的起源"是国际上被称为考古学的三大课题。若放在稻作农业起源研究的坐标系中，荷花山遗址具有可以与西亚"新月形"地带并峙的农业起源地位。这些遗址的发现也充分反映了水稻栽培在早期阶段的驯化变异，证明了龙游所在的钱塘江上游地区是世界稻作农业文明的重要发祥地。[1]

同时，以荷花山遗址为代表的钱塘江早期新石器时代遗址群，除了作为稻作农业重要源头的地位外，另一个带有区域文化意义的是作为浙江文化源头的地位。上山文化是跨湖桥文化的源头，而跨湖桥文化是河姆渡文化的重要母体之一。上山文化的发现表明，浙江新石器时代文化是从河流的上游开始再向下游发展的，从象征的意义上说，钱塘江上游不但是河流之源，而且是文化的源头，并且这一地区稻作农业文明的延

---

[1] 蒋乐平、雷栋荣：《龙游史前文化探源：万年龙游》，中国文史出版社 2016 年版，第 75 页。

续最为稳定。

　　并且，龙游位于钱塘江上游，衢江、灵山江在城北交汇，旧石器时期、新石器早晚期时代文化保持一定的延续，金衢盆地为稻作农业文明提供了自然条件。远古时期龙游土著人的迁徙是沿着衢江、灵山江主流域逐渐向中心集聚的，这为龙游古城所在地逐步向城市的雏形演化奠定了基础。

　　新石期时代晚期之后，龙游进入了以印纹陶为特征的相当于中原"夏、商、周"三代的历史时期。这一时期，形成以该区域为中心的姑蔑时代。城市是人类聚落的终极形态，姑蔑城是当时浙江中、西部的文明中心，它站在先秦时期一个文明的制高点，龙游历史从此翻开了新的一页。

姑蔑，一夜旧梦

　　一个城市的历史文化街区首先要体现的是区域文化的独特性，譬如，福州三坊七巷、苏州园林、杭州西湖和衢州南宗孔庙等。我们在寻觅龙游历史文化的独特性时，有必要研究城市发展过程中重大历史事件和城市的固有特征。而研究龙游历史，无法回避"姑蔑文化"这个命题。

　　2004 年 11 月，中国先秦史学会理事长、清华大学国际汉学研究所所长李学勤在《姑蔑历史文化论文集》序中写道："姑蔑故地，就在今天的龙游。这是一个古老的国族，早见于先秦文献，如《逸周书》的《王会》和《左传》《国语》。大家知道，《王会篇》是追述西周初年成王成周之会的故事，当时四方国族都有献纳，其中提到：'於越纳姑妹珍，具区文鼊，共人玄具，海阳大蟹，目深桂，会稽以鼉'，晋孔晁注：'姑妹，国，后属越。'姑妹即姑蔑，看来是从属于越的国族，仍有自己的独立地位。"[1]可以说，李的观点，是当代姑蔑历史研究的权威结论。

　　当然，对姑蔑的研究，学术界还是有分歧的，争议的焦点主要集中在是否有"国"及"南迁"之说。但对先秦文化的研究，年代弥远，本来史籍文献十分有限，加之考古信息少之又少，又有哪一段历史是完全没有争议的呢？于今人而言，姑蔑，是一夜旧梦。

---

① 李学勤：序一，文载陆民主编：《姑蔑历史文化论文集》，人民日报出版社 2004 年版，第 1 页。

梦由南迁而始

有关姑蔑的史籍记载虽然十分简略，但姑蔑在历史上的真实存在毋庸置疑，北姑蔑与南姑蔑共存也是不争的事实。大多数学者认为，龙游姑蔑为北姑蔑南迁，代表有詹子庆的《姑蔑史证》、张广志的《姑蔑考索》、李瑞兰的《龙游先民姑蔑考》等。

北姑蔑居于鲁。《春秋·隐公元年》："三月，公及邾仪父盟于蔑。"《左传》文同于《经》文；而《公羊传》《谷梁传》皆引作"盟于昧"。何休公羊《解诂》云："昧，……左氏作蔑。"范宁谷梁《集解》亦云："昧，音蔑，地名，左氏作蔑。""昧"即"蔑"，二字音同相通。

《左传·定公十二年》记载："仲由为季氏宰，将堕三都，于是叔孙氏堕郈。季氏将堕费，公山不狃、叔孙辄帅费人以袭鲁。……仲尼命申句须乐顾下伐之，费人北。国人追之，败诸姑蔑。……遂堕费。"杨伯峻注："姑蔑，即隐公元年《经》《传》之蔑，在今山东泗水县东四十五里。"杜预注："蔑，姑蔑，鲁地，鲁国卞县南有姑城。"《史记·孔子世家》《正义》引《括地志》云："姑蔑故城在兖州泗水县东四十五里。"

以上史籍所说为北姑蔑，即鲁国地名的姑蔑。

定公十二年之后，《左传》中再无姑蔑人居鲁的记载。当姑蔑人活动踪迹再次出现在《左传》中时，姑蔑已是江南越国的重要军事力量。[①]十六年后，《左传·哀公十三年》记载："六月丙子，越子伐吴，为二隧。畴无馀、讴阳自南方，先及郊。吴大子友、王子地、王孙弥庸、寿于姚自泓上观之。弥庸见姑蔑之旗，曰：'吾父之旗也。不可以见仇而弗杀也。'大子曰：'战而不克，将亡国。请待之。弥庸不可，属徒五千，王子地助之。乙酉，战，弥庸获畴无余，地获讴阳。越子至，王子地守。丙戌，复战，大败吴师，获大子友、王孙弥庸、寿于姚。丁亥，入吴。'"

此为著名的"泓上之战"，泓上之战发生在公元前482年。关于"姑蔑之旗"，杜预注："弥庸父为越所获，故姑蔑人得其旌旗。"越军中有姑蔑之旅，越国已是姑蔑人的重要聚居地。"姑蔑，越地，今东阳大末县。"

---

① 李瑞兰：《龙游先民姑蔑考》，文载陆民主编：《姑蔑历史文化论文集》，人民日报出版社2004年版，第17页。

大末即太末，这是第一次以文字形式确认南姑蔑在今龙游境内。

周敬王二十四年，越王勾践元年（前496年），姑蔑，属越国。《国语·越语》："勾践之国，南至于句无，北至于御儿，东至于鄞，西至于姑蔑，广运百里。"较晚一些的《吴越春秋》亦提及"姑蔑"，但作"姑末"，其卷八《勾践归国外传》曰："东至于勾甬，西至于槜李，南至于姑末，北至于平原，纵横八百余里。"

大多学者认为，姑蔑属东夷族，原居今山东地区，西周之前或立国或为一邦。周公东征后，败而南迁散落于东南沿海一带。三国人韦昭注："姑蔑，今太湖是也。"一种判断是最迟在春秋早期，姑蔑族已经到了太湖地区了。还有一种观点认为，太湖只是北姑蔑南迁的一个中间站。但王应麟则在《困学纪闻》中说，"太湖"是"太末"之讹。

对《勾践归国外传》中"姑末"，元徐天祐注云："即春秋姑蔑之地。姑蔑，地名，有二：鲁国卞县南有姑蔑城；越之姑蔑，至秦属会稽，为大末县，今衢州。"

可从现有史籍分析，北姑蔑南迁之说证据似乎并不充分，也暂无新的考古发现，疑点甚多。再从龙游新石器晚期及商周时期遗址密集程度分析，越之姑蔑人是否由久居越地之土著部落联盟发展而来的可能？这当在以后考古发现中论证。

作为参与越国对吴国战争的一支重要力量，当时姑蔑管辖范围包括如今整个衢州地区及遂昌、汤溪、江西玉山等地。从本质上说，姑蔑不只是龙游县的历史，而是整个衢州的历史。

钱宗范先生认为，春秋时期的姑蔑，原为荆楚和百越影响下的部族小国。姑蔑先属于楚，后属于吴，被吴分封给越，再后被楚合并，最后被秦统一。

再从文化角度去研探，荆楚文化、吴越文化对姑蔑文化具有重大影响，这在考古发现中可得到相关印证。考古人员在大量发掘的汉墓中发现，龙游原为越之地，一直保持着以土墩为墓形，以印纹和原始瓷为随葬品质地的丧葬特色。在越文化中，其表现为墓内注重防潮设施的构建，这种以卵石承接或导出墓内渗水的做法，与浙江先秦时期的土墩墓具有深厚的渊源关系；随葬品中的瓴、罍、坛等，或与战国时期的同类型相同，或具有明显的继承和发展关系；部分器物的制作工艺与先秦时期具有鲜明的继承关系，如泥条盘筑的成型方法以用陶拍拍印的装饰技法、高温釉陶与原始瓷的关系等；同时也存在一些土著的因素，如盘品浅而直的盘口壶和筒型罐等。

而衢州地区广泛应用的土坑类结构和葬具又充分体现了汉墓内的楚文化遗风。在汉文化方面，如丧葬观念（厚葬之风、择高而葬的墓地选择标准）、习俗（合葬或族葬）、礼制（墓内普遍随葬一套陶制礼器，包括鼎、盒、壶、钫），既代表等级制度又具有浓郁的中原风格。

因此，姑蔑文化是华夏文化与当地土著文化融合的产物。[①]

梦断断续续，却有痕

龙游历史最早可追溯到夏商，夏商时（前 21 世纪—前 11 世纪），龙游为扬州之域。《吴越春秋》："（夏）少康恐禹祭之绝祀，乃封其庶子无余于越。"

《史记》卷四十一《越王勾践世家第十一》："越王勾践，其先禹之苗裔，而夏后帝少康之庶子也，封于会稽，以奉守禹之祀。"当时，龙游为越国之地。

杨后殿山土墩墓群便是同时期的遗物，该墓群距县城 5 公里，位于下杨村东北 500 米杨后殿山东北坡，面积约 300 平方米。土墩大部分已破坏，散见个别原始瓷片、印纹陶片。原始瓷釉已剥落，土沁严重，呈黄褐色；印纹陶片有方格纹、曲折纹、席纹、回字纹、条纹及方格对角线加圆圈等。

《竹书纪年》记载："周成王二十四年（约公元前 1001 年）于越来宾。"在洛阳大会诸侯，八方来贡。《逸周书·王会》中有"於越纳姑妹珍，且瓯文蜃"。晋孔晁注："於越，越也，姑蔑国，后属越。"说明，当时越国向周天子进贡的物品中，有来自姑蔑的珍品，姑蔑当时已在浙江的范围。孔晁的标注是现有所获史籍中唯一出现"姑蔑国"之说。若按孔晁之注，姑蔑国还是非常宏大的。

---

① 胡继根、柴福有主编：《衢州汉墓研究》，文物出版社 2015 年版，第 376—377 页。

龙游考古中也发现较多西周时期的墓葬群，如寺底袁土墩墓群。1976年农田基本建设时，在约50平方米的斜坡和距地表0.2米的深处出土玉器50多件，以玉玦、玉珠为多。1987年9月征集玉玦、玉珠各2件及部分残碎印纹陶片。溪口扁石土墩墓群，散存在约1公里黄土岗上。土墩墓外貌不明显，取土或基建时多有发现，出土原始瓷豆、盂、尊、碗及筒形罐、印纹陶瓮等。

翦伯赞《中外历年史年表》："周显王三十五年，楚灭越，杀越王无疆，尽取故吴地，拓地至浙江。"《通典》："楚威王破越，尽取浙江之北地，其浙江之南地，越犹保之，而卧于楚。"姑蔑属楚地。并且，我们发现战国时期古地图中首次标注了姑蔑的地理位置和区域。

后世的一些史籍记载，亦大多遵承晋代杜预、孔晁注谓越之姑蔑在龙游境内。如北魏郦道元《水经·浙江水注》云："榖水……源西出太末县，县是越之西部，姑蔑之地也。"

唐李吉甫《元和郡县图志》卷二十六《江南道二·衢州龙丘县》下云："本春秋姑蔑之地，越西部也。杜注云'今东阳太末县。'《越绝书》谓之姑婺州。晋改太末为龙丘（按：晋时是否已改龙丘，诸书所记不一，待考），因县东龙丘山为名。隋末废，贞观八年又置。"等等。

而出土的文物更是对史籍文字的最好佐证。旧志中便有宋人发现姑蔑子墓的记载。宋庆元年间，姑蔑子墓在东华山下被人挖掘，古物充盈，随即化为灰烬。唯有一些瓦缶完好，里面贮满了水。有人将此事刻石记载，却将这些瓦缶毁掉。在墓北数里，有大大小小的土包百余个，名百墩坂，皆为疑冢。另有《老学丛谈》也记载："宋时，发姑蔑子墓，破其铭石，好古者琢以成砚。"明代龙游知县万廷谦《姑蔑墓》曰："侯封原是越西垂，鞭弭曾随勾践师。云里旌旗出姑妹，江边壁垒泣吴儿。千年世事归三尺，百种培嵝类九疑。霸业稽山尚消灭，一丘何用冢累累。"

东华山多汉墓。在1979—1993年期间，市、县两级博物馆陆续在东华山—仪冢山墓葬群发掘和清理了百余座古墓葬，但为何商周时期的墓少呢？有一重要原因，是汉墓深埋，许多早期的墓被密布的汉墓破坏。1987年，考古人员在东华山一个浅层的商晚期至西周早期残墓中发现一把玉戈，长47.2厘米，宽12.2厘米，用牙黄色玉磨制而成，属于礼器，为高等级贵族或王所用，是权力的象征，或属姑蔑遗珍。

1989 年省地质三大队物探分队在东华山西基建时，用推土机破坏了几十座战国墓及汉墓。其中，一座大型战国木椁墓中出土了一块长 3 米多、宽 0.7 米左右的柏木椁板，该木板是用来陈设青铜礼器的，根据留在木板上的器物圈足遗痕及碎片分析，可判断共有 10 件大型青铜器，包括鼎、壶、钫、镳斗、博山炉等，一些青铜残片上錾刻着罕见的精美图案，有龙、鸟等，而能够拥有如此丰富且制作精美的青铜器，主人是否为姑蔑贵族？

衢江也出西周器物。衢江张家埠段出过编钟一件，钟体为合瓦形，上窄下宽，总长 33 厘米，甬作上小下大的柱状，钲部两边饰 36 枚圆钉，圆钉长 2.7 厘米，通体装饰勾连云雷纹，从形制、纹饰及铸造方法上判断，属景叔钟型西周中期礼乐编钟。

衢江小南海镇段还出过一把青铜剑，剑长 46.5 厘米，宽 3.5 厘米，除剑柄外，基本保存完好，工艺精良，从中可以管窥当年越国宝剑的风采。

同时，宋《元丰九域志》对姑蔑城的描述又让旧梦有了真实感。《元丰九域志》是北宋神宗赵顼元丰时以疆域政区为主体的综合性地理总汇，

西周青铜编钟

编于元丰三年（1080 年），由王存主编。

《元丰九域志》卷五中共提到衢州治内九处古迹，龙游县内有徐偃王庙、龙丘山、姑蔑城、汉龙丘墓四处，西安县有烂柯山、殷浩宅，江山县有泉岭山、毛璩墓，开化有縠溪源。九处古迹中对姑蔑城用墨最多。首先，讲了一段历史，"姑蔑城，按春秋哀十三年，越伐吴，王孙弥庸观见姑蔑之旗"。说的是《左传·哀公十三年》记载的"泓上之战"，文中把姑蔑城存在的下限确定于"泓上之战"（前 482 年）。然后是引用杜预的标注："姑蔑，越地，今东阳太末也。"说明姑蔑属越地，后为东阳太末。最后用"又东阳记云：在縠水南三里，东门，临薄里溪是也"来结尾，对姑蔑城的位置进行具体描述，薄里溪现名灵山江，钱塘江源头之一，龙游母亲河，这是对姑蔑城具体地理位置的表述。

清顾祖禹《读史方舆纪要》道："相传，瀫溪之南即其故城。"两旧志记载的姑蔑城规模："东西一百一十二步，南北一百六十八步，城墙高一丈七尺，厚四尺，周四百七十步，至今人犹呼寺城麓。""姑蔑城久废，惟存四门。""在县治西北百余步，即今灵耀寺。"清乾隆余作沛《重建毗庐阁记》："邑治西北步馀步，古刹曰灵耀寺，以雄伟名，昔人颜其额所谓'龙丘第一山'者也。广袤约百亩，相传春秋时姑蔑子分封于此也，即其故宫遗址云。"

晚清释孤峰《重修灵耀寺毗庐阁记》曰："灵耀本姑蔑故宫址，东晋建寺，号灵光，宋易今名。"相传灵耀寺于晋安帝义熙（405—418 年）中，在姑蔑故宫建址，现址在华岗初中内。一般的寺庙里所供伽蓝神是完全汉版的伽蓝神关羽，而灵耀寺所供伽蓝神据传是姑蔑子遗像，服饰是进贤冠。《后汉书·舆服志下》："进贤冠，古缁布冠也，文儒者之服也。"灵耀寺屡毁屡建，直到 20 世纪 70 年代末因旧城改造才消失。由此可见，姑蔑城的存在，是代代相传的。

让人难以忘怀的还有春秋战国时期的吴越古道(前 770—前 222 年)。先秦时期，越国都城会稽（绍兴）在浙江境内有三条主干道与外界相通，其中有一条是向西至姑蔑、余干，与楚国相通。这条古道，是浙西境内最早的道路，由大越城（绍兴）经诸暨、姑蔑至鸷干。据《史记正义》记载，春秋时，洪（南昌）、饶（鄱阳）等州为楚国东境，与越相邻。鸷干即余干。《汉书》韦昭注云："馀汗，越邑，今鄱阳县也。"唐代杜佑《通典》云："馀干，汉馀汗县，越王勾践之西界，所谓干越也。"明代王世懋《饶南九三府图记》曰："馀干县，古于越地也。"姑蔑是越国属地，这条古道贯穿于浙江中部盆地，横穿姑蔑境域，是越国的后方路线。时越国北与吴为敌，而西与楚相交，楚越之间，由此路相通。[①]

周敬王二年（前518年）楚军为舟师，准备伐吴，"越大夫胥犴劳楚平王于豫章（南昌）之涔。越公仓归，王乘舟师从之，楚越之交益密"。楚国舟师出长江攻吴，越使由此路经姑蔑下长江劳军。鲁哀公十三年（前482年），勾践伐吴，有姑蔑的军队参战，走此路下越趋吴，助越伐吴。楚威王六年（前334年）楚灭越，也必经此古道。

汉武帝时期，建元六年（前135年）大司农韩安国兵出会稽和元鼎六年（前111年）中尉王温舒兵出梅岭的一路，均与吴越古道有关。

《汉书·闽越王列传》记载，元鼎六年中尉王温舒是兵出梅岭（今江西广昌西）。王温舒部从会稽出发，沿吴越古道进入江西境。因此，汉代由浙入闽，除海路以外只有沿海的陆路和山阴、诸暨、太末由赣境入闽的这条古道。从汉代延续至明代，吴越古道，一直熙熙攘攘。

姑蔑，是一首诗

姑蔑大地，地古尘深，史迹悠邈，山水清淑，毓为灵秀，俊彦辈出，良云盛矣。然白云苍狗，沧桑变幻，人去风微，事往迹亡，鸿文巨著，丽句清词，遗闻逸事，只语片言，散见载籍，不可胜记。姑蔑，是一首诗。

遗留中最早的诗是六朝龙丘子高的《龙丘引》："龙丘一回首，楚路苍无极。水照弄珠影，云吐阳台色，浦狭村烟度，洲长归鸟息。游荡逐春心，空怜无羽翼。"康熙《龙游县志》卷十一《艺文》所题作为"六朝龙丘子高"，并注曰"邑人"。宋郭茂倩《乐府诗集》卷五十八《琴曲歌辞二》有载，但定作者为梁简文帝，解题又云："一曰《楚引》。《琴操》曰：'楚引者，楚游子龙丘高所作也，龙丘高出游三年，思归故乡，望楚而长叹，故曰楚引。'"如今，再回首，纵有"洲长归鸟息"，然姑蔑

[①] 汪筱联、叶裕龙编纂：衢州古城记系列之二《远逝的古邑》，中国文史出版社2013年版，第9页。

遗踪何处寻？

次之便是唐代孟郊的《姑蔑城》："劲越既为土，强吴亦为墟。皇风一已被，兹邑信平居。抚俗观旧迹，行春布新书。兴亡意何在，绵叹空踌躇。"孟郊眼中的姑蔑城，也已是昨夜旧梦。"初唐四杰"的杨炯虽出任过盈川令，却并无姑蔑遗墨。

宋王藻《姑蔑城》的诗则更伤感："石马鑫舆识故宫，断碑漫灭覆杉松。谁怜邻国干戈地，空有涂山玉帛踪。芳草满庭留晚色，断云边野敛春容。中原逐鹿归狙诈，此意悠悠委暮钟。"

宋代陈举恺《过姑蔑道中》："姑蔑古城暮，山川近不同。草黄秋过雨，树暗晚生风，流水中分郭，飞桥下应虹。未须追往事，回首送冥鸿。"的确，旧梦已远逝，不如垂翅附冥鸿。

而宋末诗人郑得彝《灵耀寺》将灵耀寺与姑蔑大槐宫联系在一起："法门照寂本来同,话断无生妙亦通。境幻灵光西竺国，梦空姑蔑大槐宫。市云朝暮钟声外,墙月高低塔影中。琴鹤翁曾遗旧隐,百年凛凛尚清风。"

明清之后，诗文中也常见姑蔑，更多的是以姑蔑抒怀，甚至用来泛指整个衢州范围。如明代谢肇淛《姑蔑舟中》："一路山色雨色，尽日禽声水声。江上斜阳远艇，天边乱树孤城。"

明代胡来朝写烂柯山："姑蔑城南问烂柯，篮舆踏翠晚来过。"还有陆德渐："姑蔑仙人去不还，空留石洞在人间。"他们将衢州城作姑蔑城，将烂柯山遇仙的王质称为"姑蔑仙人"。

清初余恂《姑蔑行》："姑蔑浙水东，昔在全盛日。烟火蔼相通，盖藏盈百室。桴鼓静无虞，天行岁多吉。秋成输井税，宽然靡所绌。风俗习太康，上下皆胶漆。崇极理必圮，时序有肃杀。大难已戡除，残孽犹奔突。穰穰白马徒，聚乱如虮虱。窜伏岩谷间，以此为窟穴。虽无州府患，此辈未云灭。毒螫遗四郊，剽夺到蓬荜。兵者饥之源，影响逾箭疾。父老数年来，未见仓庾实……"余恂世居大南门，诗中则将李子芳在衢平定耿精忠之乱战场比作姑蔑战场。

清初西安知县陈鹏年写有十余首在任时所见所闻诗，命名为《姑蔑杂诗》。以上诗人说明，姑蔑作为一种古代区域概念已经根植于后人的心中。而深入姑蔑文化的研究，可以培育、丰富区域特色文化，对社会经济发展也是有益的。

孟郊的春秋姑蔑

　　唐代孟郊不是第一个写姑蔑的诗人，当然也不是最后一个。他的作品中，《姑蔑城》也算不上代表作，更没有《游子吟》那般能拨动每一个游子的心弦。但于龙游人而言，《姑蔑城》是一首最有影响力，且极具珍贵文献价值的诗作。

> 劲越既为土，强吴亦为墟。
>
> 皇风一已被，兹邑信平居。
>
> 抚俗观旧迹，行春布新书。
>
> 兴亡意何在，绵叹空踌躇。

　　这首诗是怀旧、感伤的，既有精思苦吟、情深致婉，又不失古朴凝重，正符合他的复古风格。孟郊有"诗囚"之称，唐人张为称他的诗"清奇僻苦主"，苏轼则称"郊寒岛瘦"。孟郊的诗大多抒写世态炎凉，民间苦难。即使是姑蔑城，在孟郊眼里，也早已是昨夜旧梦。

　　孟郊，字东野，唐天宝十年（751年）出生，其生逢盛世，却命途极其多舛。除诗之外，其他乏善可陈。孟郊生于湖州武康，按现代物理距离计算，似乎与姑蔑城并不远，但在其履历中并没有发现与姑蔑有交集，他与姑蔑的关系应是访友、游览或途经。

　　孟郊的仕途是不顺的，直到贞元七年（791年），才在故乡湖州举乡贡进士，那年，他已经41岁。在这之前，他却有一段丰富的游学生涯，其足迹遍及大江南北，行踪飘忽不定，从此，诗歌名声渐起。这期间，他结识了"茶圣"陆羽。

　　兴元元年（784年），孟郊与陆羽又在江西上饶相遇。孟郊在《题陆鸿渐上饶新开山舍》诗中道：

> 惊彼武陵状，移归此岩边。
>
> 开亭拟贮云，凿石先得泉。
>
> 啸竹引清吹，吟花成新篇。
>
> 乃知高洁情，摆落区中缘。

这一年，孟郊 34 岁，陆羽 52 岁，两人因茶结缘。或者也正是因为茶，孟郊才泛舟瀫水，溯流而上，游山玩水。龙游为必经之路，不过当时县名龙丘。

北宋《元丰九域志》卷五中有"姑蔑城，按春秋哀十三年，越伐吴，王孙弥庸观见姑蔑之旗。姑蔑，越地，今东阳太末也。又东阳记云：在瀫水南三里，东门，临薄里溪是也"。姑蔑城的具体位置在太平路以北，现址在龙游华岗初中内。

作为潜心读书的孟郊，当然了解这段历史，他是慕名而来，临岸游览。而此时，姑蔑城的旧址上已于东晋义熙年间建灵耀寺，所以，他才有"抚俗观旧迹"之叹。不过，关于姑蔑城，即使是后世还是有许多描述的，如两旧志记载："东西一百一十二步，南北一百六十八步，城墙高一丈七尺，厚四尺，周四百七十步，至今人犹呼寺城麓。"

吸引孟郊驻足姑蔑的不仅有古迹，还有茶。姑蔑城的东南方向，有方岑二山。其中方山，明万历中万寿堂刊《一统志》记载："方山，在龙游县东四十里，山形正如冠，产茶，味绝胜。"《一统志》记录衢州"土产"共四种，其中"茶，出龙游县，方山者佳"等。

而在康熙刻本记载："□山，在县东四十里，产茶，入贡。品在顾铸、品渚之间。"从地理位置及前后文字排序推断，此山指的也应是方山。说明当时龙游方山茶属名茶之列。

虽然我们不能从明代《一统志》中论证唐代是否有方山茶，但茶具却是有实物考证的。龙游方坦窑是婺州窑系最为重要的窑口之一，鼎盛于唐中晚期，以生产月白色乳浊釉的大型器物（盘口壶、罐、盆等）为主，也有少量天青、天蓝色乳浊釉的碗、盏、钵等小型器物，许多收藏家都认为方坦窑是钧瓷的前身。将与"茶圣"相见的孟郊，自然少不了要带上几盒方山茶和几套方坦窑茶具前往。

的确，姑蔑既能满足孟郊失落的春秋梦，更能满足其心灵上的愉悦，精神上的回归。而茶的人生，非清淡雅致之人不能体味其中的好。

可是，也在这一年，正遇姑蔑乡贤中书侍郎徐安贞仙逝，那么，我们可以想象一下，孟郊是否去凭吊了呢？

除了姑蔑城，孟郊顺路还游览了衢州城的浮石亭：

> 曾是风雨力，崔巍漂来时。
> 落星夜皎洁，近榜朝逶迤。
> 翠潋递明灭，清漅泻欹危。
> 况逢蓬岛仙，会合良在兹。

还有《峥嵘山》：

> 疏凿顺高下，结构横烟霞。
> 坐啸郡斋对，玩奇石路斜。
> 古树浮绿气，高门结朱华。
> 始见峥嵘状，仰止逾可嘉。

以及《烂柯山》：

> 仙界一日内，人间千岁穷。
> 双棋未遍局，万物皆为空。
> 樵客返归路，斧柯烂从风。
> 唯余石桥在，独自凌丹虹。

这也是孟郊留给衢州的四件文化大礼。

孟郊与陆羽再次相见，已是十七年后的贞元十七年（801年）。孟郊奉母命至洛阳应铨选，选为溧阳县尉。赴任前，又专程赴上饶拜见陆羽。两人清谈数日，从诗谈起，谈及儒释道，可见两人甚为投合。若从这个时间判断，孟郊途经姑蔑，不只在姑蔑故宫前怀古，更是会到衢州城诗会一位故友。贞元初，白居易的父亲任衢州别驾，而白居易于贞元十六年（800年）中进士，或许他们俩还能在衢州城偶遇，那肯定是小白陪老孟一起游览烂柯山。

次年，孟郊赴任时，韩愈作《送孟东野序》："东野之役于江南也，有若不释然者。"贞元八年（792年），孟郊下第，可能就在这次应试期间结识了韩愈。《旧唐书》本传说孟郊"性孤僻寡合，韩愈见以为忘形之"。自此，孟郊与韩愈惺惺相惜，成为至交。

元和九年（814年），在韩愈举荐下，郑余庆奏孟郊为兴元军参谋，试大理评事。孟郊闻命自洛阳往。然，造物弄人，八月二十五日（814年9月12日），孟郊以暴疾卒于河南阌乡县，终年六十四岁。清贫一生的孟郊竟是"家徒壁立，得亲友助，始得归葬洛阳"。张籍倡议私谥曰贞曜先生，韩愈则亲题《贞曜先生墓志》。

而那一年，正值徐放赴衢州任刺史，并于次年邀韩愈撰《徐偃王庙碑》立于龙游灵山庙中。

人以道合者一聚，孟郊宣扬复古思想。他"耻与新学游，愿将古农齐"。他的朋友圈，如郑余庆等也大多是些重道德、守古遗的人物；他与韩愈所倡导的"道"相近；他与白居易的"篇篇无空文，句句必尽规""文章合为时而著，歌诗合为事而作"的创作理论是一致的。可以说，无论在思想上，还是内容上，孟郊都可称唐时诗歌的杰出代表。

或许，此时读孟郊的诗，包括《姑蔑城》，正当时。

从半截碑说起

旧时，龙游境内祀徐偃王的庙特别多，祀奉活动也丰富多彩。他处一般正月十五闹元宵，但龙游城及灵山等地的灯会以正月廿为高潮，因为这一天是徐偃王的生日。人们谈论偃王时，滔滔不绝，但真正研究者，却少之又少。历史像风像雾又像谜，很难触摸得到，这让人想起了半截碑。

徐偃王庙碑

有同样想法的应该不止我一人，余绍宋先生所崇仰的俞樾先生也常惦记着这块碑。俞樾是清末著名学者、文学家、经学家、古文字学家和书法家，他曾于道光癸卯岁过道龙游来看这块碑，但未能如愿。

灵山徐偃王庙因韩愈撰《徐偃王庙碑》而闻名于世。此碑为元锡书，于唐元和十年（815 年）十二月九日立于庙中，后因岁月久远断成两截。光绪七年（1881 年）春，龙游知县陈瑜送俞樾二拓本，其一半截碑拓片为原碑，因为下半截在咸同之乱时被湘军的一个师爷掳走。据传这位师爷还留下一句话，说若想找回这块碑，请到洞庭湖畔来。当然这个谜团不知何时能解。而剩下的半截碑，当地人置放在"景韩楼"专门保护，20 世纪 60 年代移交衢州市博物馆收藏。龙游县博物馆仅藏有半截碑的拓片一幅，由灵山乡民李石泉捐献。

《徐偃王庙碑》对韩愈来说，可能就是一篇无足轻重的人情文，但对于后世，特别是徐氏一族来说，无疑产生了极大的名人效应，之后几乎所有的徐氏族谱上都会提及此文或过录之。当然徐偃王之事过于久远，难以证信。从金石文献来说，韩碑留存龙游，无疑为浙江金石史留下了一份宝贵的文献。

据宋人陈思《宝刻丛编》所载，"衢州目"下著录十一条，其中徐偃王庙碑有五条，几乎占了一半，由此可见徐偃王庙在衢州的地位。在韩碑之前，尚有数碑存在。前两条是《金石录》中的唐徐偃王庙碑，唐徐安贞撰，张宙正书，大历八年（773年）十月立；然后是唐徐偃王庙碑阴记，唐张宙撰并八分书，大历八年十月立。《复斋碑录》中有三条：唐徐偃王庙记，唐于皋谟撰，正书无姓名，贞元十年（794年）秋八月立；唐徐偃王新庙碑铭，唐邵令缺撰，姚赞分书，顺宗永贞元年（805年）十一月建；第五条才是韩碑。至今，千余年间，诸碑刻中仅余韩愈所撰之碑。

俞樾得此碑拓片后，在其所撰《韩昌黎偃王庙碑跋》中感叹："浙东西汉石不可多得，唐碑已可宝贵。余于己巳岁游绍兴禹寺，得见唐开成五年往生碑，曾属精舍诸生作诗以张之。昌黎此碑高出彼上岂止什伯。余数十年访求而不得者，今乃得之，不可云非幸。"

当时俞樾所得有两份拓片。"辛巳之春，果以二拓本来。其一止半段，乃原碑也。其一不知何时重立，字跡完善，碑文亦全，然非其旧矣。"可见此碑之后，有不断翻刻。

衢州市博物馆所藏拓片，图右上角有"一九六五年七月□□日拓"，当是初入馆时拓得。从该拓本可知，除去题额外，正文存十八行，每行存十三字左右。计存字二百二十三个。

俞樾亦曾据此残石校录一遍，言"余因取案头所有东雅堂《韩集》以校原碑，小有异同。原碑每行止存十三字，间有十四字者，计其全石，每行是五十六字。以铭辞考之，可见每行存十三，当缺四十三字，乃有缺四十五字者，亦有止缺四十一字者。参差不齐，其适缺四十三字者，除铭辞外，止二行耳"。[1]

或是因为《徐偃王庙碑》，俞樾对龙游的感情也是深厚的。他不仅留下《韩昌黎偃王庙碑跋》，还为高英撰文《龙游县知县高君实政记》。

韩碑之后，南宋袁甫也曾作《徐偃王祠记》。宋理宗宝庆二年（1226

---

① 雷军：《韩愈徐偃王家庙碑考》，《国学季刊》第12期。

年）冬，袁甫任衢州知府，任期内，袁甫多次到灵山祭祀徐偃王。宝庆三年十二月，徐偃王庙遭火患毁。新庙重建后，朝廷封徐偃王为灵惠慈仁圣济英烈王，妻姜氏为协济夫人，子宗、横、明分别为祐顺侯、祐德侯、祐泽侯。袁甫率百姓恭迎圣旨，并作《徐偃王祠记》，并勒石以详记其事，可惜此石碑已不存。

徐偃王庙碑拓片

关于半截碑,乡贤余华于嘉庆丁丑年曾有《徐偃王庙断碑诗并叙》,云:

是碑唐昌黎公撰记,至宋,碑石已断,后遗失,屡觅不得,嘉庆丁丑,叶生其蔚从庙西乱石堆见获一截,询知土人,出自庙旁土中,盖一废井,前岁掘土置此,遂洗石,寄予一纸,共相欣赏,爰为小记,并赋小诗。

闻说灵山旧庙碑,几番寻访断踪遗。埋随废井知何代,运应昌期见此时。一截文犹斑豹露,数行字自色丝奇。王仁韩记昭千古,珍重同留片石垂。六句又:数行字拟碎金披。

叶生如古有谁如,竟获亡碑半段余。千载旧章直藉汝,一张新拓肯分予。乘闲展览增欣赏,得意临摹便学书。况是吾乡希世宝,当年祠事纪南徐。

由此可知,嘉庆丁丑年前,韩碑已失,后叶生在废井中获半截碑并拓与余华共赏。

衢州市博物馆还藏有清代《徐偃王庙碑记》拓本,此碑于清光绪六年(1880年)岁次,浙江补用道前知衢州府事靳邦庆撰,知龙游县事前翰林院庶吉士陈瑜书。碑中记载了俞樾致函龙邑及乾隆十九年重立碑等诸事。

徐偃王与龙游

衢州市博物馆所藏半截碑,今人见过其真容者少之又少。而关于祀奉的徐偃王其人其事,文献记载更是若明若暗,甚至在时代上都有三种说法:一说是楚文王时人,一说是楚庄王时人,还有一说是周穆王时人。

关于徐偃王,在古籍中最早见于《尸子》和《荀子》,二书为战国后期作品,而且《尸子》一书已亡佚。《史记·秦本记·集解》引《尸子》曰:"徐偃王有筋而无骨。"裴因认为此为徐偃王称"偃"之由来。[1]

《山海经·南山一经》引《尸子》曰:"徐偃王好怪:没深水而得怪鱼,入深山而得怪兽者多列於庭。"《荀子·非相篇》说:"徐偃王之状,目可瞻马(马或作焉)。"

---

[1] 徐永生:《姑蔑文化源远流长》,文载陆民主编:《姑蔑历史文化论文集》,人民日报出版社2004年版,第80页。

稍后，《韩非子·五蠹》说："徐偃王处汉东，地方五百里，行仁义，割地而朝者三十又六国。荆文王恐其害己也，举兵伐徐，遂灭之。故文王行仁义，而王天下，偃王行仁义而丧其国，是仁义用于古而不用于今也。"韩非子（前280—前233年）距徐偃王也有七百年之多。

又过了百十年。《淮南子·人间训》说："昔徐偃王好行仁义，陆地之朝者三十二国。王孙厉谓楚庄王曰：'王不伐徐，必反朝徐。'王曰：'偃王有道之君也，好行仁义，不可伐。'王孙厉曰：'臣闻之，大之与小、强之与弱也，犹石之投卵、虎之啖豚，又何疑焉？且夫为文而不能达其德，为武而不能任其力，乱莫大书焉。'楚王曰：'善'。乃举兵而伐徐，遂灭之。"①

淮文和韩文比较，稍有差异。但这两种说法和《史记·秦本记》记载差得甚远。

司马迁在写《史记》时是采用了当时流传的说法，以徐偃王为周穆王时人。如《秦本纪》中说："造父以善御幸于周穆王……西巡守，乐而忘归。徐偃王作扰，造父为穆王御，长驱归周，一日千里以救乱。"相对而言，这个观点最具有信史价值。

又据《元和姓纂》及《通志·氏族略》所载，徐氏为颛顼、皋陶之后。夏禹时封伯益之子若木于徐国。从若木至徐偃王共三十二世。徐偃王攻周，被周穆王及造父击败。后又封徐偃王子宗为徐子。春秋时，徐国被吴灭后，徐子的遗族以原国名"徐"为氏。

但无论徐偃王是何时人，其仁义之风却为多种古籍所记载，历代传颂不绝，甚至而今全国范围的徐姓均奉徐偃王为始祖。

关于徐偃王是否到过龙游，目前尚未发现文献中有确凿的记载。通过《徐偃王庙碑》与《徐偃王志》比较，说徐国亡后其部分遗族从淮泗南迁姑蔑一带，世为当地著姓，并立偃王庙以崇德报功。篇中也提到偃王败亡武原山，民号为徐山，并立石室以祀偃王。灵山古称徐山，这说明徐族是偃王败亡后才迁至徐山的。

徐偃王遗族播迁地域相当广远，皖南、赣北、浙江、福建以及粤东

---

① 杜勇：《徐偃王与龙游》，文载陆民主编：《姑蔑历史文化论文集》，人民日报出版社2004年版，第191页。

都有其足迹。1981 年，浙江省绍兴市坡塘狮子山之东，出土了大宗徐国青铜器。其中的一件铜鼎上有"刂津涂俗，以知卹婞"八字铭文。"刂津"之含义为"承引、引渡"。"涂"即是徐夷祖居之神山——涂山，"涂俗"即是涂山氏及其后裔徐夷之俗。"以知卹婞"意为"以知忧耻"。"忧耻"二字指的是公元前 512 年吴国灭徐国之事，这部分徐人逃投到绍兴、姑蔑一带，在越国保护下，誓死不忘灭国之忧耻，仍然保留着徐夷的传统祖俗，头可断，发不可断。因此，这批青铜器的出土面世，应该是吴国灭徐国之后，逃到越国境后徐人的遗物。春秋时期，姑蔑族的一部和偃王后裔一部先后迁居浙西衢州，确是事实，他们共同构成了早期衢州先民的主体。[1]

那姑蔑为何作为徐族南迁的最重要的据点之一？目前先秦文化研究比较认同的观点是，姑蔑族的根基在山东。徐国被吴灭亡后，姑蔑族与亡国徐族先后投奔到吴国之敌越国境内，并与越国之民和睦相处，三十年后，参与了越王勾践讨伐吴国的战争并取得最终的胜利。

徐族迁居龙游后，带来了先进的中原文化。到了清代，徐姓实际上是浙西第一旧族，也是龙游的巨姓望族。民间传说，旧时灯会时，要抬着城隍神去朝拜徐偃王，因为徐偃王乃城隍神的娘舅。

当然，还有一个疑问，民国《龙游县志》记载，吾县齐、虞、鲁、乙四姓为最古，乾嘉间皆式微，而乙姓竟绝。相传正月初一出行，遇乙姓之灯，是年必诸事遂愿，俗谓之"神灯"。这是龙游特有的民俗。乙姓之灯为何有如此神力？乙姓源于子姓，出自商王朝的汤，属于以先祖名字为氏。这不由让人联想到姑蔑族与成汤后裔的紧密关系。

虞姓来自舜帝；鲁姓是周公后裔，源自鲁国公室姬姓，是周朝王族支系之一；齐姓出自姜姓，以国为氏。四大古姓中没有徐姓，为何其却在龙游枝叶开花最为兴旺？

另一件与徐偃王文化相关的重要器物是一只东汉晚期的青瓷簋。2014 年 7 月，考古人员在龙游城东建材市场一汉墓中发掘出一只青瓷簋，

① 郑洪春、袁长江撰：《试探姑蔑族与东夷族皋陶之少子徐偃王的关系》，文载陆民主编《姑蔑历史文化论文集》，人民日报出版社 2004 年版，第 204 页。

器身刻斜方格纹，内口沿和喇叭形圈足刻划水波纹，外口沿一圈还有六个汉隶"水"字装饰。在青瓷簋的内底上工整地刻有隶书"宗徐"二字。簋在远古是礼器，非普通百姓可以使用，青瓷簋是否为用来供奉徐氏祖宗的专用祭器？

该墓所处南二里许，有一扶风太守祠遗址，即遗爱庙，是纪念扶风太守徐弘的地方，始建甚古。刘宋时期徐琪在《应诏上谱状表》记载："臣祖元泊，于成帝时渡江而南，至东阳太末，因以居焉……泊生寿，汉封平阳侯。寿生悌，始兴侯。悌生弘，扶风太守。弘生昇，镇北大将军，成阳侯。"东阳刺史徐峤之曾在祠中祷雨，宋政和年间朝廷赐"扶风太守祠"额。

而往东不远处，还有个地名叫马报桥，相传是徐弘战死沙场，其马奔回乡里报丧而得名。青瓷簋的发现，不失是对古文献记载最好的印证。

在城东去往湖镇的方向，还有一竹溪桥的小村，竹溪自东而来，绕村北去，旧志云："徐偃王遗址，在县东二十里溪群。偃王南走，筑室居此，故溪名筑溪云。"竹溪桥距县城正好二十里，"竹溪"是否"筑溪"之误？村人姓氏较杂，却以徐姓人氏为多且聚族而居。这当中也透露了些许"筑室而居"的信息。

据《灵山徐氏谱》记载，灵山徐氏这一脉系出伯益，至三十二世为徐偃王，七十世为徐元泊，元泊被称为灵山徐氏"过江始祖"，于汉元帝建昭四年任江夏太守，至成帝河平二年升迁为秘书监金紫光禄大夫，于成帝阳朔二年五月十八日始，避王莽之乱，自江北迁徙太末县城南泊鲤村，即今灵山。自元泊始，迄今已六十四代，其后世系累叶相接，遍布华夏。其中，南齐徐伯珍、唐代徐安贞皆为元泊后裔，分别为元泊十五代、二十一代孙；衢州有抗金名将徐徽言，受封忠壮公，为其三十七代孙。

祀毛令公风俗

在灵山徐偃王庙内，还供奉着一位毛令公。有些徐偃王专祠，有茅、杨、蔡、卫四令公分侍于侧，不知毛令公是否为茅令公之误。民间最敬畏毛令公，传毛令公即张巡，张巡成为民间地方神或许与韩愈有关。

张巡是唐玄宗手下的战将，时任睢阳总兵。安史之乱时，守睢阳城池三个月，百姓家里没有粮食了，他打开粮仓救济。军队没有粮食了，就与老百姓一起吃树皮、捉老鼠、打麻雀。张巡甚至杀掉自己的爱妾，熬肉汤，让军士们喝。城破后，张巡宁死不屈，以自刎来报效朝廷。身边两位大将雷万春、南霁云也随主帅自刎而死，决不投降。

唐元和九年，徐放重修灵山徐偃王庙。韩愈撰写此文，即受了元和年间徐放的邀请。徐放在《唐书》中无传，阮元《两浙金石志》录"唐修禅道场碑"下有"朝散大夫、台州刺史、上柱国、高平徐放书"，能见其籍贯，并非龙游人。"唯《衢州府志·名宦》称放字达夫，元和九年任衢州刺史"，略可考之，则所要考究的这篇《徐偃王庙碑》的成文背景，当是徐放任衢州刺史时，视察龙丘，在此看到庙屋破败，因而聚资修成。修毕后乞文于韩愈，因而才有此文传世。另外，此碑为元锡正书。元锡即李鄘，《旧唐书·宪宗纪》："元和四年六月，鄘为刑部尚书。五年十二月，出为淮南节度。"《衢州府志》认为，元锡当在元和四五两年间任衢州刺史。

而韩愈是张巡的老乡。唐元和二年，韩愈为其著《张中丞后传》。徐偃王爱民如子，是仁义之君；张巡气志高迈，是忠义之士。自古英雄惺惺相惜，韩愈撰《徐偃王庙碑》，徐放便将张中丞张巡供在自己的祖庙里，与祖宗徐偃王共享民间香火祭祀，以示敬仰。

不只是灵山徐偃王庙，毛令公在龙游乡村都有崇祀，各村社均置有祀产，以供迎神演剧之需。毛令公神像是一座木雕像，红面长髯、眉清目秀，风神俊逸，身披战袍，脚蹬龙靴，十分威严。

每年春节，毛令公在灵山徐偃王庙过年，正月初六先到邻村派溪头村庙宇坐殿，传说这是毛令公到娘舅家拜年。到了元宵，灵山各户商号和乡民都要舞龙灯、狮子灯以及各种彩灯，到派溪头去向毛令公贺节，并向毛令公社登记出灯户名、灯名及灯数，便于出灯。正月廿，灵山要举行盛大的灯会。毛令公于正月十九灯夜被各路灯列队迎接，回灵山观看天亮戏，在灵山坐殿直到二月初二结束。从二月初三开始，四面八方的信徒就按预定的日期和路线开始抬着毛令公神像进行第一次巡游。路线是这样的：从灵山出发，经举岭脚、红殿、冷水、鹁鸪头、上圩头、官村、寺后、兰石，从大南门进城，十天后出城，经桥下、新桥头到大北门，然后又出城，经赤步坑头等村到大西门，驻英武殿，最后出城经詹家、马叶、夏金、芝溪、十都、官潭、石角、寺下等地回灵山。路上要经过四十多个站点，沿途各村驻留3—10天不等，驻留各村都要进行迎送仪式，十分隆重。传说毛令公出巡十都村，因风流案被一少女母亲以掌击颊，神像由白面变为红面，后人以十都村为其岳家，迎神时，可任意多留几日，他村不得有异议。驻留十都期间，不许进村索债等。

毛令公回灵山，正是六月六庙会，而庙会一结束，外乡信徒又按惯例遵照原定日期和路线进行第二次巡游，直到农历十二月廿五才回到灵山过年。如此长的巡游时间，在全国范围内都是罕见的。

灵山庙会在时间的安排上也很特别，庙会从元宵节为始，上元为一年春之始，华夏自古以来就有上元之日祈求风调雨顺、五谷丰登、人丁兴旺的风俗。徐偃王仁义安民之风得到了姑蔑故地先民的赞同和拥护，而龙游乡民为纪念徐偃王，世世代代以庙会的形式祈求贤王保佑自己。①

周边的兰溪、衢江、开化也有祀徐偃王、毛令公的风俗。开化的大溪边乡方田村每年都要举行三月三庙会。这一天，村民舞龙灯、舞狮子，抬着毛令公神像，吹唢呐奏乐，敲锣打鼓，浩浩荡荡沿村巡游。祠堂里要唱三天三夜的大戏，邻近的村民纷纷都来赶庙会，进行物资交流。

灵山塔

徐偃王庙原址在灵山老街，现迁建到不远处的凤凰山上。一同消失的还有"徐山"这个地名。因为此地每次祈雨很是灵验，所以改名为灵山。当然，倒掉的还有灵山塔。民国《龙游县志》另载："又西北复有一塔山，矗立灵溪中，四水交流，竹林掩映，舟行望塔、寺人物宛如图画。"我们不妨从清人余铿的诗中感受一下那种意境："徐山翠接香炉峰，一水潆回流向东。前日扁舟塔山过，磬声风片雨丝中。"

灵山塔位于下徐村灵山江西岸的一个小山丘上，灵山江到此处转了个弯。2016年夏，县博物馆开展了灵山塔基调查工作，确定了灵山塔

<hr />

① 叶京：《纪念徐偃王的盛会》，文载刘恩聪主编：《文化遗产传龙游》，中国文史出版社2016年版，第73页。

塔基在塔山寺内，位置大约在寺庙后进天井处，并在塔山寺寺门左侧发现诸多宋代砖块，疑似灵山塔塔砖。这很可能又是县境内的一座宋塔，民间所传的明天启年间建或是指重修。在康熙《龙游县志》中记有塔山庵。民国三年，灵山人集资改建塔山庵为临水宫，其时，灵山有福建会馆，临水宫应为福建商人所建，香火接自福建古田县，祀祭"陈仙姑"，当地人称之为"塔山娘娘"。陈仙姑名陈靖姑，生于905年，卒于928年，相传能降妖伏魔，死后英灵得道，成为"救产护胎佑民"的女神，因当初为本地民众救产、保胎、送子，故拜为"大奶娘"，以祈求保佑孩子平安长大。

灵山塔原为五级，1966年，灵山塔尚存三级残塔，后被拆，砖石用于建校舍。若灵山塔也有块半截碑，那塔的历史就不会这般模糊。

还是这首诗偈说得好："佛在灵山莫远求，灵山就在汝心头；人人有座灵山塔，好向灵山塔下修。"的确，每个人都应拥有正直的思维、慈悲的胸怀和善良的言行。若把心治好了，看到的自然是青山绿水。

龙游历代县治形态

　　民国及之前的龙游历代县治早已化作尘土，原址上唯有一栋建于1954年的苏式二层结构的大楼，这是中华人民共和国成立初期龙游县人民政府办公驻地。1959年撤县后，归龙游区、龙游镇政府使用。1983年恢复县建制，择址在城西新建县政府办公大院，今址在太平西路2号。追溯龙游历史县治形态，唯有通过查找史籍，结合部分考古发现和采访，但获取的信息是零碎的。

　　宋之前，龙游县经历太末、龙丘、龙游三个县名。始皇二十六年（前221年），秦制分天下为三十六郡，始立太末县，地属会稽。《水经注》记载："太末是越之西鄙，姑蔑之地也。秦以为县。"太末故城在今龙游县城西，开启龙游建县历史。当时整个金衢盆地设了两个县，除太末县外，另一个为乌伤县。太末县的管辖范围与姑蔑时期基本一致，包括现今整个衢州及遂昌、汤溪、江西玉山等地。史学界认为，太末立县一般以始皇二十五年为始，到唐武德八年（625年）废太末，跨度有847年。

　　《大明一统名胜志》卷六十九记载："旧唐书，龙丘，赫注云，本泰太末县，贞观八年置，以县东四十里龙丘山得名。"贞观八年（634年）置龙丘县，县名缘于县东四十里的龙丘山。从地理方位与距离的描述可知，龙丘县治位置在现龙游城内，龙丘山在县东四十里的表述是很准确的。

　　龙游县名始于吴越宝正六年（931年），一直沿用至今。民国《龙游县志》地理考记载："五代时，龙丘县属吴越国，宝正末，钱镠以'丘'为墓，不祥，改曰龙游，属衢州如故。"

　　汉、唐时，县为令、长。宋太祖建隆三年（962年），始以朝官为知县。

然而，五代之前，县之事，旧志俱不载，得其名可记者寥寥可数。

《汉书·百官表》记载，县令、长，皆为秦官，万户以上为令，减万户为长，皆有丞、尉。自太末以始皇二十五年（前222年）立县始，可查到的记录只有兴平年间，贺齐为太末长。《三国志·贺齐传》云："贺齐，字公苗，会稽山阴人也。少为郡吏，守剡长。县吏斯从轻侠为奸，齐欲治之，主簿谏曰：'从，县大族，山越所附，今日治之，明日寇至。'齐闻大怒，立斩从。从族党遂相纠合，众千余人，举兵攻县。齐率吏民，开城门突击，大破之，威震山越。后太末、丰浦民反，转守太末长，诛恶养善，期月尽平。建安元年（196年），孙策临郡，察齐孝廉。"

贺齐平定太末、丰浦山之乱当在兴平二年（195年）左右，故贺齐为太末长时约为兴平二年及之前，而非两旧志本传云的"建安十六年"。

另在詹家镇夏金村方家山汉—六朝古墓群东侧1号墓中出土一枚印文"新安长印"的铜印。东汉初平三年（192年）分太末县置新安县，晋太康元年改为信安县，至此衢州一带使用"新安县"结束，此印为研究龙游及衢州地区东汉至三国时的历史增添珍贵的实物资料。[①]

《晋书·职官表》记载，县大者，置令一人、尉二人；小者，长一人，尉一人。宋、齐、梁、陈，俱同晋制。这期间太末县有记录的职官四人。嘉庆《西安县志》谓，江逌于晋康帝建元初任太末令，但《晋书》中无明文，民国《龙游县志》以建元、永和年间任；齐太祖建元四年（482年），太末令萧谌（《齐书》）；梁高祖天监初，太末令刘繩（《梁书》）政有清绩；太末令将匠道李。另在《梁书·刘孺传》发现："刘孺，字孝稚，彭城安上里人也。出为太末令，在县有清绩。"

隋时并无职官记录。

唐时，龙邱为紧县（《文献通考》），有记录的职官七人。高祖武德年间，白石令王翬；唐景仁，仪凤中进士高第，历官衢州龙丘县令（河南洛阳的《大唐故衢州龙丘县令孟府君墓志铭并序》，唐代孟球撰《唐故朝请大夫守京兆少尹上柱国孟公墓志铭》）；武后如意元年（692年），盈川令杨炯（《旧唐书》）；龙邱令刘俨（《宰相世系表》）；文宗时，龙邱

① 朱土生：《龙游县发现三国时期新安县令大墓》，《龙游史志》2010年总第8期，第60页。

尉徐浩；龙邱尉江处崇（《府志》）。吴越武肃王时，龙邱令李凝（《十国春秋·百官表》）。

宋时，龙游为上县。职官表的记录也相对较多，不一一列举。

然，宋之前，史籍文献中并没有对龙游县治具体位置及形态有相关的描述。

我们只能从文献资料中探寻蛛丝马迹。元徐伯彪《学记》曰："至和初，县尉刘达元斥大之，始有学。毁于寇。宣和七年，邑令邵洪重建于县治之西。"可知，儒学在县治之西。虽然没有县治具体位置和年份的描述，但宋时龙游县城并不大，可反证，至少在宋至和初（1054年），县治就已经在此处存在。根据遗存泮池的所在，可推断儒学的位置，同样可知宋代县治即在城南瑞莲渠以北处。

嘉靖《浙江通志》记载："白莲桥，在县南跨濠水。在县治前，宋乾道中令林自立尝种白莲其下。"也可推断，龙游县治于乾道四年（1168年）前就已经在瑞莲渠以北存在了。

并且，史籍记载宋时社会治理的古迹较多。如尉司，在县东三百九十步。龙游驿，在县治西三十步。监酒课厅，即榷酒务，在县治北。省库，在县廨中。敕书楼，在县治前，北宋时建。手诏亭，在敕书楼左。平易堂，在县堂后。有斐亭，在馆驿后。政和亭，在主簿厅后。

元时，衢州府各县唯龙游为上县（《元史·地理志》）。

上县，秩从六品，达鲁花赤一人、尹一人，丞、簿、尉各一人，典史二人（《续文献通考》）。达鲁花赤，原意为"掌印者"，是蒙古帝国历史上一种职官称谓。成吉思汗在各城设置达鲁花赤，也就是督官。达鲁花赤是代表成吉思汗的军政、民政和司法官员，虽然品秩与原地方长官相同，但掌握地方行政和军事实权，权力在地方长官之上，实际是地方的最高长官，几乎全是由蒙古人充任。

世祖至元十四年（1277年），龙游第一任达鲁花赤为徹木哈儿，忠显校尉。

万历壬子《龙游县志》记载："县治，前临白莲桥，后中街，东石板街，西布政分司。元至正丁丑达鲁花赤徹木哈儿鼎建。"后根据徹木哈儿任职年月考纠正为元至元十四年（1277年），也即元代县治始建年份。

这是对县治具体位置的文字描述。但万历壬子《龙游县志》对元代县治的建筑规模、形态没有具体描述，县治于元末毁于兵燹。

明制，县设知县一人，掌教养万民之事。县丞一人，管马、管河、管粮。主簿一人，管巡捕。典史一人，典出纳文移。(《吾学编》)

明太祖于龙凤五年（1359年）己亥，改为龙游府，县隶之；吴元年丁未（1366年），改为衢州府，县仍旧。太祖龙凤十年（1364年），明代龙游县第一任知县为翟瑛。明代县治的第一次复建是在洪武二年（1369年），知县翟瑛任内。位于县治以北的城隍庙也是同年始建，并诏封城隍神为显佑伯。当年，翟瑛与县丞钱彬、典史李景荣商议复建县治之事，皆乐然开工。于是命工匠吕自明、徐文焕负责具体施工，仲秋时节土建工程完工。

徐复初在《重建县治记》中道："为县亢爽，翼以吏庑，肃仪有门，思政有堂，幕厅庖湢，皆有攸处。涂装黝垩，华俭中度。"县治建在地势高旷处，两边是吏舍，建有仪门、思政堂、幕厅和厨房、浴室等。建筑基本色调是黑白两色，庄重而不浪费。翟瑛在龙游任上为政清廉，居官训民，务先原本，减轻赋役，得到百姓的拥护。

在此基础上，洪武四年（1371年），知县刘康；永乐元年（1403年），知县祝渊；天顺五年（1461年），知县王瓒；弘治八年（1495年），知县袁文纪又相继重修。

嘉靖二十二年（1543年）癸卯冬，学宫、县治及两司行署皆毁于火。当时知县黄耀离任，主簿邱宜主持县政。他向上列具灾情，奏请重建县治，得准。巡按御史舒汀、参政江汇、宪副欧靖、郡二守陈念商议，县治重建由邱宜负责。知县钱仕到任后又续建完工。以义民大户陆汉、叶大鼎、吕克顺、徐钟、王震、舒铎等带领施工营造。钱仕与邱宜、陈槐、王诗相与协力，区划财用，指挥匠斫，伐石抢材、量工命日。嘉靖二十五年（1546年）县署、儒学重建竣工。

县治重建在故址上，整体建筑结构为：中为正堂，后为穿堂，又后为后堂，最后面为知县宅。正堂左为幕厅，又左为县丞署。前为主簿署，又前为典史署。正堂右为架阁库，为耳房库，又右为吏廨，为寅畏堂。正堂前为戒石亭，东西为六房，前为仪门，门右为狱，左为土地祠。前为大门，建谯楼其上。门前为白莲桥，左为旌善亭，右为申明亭。又右为总铺，相对为榜房。所有的建筑结构都沿用祖制，共有房舍七十五间，二百三十楹。

嘉靖三十九年（1560年），知县甘用世于土地祠以东建迎宾馆。而谯楼前白莲桥横跨瑞莲渠，先是白莲桥仅辟丈余，万历十一年（1583年），知县鲁崇贤始改为方广数丈。本次考古中，发现部分红砂岩的桥梁基座遗迹，桥墩长约0.4米，宽约0.5米；根据残存遗迹数据，可推测白莲桥为宽度约3.5米的石拱桥，与文献中的记载基本相符。

隆庆二年（1568年）冬，龙游县城得以始建，次年夏完工。自此，城隍庙、县治、白莲桥、大南门路、归仁门形成龙游城政治中轴线。

万历十二年（1584年），知县唐兴仁又尽撤榜房，扩为街道，规模始大。

崇祯十二年（1639年）二月，城中大火，半月乃自息，城中大宅为之一空，县治难逃其患。

崇祯末年，明朝国力空虚，战乱接连不断。龙游县治正如时局一般，后堂、穿堂倾毁，正堂亦颓敝，欹侧勉强支拄，摇摇欲坠。

清朝职官沿明制。县治，是以明嘉靖时期为基础的。

余恂《重建县治记》中记载，清康熙十二年（1673年），知县许琯筹备重建，上请动支存库银百余两，不足捐俸钱补充，安排范元会、叶鸣祥、方鸣骥、方支高等十七人负责，经历数月告成。虽然文中没有详细的县治建筑结构文字描述，但康熙《龙游县志》和康熙《衢州府志》中均有一幅龙游县治图，对龙游县治的建筑结构进行了图解和标注，结构与嘉靖时文字描述的相近，其中申明亭改为马户厅。

咸丰年间的兵燹，龙游城悉成焦土，城中大西门、小西门、后高山一带，犹荒烟蔓草。县治及县丞署、典史署尽毁。真浩劫也。

县治同同治五年（1866年）由知县熊绍璜修复，其后知县李宗邺复建谯楼。

同治九年（1870年），典史马福田修复典史署，十一年（1872年）县丞郑光华修复县丞署。

光绪年间，知县高英、张焰先后修葺县署，工程尤巨，全署焕新，并复建思政堂，马户厅又改为民壮公所。

民国时期县政府也曾驻县治原址。1942年，县署被日机炸毁。

在改朝换代的每一个阶段，县治都难以幸免于战火的肆虐。当我们从城市考古中拨开一层层面纱时，仿佛又看到了历史的真实面目。

昨天，一行路人从县治旧址前走过，一只野鸽子停在瑞莲渠边的废墟上，不知是在寻找食物，还是在寻找熟悉的旧迹。

我想，它是幸运的，它远离了战火的蹂躏，尽享世间的和平与安宁。或许，不久的将来，它又可以栖息在流水小桥上，在鸟语花香的田园风光中，透出一种怡人的恬静，透出一种莫名的欢愉。

问禅龙丘寺

旅行时我偏好两个去处：一个是乡村旧居，推开门窗，可以倒带的老时光，让遗失的记忆温柔地浮出水面；另一个是深山古刹，静谷幽深处，虫歌鸟鸣，梵音萦绕，更容易触摸到自己的心灵。我在写《揭秘湖镇舍利塔始建时间及供奉之谜》时，就盼着龙丘寺之行，以解心中之惑，直到本次国庆长假，才得以成行。

"知行藏泉"是位热心的向导，我们随着他三十多年前的记忆从龙游驱车前往汤溪，那还是他学生时代骑自行车春游的路线。当年路旁的小水杉，如今已长成了苍天大树，直指云霄，林荫影斜，像是一把巨大的绿伞。

远眺群山，九峰挺立，缭绕缥缈，山和天浑然一体，风悠悠空谷来兮，雾蒙蒙深涧生烟。九峰山亦称龙丘山，南朝刘宋时郑缉之《东阳记》云："县龙丘山有九石，特秀林表，色丹白，远望尽如莲花。龙丘苌隐居于此，因以为名。其峰际复有岩穴，外如窗牖，中有石林。"龙丘山原属龙游县，明成化七年（1471 年）置汤溪县，龙丘山从此划归金华。

我的姗姗来迟，是否让陶渊明等得太久了？他曾游浙之西湖，雅爱山水之秀，自新安而睦而金而九峰，后归携眷属而隐居于九峰山。"渊明三径"今犹在，"九峰桃源"何处寻？

拾级而上，天空中却飘起了雨，又轻又细，听不见淅淅的声响，也感不到雨落的淋漓，像是湿漉漉的迷雾，只在石板上留下了一串串匆匆的脚印。

我们在半山处停驻，回望穿过的竹林，烟雨迷蒙中，似是在低吟浅唱，无曲而有韵，令人遐思。"曲径通幽处，禅房花木深。"竹与禅在古诗里总是高度的融合。青青翠竹处，便是静所。始祖释迦牟尼有"竹林精舍"，观音菩萨有"紫竹林"，那么九峰山又有什么？

一抬头，门楣上"九峰禅寺"四个字便映入眼帘。九峰禅寺始建于南梁天监年间，迄今已有一千五百余年。

可我还是喜欢称之为"龙丘寺"。唐代楼颖著《傅大士文集》之《嵩头陀达摩传》记载，达摩建寺及入灭后，是以龙丘寺为号的，其县治为古太末，至唐贞观八年（634年），改名龙丘，五代吴越宝正六年（931年）才改龙丘为龙游。县以山名，寺以县名，足见龙丘寺之盛。

龙丘寺初建于九峰山下达摩峰以北俗名"凤凰形"之平坡，以天王殿、大雄宝殿为中轴线，以大雄宝殿为中心，周围殿宇两百余间，左侧佛塔十三层，气势宏伟，是佛教在中国的第一个鼎盛期的寺院建筑，乃佛教禅宗之祖庭。无奈时移世易，兴废无常，寺院于嘉靖三十五年（1556年）毁于兵燹。明万历年间迁址九峰山达摩峰山腰，依岩洞，设佛案，并改名为"九峰禅寺"。

九峰山因达摩而名，天门一峰亦称为达摩峰，达摩峰下有一达摩洞。叩入达摩洞，其之三层木质古建乃清乾隆年间所建，洞内有床、桌等。石窟主殿及后室简陋空荡，唯有石壁上烟熏火燎后焦黑的痕迹，似乎还能找到昔日的香火鼎盛，这竟是"达摩宫""贯休艺斋""九峰禅林""释典《佛经》堂"等佛事之所和"葛洪炼丹房""胡森石刻""三贤堂"等修道之迹。

历史的脉络又一一浮现：汉高士龙丘苌隐龙丘山设坛讲学；晋代道家创始人、炼丹名家葛洪于此得道成仙，并著《神仙传》，丹灶依然；晋代徐潘兴建"蒙山精舍"，培养出南齐著名学者徐伯珍；而徐伯珍又"讲学九峰，授徒千人"；达摩卓锡于此散布梵音，凡构七寺，后还龙丘寺入灭；南朝梁太末令刘勰，躬身力行，来此讲学，教授《文心雕龙》，宣讲文学理论，播撒文化的种子；天台徐氏始祖信安龙丘人、唐工部侍郎徐安贞弃官隐居于九峰，"安正书堂"书声琅琅……

《汤溪县志》云："自来贤士大夫，春秋佳日，偶事游观之乐，必于九峰。"曾有多少文人雅士仙客道家缠绵于此。

菩提达摩究竟入灭何时？归了何处？我问沙弥，沙弥合掌不语，引我入方丈室。住持释永续，字惟觉，师从于九峰禅寺住持宗勤老和尚，知我意后，淡然一笑："不立文字，教外别传，直指人心，见性成佛。禅宗十六字玄旨不正明示了吗？"

佛祖与迦叶在灵山会上，心心相印，仅只拈花微笑，没有任何其他的表示，但一切尽在不言中。住持小我三岁，一句"禅宗十六字玄旨"将我心中之困化解于无形中，师也。

禅之智慧，是要我们关注自己的心灵，停下匆遽的脚步，聆听真实生命的声音，使生命多一些从容与淡定，又何劳向外求玄？

春来花自青，秋至叶飘零，赵州禅师云："不雨花犹落，无风絮自飞。"

我也曾纠结于龙游乡贤余绍宋《龙丘山图》之事。民国时期，省民政厅长阮毅成曾迷于《龙丘山图》，余绍宋先生即曰："兄如能使龙丘山重归龙游县管辖，则好以此图奉赠。"后因战乱未成，拳拳之心，日月可鉴。龙丘山归龙游还是金华，嵩头陀又是否为菩提达摩？真的重要吗？

世人皆痴，无明众生，此时的欲望，他处的记忆，一念放下，即登彼岸。

龙游，曾经称过州

上周，有批客人来大南门考察，我在介绍时说："你们早上从南孔圣地衢州来，唐以前，龙游的历史就是衢州的历史。"他们一下来了兴趣。此话非虚，《旧唐书·地理志》记载，唐武德四年（621年），平李子通，才始置衢州。此后千余年，衢州历为州府路道的治署所在地。当然，我所说的唐之前龙游，指的是太末县及更久远的春秋姑蔑，当时所管辖范围包括如今的整个衢州地区、遂昌、汤溪及江西玉山等地。

其实，龙游也称过州，但这个州并不是衢州，并且，州治所在地就在小南海。

明万历万寿堂刊《一统志》有这么一段话："唐初复置太末县置縠州，寻俱废；贞观中复置龙县属衢州，五代唐改龙游，宋改盈川县，绍兴初复名龙游。"许多人或许不以为然，太末县归縠州管，縠州不就是衢州吗？其实縠州与衢州曾同时存在。

《旧唐书·地理志》记载："武德四年，置衢州。信安属焉。又分信安置须江、定阳二县。属衢州。又置太末、白石二县，于太末县置縠州。太末、白石隶焉。"由此可知，唐武德四年，始置衢州，辖信安、须江、定阳三县；而同时又置縠州，辖太末、白石二县。所以，縠州与衢州是并列的两个州。

《旧唐书·地理志》又曰："七年，陷贼。八年，废衢州、縠州及须江、定阳、太末、白石四县，入信安。信安还属婺州。贞观八年，分金华、信安二县置龙邱县。属婺州。"在武德初期，中国境内曾有十四个不同的政权。武德七年之乱，指的是辅公祏起义军，当时，衢州、縠州均为辅公祏所陷。而到了武德八年,辅公祏起义失败,衢州、毅州也同时被废。

从唐武德四年始置毅州,至武德八年废,毅州仅仅存在四年,这与白石县的置废是一致的。关于白石县,有一种说法,认为白石县治在龙游县南四十里的白石山,旁有知县坂、城隍墩之名。白石令为王辈。

那么毅州的州治又在哪?

从"于太末县置毅州"知,州治应在太末县境内。而《大清一统志》更有明确的记载:"瀫州城,在县五里瀫波岩下。"此"瀫"与"毅",音、义虽不同,但在历史文献中,"毅"与"瀫"常相通。

如明万历万寿堂刊《一统志》对毅溪的描述,用的即是"毅"字:"在龙游县北五里,汉志大末县有毅水,唐置毅州以此。宋汪泌有诗'波纹端与毅纹同,正倚阑于想像中,更被轻舠横截去,斜阳染出半江红'。"毅水即瀫水,瀫的基本释义是指浙江省之衢江。毅州之名,则以毅水而来。并且,若按大明《一统志》记载中的理解,毅溪或毅水应为龙游段的专属用名。

瀫波岩,又名簸箕岩,位于小南海镇翠光岩村亿洋工具厂宿舍楼下,临衢江。瀫波岩下有瀫波岩洞,岩上有瀫波亭。宋吕防《瀫波亭》诗曰:

王孙余巧力,银汉亦经营。

地轴卷不尽,风棱织不成。

瀫波岩前有一大片开阔地,自古以来,"翠岩春雨"就是龙游十景之一,如今,瀫波岩更是旅游胜地。那么,瀫波岩与毅州城有什么关联?或者瀫波岩下还藏有什么秘密?只待以后考古发现了。

而唐武德年间,毅州刺史又是谁?

关于毅州刺史,新旧唐书均无记载。庆幸的是,2009 年 11 月,在洛阳市红山乡出土了唐洛州刺史贾敦颐墓志。其墓志讲述了贾敦颐先世、历官以及其夫人清河房氏等相关情况,其中记载有其曾任毅州刺史的文字。《贾敦颐墓志铭》:"大唐故使持节洛州诸军事洛州刺史护军贾君墓志铭并序:公讳敦颐,字景远,曹州冤句人也。……以平辅祐之勋,迁授使持节毅州诸军事、毅州刺史,又历常、唐二州刺史。"看来,贾敦颐是因镇压辅公祏有功而迁任毅州刺史的。

但《旧唐书》中记载,"七年,陷贼"。那么,唐武德四年至七年间,在贾敦颐之前,毅州是否还有另一位刺史呢?

历史本来是个谜，但有迹可循。正如宋王藻写的《姑蔑城》诗：

石马鑫舆识故宫，断碑漫灭覆杉松。

谁怜邻国干戈地，空有涂山玉帛踪。

芳草满庭留晚色，断云边野敛春容。

中原逐鹿归狙诈，此意悠悠委暮钟。

此王藻很可能指的是宋代画家王藻，日本有邻博物馆旧藏的《归牧图》便是他的作品，后在上海崇源2010春拍中以2240万元成交。《姑蔑城》诗中"邻国"意指古代传说中西方极远之国，而姑蔑正是越之西鄙，他将姑蔑比邻国。"涂山"应是东夷部落的涂山国，或指姑蔑与东夷部落的关系。而结尾的"此意悠悠委暮钟"，即是王藻所听到的是暮钟声声，当时的姑蔑故城早已成为灵耀寺。

较与姑蔑，穀州这段历史，更是昙花一现，但有一段历史可以追溯总是美妙的，况且，叹息也是世界的一种色彩。

朱元璋为何改衢州路为龙游府

　　龙游的历史，内涵极为丰富。唐武德四年至八年，龙游曾是縠州州治所在地。而在元末明初，还有一段改衢州路为龙游府的历史。

　　古代地方行政区划，元代学辽制，将府置于州之上，即省、路、府、州、县五级。但一般只有三级，即省—路（府）—（州）县。《元史·地理志》记载："元至元十三年，平江南，改衢州为衢州路。"元时，衢州为路。

　　而明代学宋制，分省、府、县三级，将最高一级的地方权力分在都指挥使司、布政使司和按察使司手中，将布政使司作为第一级地方行政区划的名称。《太祖实录》记载："明龙凤五年己亥，取衢州路，改龙游府。"1359年，改衢州路为龙游府。

　　明万历万寿堂刊《一统志·建置沿革》记载："本朝改龙游府，寻改为衢州府邻县五。"

　　在改龙游府的时间上，《一统志》、赵镗《府志》及龙游两旧志的记载俱作至正二十二年壬寅岁（1362年），如明万历壬子年《龙游县志》记载："皇明太祖高皇帝壬寅岁改衢州府为龙游府，县隶之，丁未寻复为衢州，县仍旧。"比《太祖实录》中迟三年。

　　而民国《龙游县志》则沿用《太祖实录》的记载："元明之际，龙凤五年，改县为府，仍置县。吴元年，龙游府废，县如故。"

　　在废龙游府的时间上，不同的文献记载也有差异。民国《龙游县志》是吴元年丁未（1366年）。而《一统志》、赵镗《府志》、《江山县志》俱作癸卯岁（1363年）。但鲁贞在《开化县治记》中，甲辰岁（1364年）尚为龙游府。

　　我们暂且不论改废时间，先探讨一下，朱元璋为何要改衢州路为龙游府？

　　元至正十九年（1359年）七月，朱元璋攻下金华，然衢州迟迟不能攻克，便将围攻衢州的主帅陆仲亨撤下，换上大将常遇春。《明史·常遇春列传》记载："从取婺州，转同佥枢密院事，守婺。移兵围衢州，以奇兵突入南门瓮城，毁其战具，急攻之，遂下，得甲士万人，进佥枢密院事。"

　　常遇春自元顺帝至正十五年（1355年），归附朱元璋后，自请为前锋，力战克敌，尝自言能将十万众，横行天下，军中称"常十万"。常遇春接令后，率部由东至西一路杀来，先夺龙游城。其间，他写下《龙游道中》：

　　　　策蹇龙游道，西风妒旅袍。
　　　　红添秋树血，绿长旱池毛。
　　　　比屋豪华歇，平原杀气高。
　　　　越山青入眼，回首鬓须搔。

　　常遇春征战四方，三十九而卒，其诗殊少概见，留下此诗，可见他对龙游印象之深。

　　但常遇春围攻衢城时，却遇上了大麻烦。衢城壁垒森严、固若金汤。衢城守将伯颜不花的斤是名门之后，才华超众，且诗书画音无所不精，还是元代著名的散曲家。

　　常遇春想尽办法，又造吕公车、仙人桥、长木梯、懒龙爪等攻城军械，将衢州六座城门团团围住。但伯颜不花的斤总能一一化解，"以束苇灌油烧吕公车，驾千斤秤钩懒龙爪，用长斧砍木梯，筑夹城防穴道"，常遇春久攻不克，心急如焚。

　　围攻二月，常遇春见衢州南门有疏，便以奇兵突入南门瓮城，毁掉战具。衢城内的元枢密院判张斌自知守城无望，遣使密约投降，里应外合。常遇春才勉强拿下衢州，并俘虏伯颜不花的斤及院判朵粘等。

　　或许正是因衢州战事艰巨，攻城时间久，双方损耗重，常遇春有了一股怨气，报朱元璋准后，便将衢州改名为龙游府，以武义知县杨苟儿知府事，当然府治还在衢城。并立"金斗翼元帅府"，以唐君用为元帅，夏义为副元帅，朱亮祖为枢密分院判官，宁越分省都事王恺兼理军储，常遇春还宁越。

　　将衢州改名为龙游府之因，或许还与另外几个人物有关。一个是刘基，字伯温。至正十九年（1359年），朱元璋闻刘基及宋濂等名，礼聘而至。刘基曾多次经过龙游，并留有《发龙游》诗：

微飙献清凉，客子中夜发。

秋原旷天际，马首挂高月。

草虫自宫商，叶露光可掇。

狭径非我由，周行直如发。

扬鞭望南天，晴霞绚闽越。

另一个人物是章濬。刘基写过一首《赠司玄夏官章濬》。在《明史研究》（第12辑）《刘基交游考》记载："章濬，字季明，龙游人。学于朱晖，为赵缘督再传弟子。精天文。洪武初任钦天监司玄夏官。刊赵缘督《革象新书》，宋濂为之序。"

此章濬极有可能是月庭和尚。明代郑晓《今言·一九六》记载："越国公守兰溪。获月庭和尚，检囊中有天文地理书，越国公留之帐下。上征婺州，越公与月庭见上，并上其书。"明刘辰《国初事迹记录》："太祖克婺州，立观星楼于省东，夜与月庭登楼，仰观天象至更，深得其指授。"

越国公即胡大海，检囊中的"天文地理书"应该是指《革象新书》，当时，朱元璋极为重视天象，而章濬正是朱元璋早期的天文师。至正十九年（1359年），天下还未定。陈友谅、张士诚几股势力极为强大，朱元璋不敢托大。或许正是听了章濬、刘基两位天文师之言，朱元璋才将衢州改名为龙游府，含蓄势待发，日后龙游天下之意。

那么，后来为何又要废龙游府呢？

元至正二十一年（1361年）朱元璋受封吴国公，但用的仍是龙凤年号。而到了吴元年（1367年），韩林儿死，陈友谅灭，张士诚也被包围，此时朱元璋的势力已今非昔比，大局已定，因此改为吴元年，为自己登上帝位做铺垫。自唐武德四年，衢州城便为州治所在地。且从地理位置上，衢州城易守难攻，而龙游城处于两江交汇平原开阔地，更容易被突防，这在后来的明清交替，特别是咸同兵燹时，也多次得到了验证。朱元璋当时并无迁治意愿，故废龙游府，复衢州府也就顺理成章。吴元年（1367年），章溢知衢州府。

有些历史，刻骨铭心；有些历史，风清云淡。但不管如何，都将成为后人茶余饭后的谈资。

历史·回眸

我们一起于静默间回眸，
这个世界的光亮，如千年泮池、双桥明月和灵耀寺的佛光。
清韵交叠，内心渐至宁静，
大地一片苍茫。
记忆越来越沉淀，痕迹越来越浅淡，
岁月冉冉。

三石园的前世后生

我记不清到过大南门的次数了。今天的风很大，残砖败瓦，尘土飞扬，有一种失落又惆怅的感觉弥漫在废墟上。可来访的老人兴致很高，不停地念叨着，生怕后人忘记。故事断断续续，记忆零零碎碎，我把它们串起来，凝聚在笔尖，却是那么清晰。

三石园，于大多数龙游人而言，已经不记得了。它没有龙游西湖这般出名，但也曾是县城里屈指可数的大宅院，西湖有了三石园的映衬，显得更加绮丽灵动。老人刚走到西湖边，就向我提起了它。

三石园建于清早期，是余勉晚年筑造的私家别业，主人称之为"宜园"，我觉得这名字比"三石园"雅致多了，不知后人为何要改为三石园？后来查阅了相关资料才知，此"石"并非指石头，而是计量单位。大宅院占地七亩半，所以叫"三石园"。

三石园位于西湖以西，东沿西湖西堤，南沿近吕公井二十来步，西沿西湖沿路西巷一弄，北沿城角坊。具体位置在老龙游镇派出所内，向南再延伸一段。

清乾隆余华《星堤步月图〈并序〉》记载："又数十步有国初余岫云太史宜园，其间层楼杰阁、水亭月榭，鱼鸟花木景集四时，今为我族星缠兄家塾。三石园内池与西湖相通，池上楼阁台榭极其壮丽。"

三石园的设计以文人园轨辙，淡雅相尚，布局自由，建筑朴素，厅堂随宜安排，楼阁亭榭，宛转其间，以清新洒脱见称。

三石园的建筑以水面为中心，其向心和内聚的感觉分外强烈。三石园的景观以水擅长，水石相映，构成园林主景。徜徉其中，水潺潺湍流，淙淙如说似诉，叮咚如音似乐。水中可见浮光倒影，可观鱼赏荷，濯足品茗。

在鱼鸟花木等细节的处理上，三石园则遵循中国园林的传统，以自然为宗，又非漫无章法。如龙游本多竹，品类亦繁，三石园内终年以翠绿为园林衬色；也多植蔓草、藤萝，以增加山林野趣；再栽些梅兰竹菊，苍松、海棠、美人蕉和鸡冠花，园内四季如春。

造园如作诗文，也许，这便是余勉要在私家园林中体现的诗情画意。

文中提及的余岫云太史即余勉的父亲余恂，后人常把三石园与余恂联系起来，主要原因或许是余恂名气更大而已。余氏家族是龙游城的望族之一，余勉一族属高阶余氏，我们可通过他的世袭关系了解一二。

曾祖，余炜。夙负隽才，博综典籍。弱冠补诸生，知县涂杰器重于他，学者称成吾先生。祀乡贤。

祖父，余日新。天资明敏，力学好古。天启元年举人，崇祯七年进士，授福建漳浦县知县。十五年擢监察御史，后迁山东巡按。祀乡贤。

父亲，余恂，日新次子，年十五为诸生，名噪胶庠，凡子史百家无不毕览。顺治八年，举浙江乡试第一；九年，成进士，授翰林院庶吉士，几阁试、御试辄第一。十三年，拜左春坊、左谕德。同僚以恂心性坦白，戏称他为"天机子"，他就自为号，世祖知道后，也这般称呼。余恂心系故里，三十三岁便辞官归乡，在西湖以东建霁阁大水楼。居乡二十年间，对地方上的利弊悉心讲求，对崇学校、革弊俗、筹荒政、省徭役等贡献极大，并为知县卢灿编撰《龙游县志》十卷。祀乡贤。

伯父，余忱。嗜学好古，每刻阴程课，至耄年犹不懈，淹贯经史百家言。作为诗文，沉雄高古，天真烂然。与九恫、韩菼、李渔、徐复等均有和诗赠答。于西湖南面穿池引流筑镜园，亦名西园，其中有最阁、非水舟诸胜，结构闲雅。

余勉，恂长子。豪迈有大志，善属文，千言立就。康熙十一年拔贡，入太学，为徐乾学所器重。耿精忠兵燹后，知县卢灿修北泽堰、清查田亩、建文昌桥等诸役，余勉都倾力支持。

通过以上世袭关系可知，余家四代中有三人被祀供于文庙里的乡贤祠内。对一个家族而言，这是何等的荣耀！而余氏家族的居家住所，也始终沿着西湖筑造，成为西湖景观的又一胜地。

乾隆三年，知县徐起岩引姜席堰水入城并疏浚了城濠，使三石园内池与西湖相通，池水由此变得更加灵动。

到了乾隆中，三石园却另易其主，变成了西湖余氏一族余星缠的家塾。或许正是易主之故，才将"宜园"改为"三石园"。

晚清时，三石园的池水依然清澈，池上楼阁亭榭也极其壮丽。然而，"从来名山不一主，午桥别墅混樵父"。子孙不能守，三石园转售给余广文，即余心白。三石园规模依旧，却改作了仓房。

诗人吴枫在《三石园歌》中写道：

> 山川风月孰维持，千载涵淹旧烟雨。
> 我邑余公公辅才，手将隙地辟荒莱。
> 驰誉词林思恬退，崇儒别业药栏开。
> 画阁玲珑画亭接，内湖潋滟外湖来。
> 东阁官梅诗兴优，西湖烟柳泛春舟。
> 牙签玉轴罗青案，楚舞秦歌拥碧油。
> 余公自号天机子，从此才名播上游。
> 一旦子孙嗟失守，台池付与他人有。
> 罗浮梦断人物非，谁将羯鼓催花柳。
> 余公非复旧余公，往日芳菲还记否？
> 我梦斯园几十春，湖波难洗柏梁尘。
> 可怜一片瘦楼月，犹照催租输粟人。

景还是那般景，余公非复旧余公。一个家族的命运，在一首诗的平仄里跌荡。繁盛或衰落，都如烟散去。唯有潜藏在字里行间的缕缕墨香，触动我们多愁善感的神经，感叹人世的无奈。

民国十四年七月廿二日，由吴际元介绍，余绍宋以三千一百六十元购入，成了三石园的主人。余绍宋本想再费三千金兴筑台榭、广栽花木，为颐太夫人之计，因命其名曰"南陔别业"，后还在大门的匾额上亲笔题了"磊园"二字。我认为"磊园"之名也比"三石园"有意境。然而，余绍宋并未在此居住，又将三石园转给了朱鹏飞。

大南门历来人杰地灵，其中文以余氏为盛，武以朱家为荣。

朱氏家族朱鹏飞，又名朱翔宵，人称朱老四，光绪十七年武举人，千总。长得体魄魁梧，满脸红光，鹤发童颜，态度甚为慈祥。朱鹏飞能武尚文，余绍宋编撰《龙游县志》时，"城乡各聘采访员一二人任其事"，有王树熙、唐贻毅、周之桢、邱君梁等十位，又"置名誉采访员一百人"，其中曾交稿者有杨振烈、方晋辰、徐允元、朱鹏飞等四十位。朱鹏飞还创办了朱泰生百货店，晚年在龙游热衷于慈善事业，管理育婴堂，兼管戏院。

他的弟弟朱鹏万，排行老五，光绪十九年武举人，二十年武进士，蓝翎侍卫。

朱鹏飞的儿子朱公雨，经营朱泰生百货店，因学徒用火不慎，百货店被毁；后又创办龙宫饭店。长孙朱锡荣，娶方河清次女方佩兰为妻。

在大南门百岁老人方甘菊（方佩兰妹）的记忆中，三石园门前是运动场，东南是荷花塘，有曲桥长廊通往六角亭，即印心亭。三石园正门朝东，沿城角坊路有北大门，西边有一西小门。东大门前铺就青石踏步，红漆大门，门上有一匾，保留着余绍宋亲笔题的"磊园"二字，边门靠左角置着一把清朝的大刀，连着雕龙的金边木柄，甚是威武，据说是朱鹏飞使用过的。

进边门中间有天井。再通往前厅，面积很大，前后厅都摆放着古色古香的桌椅，陈设古朴典雅。出了前厅是花坛，东临大门，南面是一大荷塘，石板铺就的小桥横贯其上，岸边柳树成荫。正屋西面是一片果树，种植桃、李、橘、核桃、柚和银杏等，茂林修竹，周围有围墙。

当时朱公雨经营的朱泰生百货店门面很大，生意兴隆，春风得意，三石园内常宾客盈门，好生热闹，但早已不是余勉的闲情雅致了。

民国二十二年，经南京"龙游旅京同乡会"会员倡仪，三石园小学附设幼稚班，招收7岁前的幼儿入学，教学工作由小学教师兼任。

中华人民共和国成立后，三石园变为国有资产，里面还关过犯人，后来又改建成龙游镇派出所，除了留下一小池塘外，也没剩下其他可寻的遗迹了。

故人已去，三石园早已化作尘土。我随着煦暖的阳光在大南门寻觅历史古迹和传说，迎着飒飒的秋风追溯远逝而弥远的记忆。

但我依然有梦，我在梦里寻找，我走得很慢，很慢，可还是错过那枚明清的月。那一枝瘦荷，何时停在水中舞泊？那又是谁家的女子，从一阕宋词里走来，斜倚在三石园的门上？

龙游县学

大南门的泮池，至今还是完好地保存着，并被列为省级文物保护单位。若从池边走过，会不由想起龙游县学，但它离开我们的视线似乎太久了。

儒风甲于一郡

科举制度自隋文帝创立，于唐初（618 年）正式实行，至清光绪三十一年（1905 年）明令废除，共延续了 1288 年。这期间，通过进士科考录取的龙游籍进士共 157 人，其中文进士 147 人，武进士 10 人。龙游籍进士在政坛上多有建树，如唐中书侍郎徐安贞，南宋状元资政殿学士刘章、左丞相余端礼、宝谟阁学士刘甲、资政殿大学士马天骥等。龙游籍进士对地方文化、经济发展做出了杰出的贡献，如南宋理学家夏僎、清初左谕德余恂等，历代进士造就了龙游文化的深厚底蕴。

唐及五代的 343 年间，龙游籍进士见正史或地方志的仅 2 人。龚宸于贞观三年（629 年）登进士第，是龙游历史上第一位进士。77 年后，徐安贞进士登科。《旧唐书》本传记载，徐安贞"以博学弘词举五言应制，一岁三上俱及第"，即唐中宗神龙二年（706 年）被地方举送，同年进士登科、应博学弘词考试中选。

宋代的每届立额，并规定"无其他人则否"。两宋 321 年中，除因朝代更迭等原因外，两宋科举考试举行 118 次，共录进士 42588 人，每榜平均取 360 人，在这种背景下，一县中进士的人数相应增多。有记载

的龙游籍进士 109 人，这是一个非常高的数字，正所谓"名人，学士
冠盖云集"。如熙宁六年（1073 年），吕防中进士，其子斌、景著、景
蒙，孙南夫也先后并登进士，一时"郡邑荣之"，更坊名为丛桂；绍兴
十五年（1145 年），刘章高中状元，9 年之后，其子刘之衡中进士；绍
兴二十七年（1157 年），余端礼中进士，官拜知枢密院左丞相，15 年后，
其子余嵘中进士；徐献与余端礼是同年中进士的，6 年后，其弟徐尧也
中进士；乾道八年（1172 年），龙游同榜进士达 8 人。凡此种种，不胜
枚举。当时，龙游县"进士及第"在大比之年连届并肩累迹，纷至沓来，
形成"父子先后进士第""兄弟进士连科"的奇迹。①

元朝 98 年间，龙游籍进士 3 人。明清两代 540 年间，明代龙游籍
进士 31 人，其中武进士 5 人。清代龙游籍进士 12 人，其中武进士 5 人。
而咸同兵燹后，龙游只出过一个武进士朱鹏万，甚至文举人也唯有余绍
宋，并是留洋举人，可见战乱对龙游文化蹂躏之深。

古太末墟，儒风甲于一郡，县学在其中起到了至关重要的作用。

县学历史

龙游县学历史也几乎可以代表中国县学历史。宋庆历四年（1044
年），皇帝诏州县立学，龙游始创文宣王殿，当时还不满两百人，故只
称孔庙。10 年之后，至和初（1054 年），县尉刘达元始建县学。县学建
于县治之西，灵耀寺以南。砚池镜其前，瀫江环其后；方岑二山，左右
映带；高峰远岫，势若拱揖。

县学第一次毁于宣和三年（1121 年）正月方腊起义，当然被毁的
不只县学，还有县治等建筑。在这 67 年间，龙游先后有吕防及子，祝
伯瑜、祝伯圯两兄弟等 16 人考中进士。

4 年之后，即宣和七年，县令邵洪重建县学。绍兴三年（1133 年），
知县李莘民建御书阁，藏高宗御书《孝经》、夫子像（木质）。可见当时
龙游孔庙（县学）地位之高，若能保存至今，也应是国之重器了。在时

---

① 雷柏成:《从科举科目看龙游籍进士》,《龙游史志》2012 年总第 14 期，
第 60 页。

间节点上，我们可通过衍圣公南下做个比对。

建炎二年（1128 年）宋高宗南渡，孔子第 48 代嫡孙衍圣公孔端友扈跸南下；建炎四年，赐家衢州。也就是说，龙游始有孔庙比衍圣公来衢早了 86 年，即使是宣和七年（1125 年）的重建，也早了 5 年。而现存泮池作为学宫的标配，体量之大在全国也是罕见的，这从一个侧面反映了当初龙游县学规模之大。衍圣公选择衢州安家，应该与辖县龙游厚重的儒风有一定的渊源。

其后，县学屡毁屡修，历经宋、元、明、清四个朝代。至光绪三十年（1904 年），甲辰科成为历史上以科举取士的最后一科。光绪三十一年，慈禧以光绪名义发布上谕明告："着自丙午科为始，所有乡会试一律停止，各省岁科考试，亦即停止。"自此，延续千年的科举制度正式宣告废除，县学也完成了它的历史使命。

1928 年 5 月，县政府在县学（孔庙）内辟建公园，命名为中山公园，面积 6 亩，园内种植洋槐、白杨、扁柏、赤松等树木。1929 年 5 月，龙游县民众教育馆在孔庙魁星阁成立，设总务、图书、康乐、艺术四部，并于 1935 年创办《龙游民众报》。1938 年 7 月，民众教育馆成立流动施教团，在城乡宣传抗日，成为龙游抗日主阵地，但孔庙的建筑结构尚存。抗战结束后，民众教育馆馆址改为警察局，中山公园改为拘禁犯人的看守所直至解放。1954 年，因建龙游县委房屋，拆除中山公园，1959 年改为金华地区工业专科学校，后改为巨县县委龙游招待所。1983 年 12 月改为龙游县委招待所，1992 年底改为龙游大酒店。[①]

县学的建筑形态

龙游的建筑形态，并无实物可循，唯有通过各时期《龙游县志》的文字描述、康熙《龙游志》学宫图、县博物馆所藏一民国二十六年的照片以及泮池等加以综合推断。我们暂以康熙年间龙游县学建筑结构为基础，寻找一些旧时的记忆。

县学坐北朝南，正南隔泮池临西湖文星堤。若从古人堪舆学的角度

---

① 祝毓榕：《龙游孔庙沧桑》，《龙游史志》2008 年总第 5 期，第 71 页。

来看，文星堤也应是县学的一个节点，这在康熙《龙游志》学宫图中也有体现。

泮池位于县学南首，直径52.52米，四周每二石柱间夹嵌一块石栏板。明天顺时，中间有泮桥架其上纵跨南北，东西沿岸各有一亭。泮池之水先由北泽堰，后改姜席堰水从西北首引入，从东北首瑞莲渠导出。

《诗经·泮水》篇有"思乐泮水，薄采其芹……"等句，意为士子在太学，可摘采泮池中的水芹，插在帽缘上，以示文才。不知龙游泮池砖壁中央是否嵌有"思乐泮水"的石刻？科举考试时，士子过泮桥去拜孔子，称为"入泮"。

泮池与县学之间横跨着一条东西走向的街，即县学街，县学街上有两座牌坊，东边为状元坊，西边为解元坊，状元坊为刘章祀，解元坊为明弘治年间知县袁文纪所立。

根据康熙《龙游志》学宫图可知，棂星门在泮池以北，是县学中轴线上的起始建筑。宋时，棂星门又称"乌头门"，文庙修棂星门，象征祭孔如同尊天。而按照规制，棂星门作为孔庙的一部分，应该在泮池以南，那为何龙游县学的棂星门在泮池以北呢？是否可以推断，宋时所建县学，棂星门在泮池以南，将泮池包括在内，县学体量巨大。而到了康熙年间，缩小了县学的规模，才将棂星门移建至泮池以北。棂星门三柱若楣，初为牌楼式木质建筑。到明天顺六年（1462年）知县王瓒重修时，改成石质结构。棂星门两侧的砖墙墙脚处嵌有两米多高东、西两座石碑，上书刻"文武百官到此下马"。

从县学街穿过棂星门，东西两侧各有持敬门，中间为戟门。每逢朔、望朝圣和春秋祭典，县官员、教谕和训导由戟门进，士子则走持敬门，不得逾矩。

戟门左右分别为名宦祠和乡贤祠。名宦祠祀晋太末长江逌，宋知县宗泽，明知县唐苟儿、张惠、袁文纪、陈钺，教谕郑秉文，训导陈文禹等。道光四年（1824年）时，改名为土地名宦报功祠。

乡贤祠初仅祀汉龙邱苌、南齐徐伯珍、唐徐安贞，也称三贤祠。塑像中是进贤冠像，穿月白色长袍，束发不戴帽。明天顺年间始增祀吕防、余端礼、余嵘、刘章、胡大昌、马天骥、吕好问等共十人，后改为乡贤忠臣孝子祠。

康熙五年（1666年），建岑楼于巽方，上礼魁星，下为黉门，即儒学门，于棂星门东边。万历二十九年（1601年），改儒学门为大魁楼。

儒学后面是文昌祠。万历六年（1578年），知县江濯之改建文昌祠为阁。文昌阁奉祀文昌帝君，民间认为他是主管考试、命运及助佑读书撰文之神，是读书文人、求科名者所最尊奉的神祇。

戟门后面是文庙，文庙后面是大成殿，也称圣殿。因孔子对中国古代文化做出了集大成的贡献而得名，居于县学正中，布局为前庙后学宫。大成殿是文庙的主殿，大殿四周是孔子业绩图壁画，形神并具。殿内正中供奉"大成至圣先师孔之位"，左右配享四亚圣——颜回、曾参、孟轲、孔汲。

殿外有露台，是春秋祭奠时舞乐之地，三面环以石栏，四角设有紫铜燎炉，燃桐油火炬。祭祀多在午夜子时，光如白昼。祭典时，庄严肃穆，祭品中最突出的是牛、羊、猪三牲，去掉内脏后放置在两米高的祭台上，牛称之为"太牢"，只有至圣先师孔夫子才可享用，还有谷黍、肝、帛等放置在大盘上，祭孔与普通祠堂里祭祖是不同的。

大成殿两侧分别是东庑和西庑，东庑供奉先儒程珦（程颢与程颐父）、蔡元定（朱熹师），西庑供奉先儒朱松（朱熹父）。

至民国时期，大成殿内有"大成至圣文宣王"牌位尚存，两侧为七十二贤牌位，东西两庑间有近千平方米园地，种植花木，有专业花匠负责种植管理。

大成殿后沿东西各三间，东曰礼门，西曰义路。礼门左边建土地祠三楹，前临文昌阁。

明伦堂处于大成殿后面，是读书、讲学、弘道、研究之所，同时也承担着传播文化与学术研究的功能。故有"人伦不明，圣教不著；圣教不著，人化不彰"之说。

明伦堂左右为斋宿所，其外则为东西斋，还有馔堂、仓、廨舍、号房等。康熙二十二年（1683年），知县许琛又于学舍、号房废地建龙山讲院，以补鸡鸣书院之阙。明伦堂内有赐书楼，藏有学田鱼鳞册。

明伦堂后有尊经阁。尊经阁贮有《四书大全》《易、诗、书、春秋、礼集注》《性理大全》《通鉴》各一部，《资治通鉴纲目》六十册，《大学衍义补》三十册，《十三经注疏》合一百二十册，《杜氏通典》四十册，《阳明年谱》二册等。

教谕衙、训导衙分列明伦堂东西两侧，训导衙西面还有启圣祠。启圣祠中奉启圣王叔梁纥（孔子父），东为先贤颜路（颜子父）、孔鲤（子思父）、西为先贤曾点（曾子父）、孟孙氏（孟子父）配。启圣祠的设立，解决了孔庙中的"人伦"与"道统"冲突问题，使之成为融典型的前殿明道、后殿明伦，国庙与家庙为一体的祭祀场所。

龙游县学四周有高高的围墙，将县学与外界分隔，普通人视之为神圣的殿堂。

县学经费来源

龙游县学作为地方的一个庞大建筑群，其修建需要大量的经费。修建费用主要有官府拨款、民间出资和官员捐资三种来源。至元二十年（1283年）重修时，由达鲁花赤探马赤、县尹曹英、县丞范福、主簿李济、尉尹恭等募捐而成。

明景泰二年（1451年），市民方彰祖愿捐地广基，复买余善进园地为学官舍，并街首重建文庙、韩门、明伦堂、斋楼。

同治十二年（1873年），知县朱朴、教谕褚荣槐、训导杨征与县人倡议募捐修复，城乡分五局，分别承担不同的修建工程，如南乡承修戟门、明伦堂、龙邱祠、忠义祠、节孝祠等。

县学的兴置，一般都由官府发起，这既是官府的行政措施，也是官员个人的政绩。

保障县学养士同样需要大量经费。明洪武初，县学廪生二十名，每名需供廪粮十二石。其后，折银九两六钱。学田制度为龙游县学的发展提供了可靠的经济保证。宋绍兴十六年，知县吴芑始置学田，一般为十亩。元至元癸未年（1271年），达鲁花赤撒木哈儿置学田四顷二十一为二角二十一步、山田四亩、地四亩，收租谷四百九十一斗五升八合；万历三十九年（1611年），知县万廷谦捐置学田一百一十二亩三分，收租谷一百五十五石；乾隆年间，团石汪邦燧妻孀妇周氏捐学田一百零二亩，灵山贡生徐漳捐学田一百亩。除了学田收入外，也还有一些官绅直接的经费捐助。

"秋闱"的一些俗礼

县学不同于书院。书院是民间教育机构，后由朝廷赐敕额、书籍，并委派教官、调拨田亩和经费等，逐步变为半民半官性质的地方教育组织。而县学是旧时供生员读书的学校。科举制度童试录取后方可准入县学读书，以备参加高一级之考试，谓之"进学""入学"或"入泮"，士子称"庠生""生员"，俗称"秀才"。秀才资格是进入士大夫阶层的最低门槛，成为秀才即代表有了"功名"在身。

龙游县"秋闱"科举考试共举行过9场，录取后再参加省城集中考最后一场，称为"院试"，由省里的提督学政主持。光绪甲辰年考场是设在凤梧书院内。考生在内考试，家属在泮池边焦急地等待，他们拎着考篮挤在人群中，静候他们出来。有些家属考篮内装着一些带吉利名称的点心，像龙游发糕（与"高"偕音）、粽子（与"中"偕音）等，殷殷期盼之心可见一斑。

而到了乡试的年份，官府要举行隆重的起送仪式。一般先于七月中旬，照科试案定期束请赴试士子。在县治前戒石亭结一龙门，士子整衣冠，入至大堂，谒县主，然后入席。书吏旋将花红彩色送文、武两科，首分给各加送银一两。士子起，离席谢，由龙门鱼贯出龙门下。先以一人饰魁星，依次以朱笔点其首。此例，龙游自明历清，相沿已久。

有古无今不成世界，有今无古难续斯文。综观古今，高考形式本质上也是从科举制转化而来的。县学承载着一个地方的文化传承与教化功能。经亦载道，书亦载道，四书五经主要讲的是修身、齐家、治国平天下的道理。士子长期的经书诵读，在不自觉中实现了道德熏染、内化和对自身行为约束的规范，这对他们的仕途还是有正面的作用的。古时大量有操守的官员的存在，正是这种独特的具有多重功用培养方式的结果，对此也应给予正视和积极评价。

千年泮池

大南门西北角有一池，城里人土话叫"檐屋塘沿"，是儒学塘沿的意思。若再专业点，则称"泮池"。泮，本义是古代天子诸侯举行宴会或作为学宫的宫殿，也称泮宫。泮池，指的是学宫前的水池。但现在仍有不少龙游人会把泮池与西湖搞混，以为这个池子就是西湖。

这次大南门考古，泮池是其中之一。有些关注者问我，泮池里挖到宝贝没？我笑笑，首先我没参与考古发掘。然后，我觉得即使泮池中发现点历史遗物，或许与泮池本身也没多大关系。譬如坊间传闻，民国时期有官太太将象骨麻将扔进泮池。

抗战时的泮池

关于"宝贝",先说个故事。

20世纪60年代,全国农村兴起了"农业学大寨",农民开山凿坡,修造梯田,经常挖到许多瓶瓶罐罐,他们想象着里面可能藏着金银财宝,于是一锄头敲下去,瓶罐里除了积泥,什么也没有。可是,他们不知道,真正的宝贝就是这些好看的瓶瓶罐罐。于泮池而言,也是同样的道理。

大南门泮池的历史可追溯到北宋。龙游,古太末墟,儒风甲于一郡。宋庆历四年(1044年),皇帝诏州县立学,龙游始创文宣王殿,当时还不满两百人,故只称孔庙,这也是泮池历史。龙游学宫,始于宋至和初(1054年),由县尉刘达元建造,毁于宣和三年(1121年)正月方腊之乱。宣和七年(1125年),邑令邵洪重建于县治之西。对这个时间上的理解,我们可以找个参照物"衢州孔庙"来比对。

建炎二年(1128年)宋高宗南渡,孔子第48代嫡孙衍圣公孔端友扈跸南下。建炎四年(1130年),赐家衢州。也就是说,龙游始有孔庙比衍圣公来衢早了86年,即使是宣和七年(1125年)的重建,也早了5年。绍兴三年(1133年),知县李萃民建御书阁,藏高宗御书《孝经》、夫子像。看来,衍圣公选择衢州安家,是与辖县龙游厚重的儒风有关。

泮池是学宫的标配,在风水上有对内止气、对外挡煞之功用。泮池,取半璧之义以别于辟雍,故有砚池之说。元徐伯彪《文庙记》写道:"砚池镜其前,瀫江环其后。方、岑二山,左右映带。高峰远岫,势若拱揖。"

清龙游教谕黄涛有《泮池》诗赞曰:

> 湛湛半轮月,泮壁象澄涵。
> 君子观大水,昭旷甲江南。
> 鱼跃动星辰,鸡鸣见南山。
> 西郭岑山流,曲潴无枯干。
> 百年苦闭塞,一旦还清湍。
> 父老休啧啧,宫墙职所担。

清余恂又和《泮池》诗:

> 溶溶半壁水,粲粲万象涵。
> 借问浚何时,飘风吹自南。
> 芹藻竞芬敷,淳泓蓄云山。
> 致此岂易言,唇吻半已干。

集事贵勇决，一往如奔湍。

同是洙泗徒，敢言驰负担。

泮池也称半月池，有谚语："半月池，半月池，迎肥水，积肥水。"大南门泮池体量之大在全国都是罕见的。乾隆二十八年（1763年），知县秦既坚到任龙游，拜竭文庙时，他站在棂星门外阅视泮池，见大如月半规，清波澄澈，石栏环绕。龙丘胜地黉宫前，山光水色交澄鲜，此处景色就是这般美。

然而五年之后，洪水入城，泮池石栏半数倾圮。昔人云："泮水之盈涸，关乎运之盛衰。"于是，废者举，坏者修，到乾隆三十八年（1773年）冬又修复如初。

现存的泮池基本上保持着这次重修的原貌。泮池直径52.52米。每二石柱间夹嵌一块石栏板，计石柱58根，柱高1.07米，石栏板高0.75米，宽1.1米至1.4米不等。石柱、栏板均置台基上，台基宽0.3米，高0.23米。

在近千年的历史中，泮池的局部也有些小变化。

明天顺庚辰年（1460年）商辂《修儒学记》："门之内泮池，通溪支流，水浸淫易渍，兹以石甃之，桥于其上。"泮池中间原来是有泮桥的，且泮池东西沿岸各建有一亭。

而20世纪40年代的泮池，东西两边向濠河沿伸处也是有石栏杆的，泮池周边环绕着柳树。

由于洪灾等原因，泮池也曾淤泥沉积、污浊不堪，甚至成了一潭死水，但仍屡废屡修，现在基本保持完整，这比学宫幸运多了。

平洋之地以水为龙脉。平洋之地，山脉潜踪，水行即是龙行。盘活大南门的水系在整个布局中起到至关重要的作用，而泮池就是大南门的龙珠。时下正值大南门历史文化街区重建之际，若通过疏浚和重修，可再现儒家思想的世泽流长。

这一切，值得我们期待。

桃李不言忆凤梧

每次聊起龙游大南门，总有人问，大南门什么最有价值？这个问题很难回答，因为像西湖、明城墙、余忠肃公祠，还有凤梧书院等，有形的建筑物早已消失殆尽，但从历史地位看，它们是可以代表大南门的，也烙进了世人的记忆里。

提到凤梧书院，大多到了中年的龙游人，脑海中肯定会闪过一幢楼——凤梧楼。此楼建于1986年，只有四层，也不豪华，本是默默无闻，1992年更名为凤梧楼后，竟分外热闹，常高朋满座，成为当时龙游县城百姓热议的焦点。凤梧楼位于县学之西、泮池之东，实际上并不是凤梧书院的原址，它只是傍了"凤梧"二字的底蕴，才拥有了一段辉煌。不过，这幢楼早在2011年就被拆除了。

2017年是凤梧书院创建175周年，我站在书院的地基上，断壁残垣，满目疮痍，感慨万千，挖掘那段尘封已久的历史就显得尤为重要而又迫切。

凤梧书院始建于道光二十二年（1842年），名之曰"凤梧"，寓《诗经·大雅》"凤凰鸣矣，于彼高冈。梧桐生矣，于彼朝阳"，有"蔼蔼吉士，维君子使"之意。凤梧书院的创建，不得不说说这两位历史人物。

一位是秦淳熙，字介庵，道光十五年（1835年）乙未科殿试金榜第二甲第六十四名进士，翰林院庶吉士，散馆后改任教授，道光十九年任龙游知县。

秦知县在孙仁寿等人的劝说下，倡仪建凤梧书院，自己还带头捐了俸禄，从而一呼百应，筹集到一万多银两。凤梧书院正门三间，题有"凤梧"匾额；二进仪门三间，中为大堂三间；三为讲堂三间，讲堂之左建有楼房，楼下朝南六间，朝北六间，东西厢房各一间，为驻院山长憩息之所；讲堂之右另建朝南、朝北平房各三间；讲堂东西厢房左右两侧另建号舍，合计屋舍一百数十间，并置田亩若干，以补充修脯膏火之资。书院建成后，秦知县依然非常关心教育，并且把自己大部分俸禄都捐给了书院。

秦知县著有《题赠杨海霞翁董理凤梧书院落成二首》：

> 破屋秋风悯少陵，而今寒士众欢腾。
> 千间广厦材堪植，一脉真传道可承。
> 狐腋集成资大力，皋比拥坐盼荣膺。
> 菁莪咸被春风化，妙谛应超最上乘。
> 治愧文翁德化兴，澄心常抱玉壶冰。
> 清名久慕鳣堂重，世德先推雀馆征。
> 丹桂托根新植厚，碧梧分荫旧时曾。
> 棘闱十战犹强健，悬布频邀姓氏登。

诗中寄托了这位知县对人才的渴求。他为官清廉，去世后几乎没留下钱财，寓留龙游的子孙甚至穷到连吃住都成问题。

而另一位重要人物是嘉庆二十四年（1819年）举人孙仁寿，字镜仁，道光二十一年（1841年）任龙游教谕，职务相当于现在的文教局长。正是他的不断劝说，凤梧书院才得以创建，他也因此事而得士心，在任上留下芳名。孙教谕在咸丰八年（1858年）抵抗太平军李世贤部时，有守御功。咸丰十一年四月，龙游城陷，孙仁寿宁死不屈，凤梧书院也随着城陷而毁于兵燹。

历史弥远，凤梧书院初建时有哪些老师已经很难考证了，有记载的是王宝华。王宝华，号古园，入赘余氏，嘉庆二十四年三甲三十七名进士出身，翰林院庶吉士，乃"饱学之士"，后任四川名山县知县。王宝华父亲王沅，字雁街，杭州人，乾隆四十九年（1784年）进士。流寓龙游最久，掌教盈川书院，名声甚好。

王宝华解组后，仍回龙游居于河西街，被聘为凤梧书院掌教，县人从游者颇众。女儿王庆棣是晚清著名女诗人，著有《织云楼诗稿》。据其外孙、民国著名文学家詹熙称，王宝华"曾掌教凤梧书院七载，一时得甲榜者如霞浦、镜波等皆出其门,后选四川名山县乃辍讲"①。"镜波"者,即余绍宋之曾祖父余恩镁。

王宝华在《凤梧书院落成纪事六十四韵》中赞曰:

> 百年新讲席,四季课公堂;
>
> 潇洒弦歌化,追陪弟子行。
>
> 东郭盈川圮,西湖度地良;
>
> 鸡山遥拱塔,魁石近依塘。
>
> 门对崇儒里,阶高丛桂芳。
>
> 文运从兹起,科名自此昌;
>
> 林莺听出谷,梧凤庆鸣冈。

余恩镁中举后,曾掌教凤梧书院约一年。

到了光绪十四年(1888年),龙游知县高英莅任后,召集绅民,动议重建凤梧书院,他按照全县142图分图进行募捐,由乡贤林巨伦(纸槽为业,性好行善,尤喜造桥,修通驷桥等)、傅元龙(纸商,尽力于地方事业,修通驷桥、鸡鸣塔等)负责工事,一年后建成。修复后的凤梧书院,讲堂隆崇,斋室幽敞,两廊的号舍可容千人。高知县还厘清了书院的旧产,约500余亩田,6亩多山,又将兵燹之后许多无主之田,招来垦荒,将以拨充书院资产。然而,惜事未成,高英离任。他还编印了《重修龙游凤梧书院征信录》,记录此举,有光绪二十四年(1898年)刻本传世。

光绪十五年(1889年),高英迁杭州东塘海防同知,龙游士民讴歌立石,以纪其绩,德清俞樾为之记。高知县在离任时写下《留别学校及文化界诸绅耆》,其中:

> 讵博欢声动士林,愿它桃李早成荫。
>
> 欣瞻芹藻鱼乐游,快读梧冈凤哕吟。
>
> 待聘于今虚讲席,衡文自昔忝知间。
>
> 荒租增入焚膏助,苦费区区教育心。

字里行间倾诉着对龙游士绅及凤梧书院的怀念之情。

---

① 刘国庆:《龙游凤梧书院儒风长》,《岁月纵横话龙游》,中国文史出版社2016年版,第125页。

自咸丰年间战事后,凤梧书院无山长,学风不振。光绪二十年(1894年),知县邹寿祺聘余庆椿为凤梧书院山长。

余庆椿,字延秋,为余恩镰次孙,幼从祖训,习《说文》《尔雅》,精通经学掌故,词赋及古近体诗别有风格,二十四岁后游学四方,学益精,上任不久,一时从学者甚众,学风开始好转。后因丁父丧,哀痛过度而致病,不久亦去世,年仅31岁,令人叹息。余庆椿著有《读书随笔》四卷、《延秋轩偶存稿》二卷。他善书法,楷书尤精,有作品传世。余绍宋12岁时,曾跟随父亲余庆椿到凤梧书院侍读。

光绪二十一年(1895年),知县张炤履任,他捐助俸禄修建书院,又筹集资金,存于质库,每岁取息,于是修膳膏火以及岁修之费,皆有所资,将前知县高英没有达成的事项尽力完成,又购图书311部,计8875册,藏于书院的东西两楼,龙游历史上之有藏书楼也自此始。并且张炤亲自编目,分经、史、子、集、钦定、丛书六类,成《龙游凤梧院藏书目》,有光绪二十五年(1899年)木刻本传世。

张炤聘请冯一梅继任书院山长兼修志事。冯一梅,字梦香,光绪二年(1876年)举人,诗人。其性好蓄书,束脩所得,见书尽购。研经之余,尤喜治《老子》《黄帝内经》,算术亦多心得。冯一梅在凤梧书院纂修《龙游县志》时,与县人叶元祺提供的书互相考证,收集了许多本县的掌故,采访的事实达七十余册,凡五十卷,虽未成,仅存采访稿,其修志之功,实不可没,现在留存下来的《旧采访册》都是他的功劳。余绍宋曾这样评价:"县中文献经辛亥之役,多散佚无可征,赖此稍存崖略。"

冯一梅辞书院山长后,叶元祺复继山长一职。元祺生平廉洁,非其义不苟取,并且笃学嗜古,自幼至老,未尝放下书本,即使严寒酷暑乃至疾病,也不放弃读书。他在临终时依然喃喃诵书,没有一句话是谈家事的。他读书时还喜欢点评,所以他的藏书是丹黄粲然,纸上几乎没有空隙,密密麻麻都是字,可见他读书之用心,我们现在这些"手机控"看了是否有所触动呢?

叶元祺著有《话雨草堂文集》若干卷、《杂存》一卷。他说:"彼世之求富贵利达者,立身扬名,名纵能存,人生易灭,何如知止知足萧然无累哉。"我们读此就可知其品格了。

张炤知县在整顿完凤梧书院等旧产后,办学颇有起色,因书院有专款公产，收入还有些盈余，他又于光绪二十四年（1898年）在书院的东西两侧各建义塾一所，称凤梧书院附属义塾，凤梧书院的规模也越办越大。

老辈人常说，凤梧书院是龙游现代教育的摇篮。这源于光绪二十九年（1903年），清政府颁布了《奏定学堂章程》，即"癸卯学制"，规定学习年限小学九年（初等五年，高等四年）、中学五年。同年，凤梧书院改立凤梧高等小学堂，作为办学示范，为龙游县创设最早之学堂。堂长由余庆龄担任。余庆龄，字与九，光绪三十二年（1906年）岁贡，余绍宋四叔。堂中有学长一席略同于助教，二十一岁的余绍宋承其乏，居学堂半年。但半年后，余绍宋离开学堂，游历于衢州、江山、上海之间。随后又应毛云鹏之邀，到江山中学堂（由江山县文溪书院改立）任教，却因"慈禧太后画片案"，不久离校他去。

学堂讲求新学，但是筹措办学经费却非常艰难，因为自张焗知县去世后，龙游公租悉归县丞典史分收，而租金一半归入他们私囊。余庆龄多次提出不许县丞典史经收，但受到百方梗阻，余庆龄不得已请于道府，才改归地方绅士经收，于是设公租局于学堂，以其租金充学堂经费，也就是后来的学款，经费有了一定保障。光绪三十一年（1905年）改科举考场为校舍。同年，龙游知县葛锡爵聘请吴际元为凤梧高等小学堂副办。

当时，学堂用的初小课本也很有意思。第一课是"龙旗向日飘"。一轮红日刚从东方升起，一面带有金色腾龙图案的大旗在温暖的阳光下飘扬，用来比拟开学的第一天。第二课："日初升，荷锄出；日将落，荷锄归。"第三课："向左转，向左转，吃起饭来拿着碗；向右转，向右转，写起字来拿笔杆。"这是教导学生左和右两手分别做不同的动作方式，也是拿碗和拿笔杆两手正常的分工。第四课更好："门向东，窗向东，朝起看见太阳红；门向西，窗向西，傍晚看见太阳低；门向南，窗向南，日暖风和不用关；门向北，窗向北，天冷风多开不得。"简简单单的几课，联系到宇宙气候、门窗朝向以及平仄设计，解释得清清楚楚。

光绪三十二年（1906年）凤梧高等小学堂附设初级简易师范科，为龙游师范教育之始，当年招收学生十二人，次年增至十四人。1913年改为凤梧高等小学校，县人余畅、余勃曾任校长；1927年下半年，区立培坤女子高等小学校并入，改名为"龙游县立中山小学"，实行男女同校，规定女生必须剪辫放足。

从校名看，其间以"凤梧"二字命名的共八十五年，跨越了清代道光、咸丰、同治、光绪、宣统五朝，改名龙游县立中山小学后，凤梧原校址一直沿用到1937年6月。

我曾看过中山小学毕业生余滋敬于1989年写的一篇回忆文章。在他的记忆中，20世纪30年代的中山小学教师素质都比较高，大多毕业于省立八中五年制师范（即衢州八师，吴南章、游默君都曾是八师的语文教师）。

当时学校是春秋两季都招生，一、二年级复式，三年级以上春秋各一班，全校师生500余人。学校的各项教学和管理制度很健全，每天早上6时开朝会，全体师生集中于操场做早操，下午5时放学前在大礼堂开夕会，走读生按家庭住址排列六路纵队，寄宿生分列东西天井两旁，由校长报告一天校务动态后宣布放学。每个星期一开纪念周，星期六开周会。每天下午4时为课外活动时间，活动内容广泛，有歌有舞和体育运动等；班级间自行安排的活动则更多，有楷书、背诵和演讲比赛等。

学校的纪律也非常严明，缺课、旷课要随时登记并公布。同学之间不许在公开场合谩骂和殴打，出现争执时，执行一种新的缓冲解决办法，曰"禀先生"，就是双方一起到校长或班级教师那里，各自陈述理由，然后由校长或教师秉公定是非，输的一方当面认错，双方握手言和。即使现在，这仍不失为一种解决学生矛盾的好方法。

学期终了时，学校以班级为单位，师生共聚一堂开同乐会、唱校歌，校歌选用传统《龙虎斗》曲子为歌谱："碧水粼粼，柳丝袅袅……"轻快欢愉的主题曲，伴随着"影儿摇曳着中山校"韵律优美的歌词，唱出了校园处于龙游十景之一"西湖柳浪"特定的和谐恬静。

到毕业时，县长和教育局长都会亲临现场，同学们先合唱《龙游县立中山小学毕业歌》，当时合唱的毕业歌歌词是："六年来，聚一堂，今日话别心黯伤。辞母校，离同学，欲去又彷徨。君为我歌情悲切，我欲语君声不扬。云渺渺，天苍苍，友谊永难忘。"唱毕，县长和教育局长致辞和授凭典礼，一时大小鼓与大马司配合伴奏。县长和校长的热情讲话和毕业生的发言此起彼伏，会场隆重而又欢愉。[①]

1938年上半年，为避日机轰炸，龙游县立中山小学暂迁至城郊兰石徐氏宗祠；1940年改称城区镇中心国民学校；1942年8月迁至西门鹰武殿；1945年2月，县立简易师范学校在上圩头独立设校，城区镇中心国民学校改称龙游县立简易师范学校附属小学；1950年8月改称城关镇第一中心小学；后又改名县实验小学；1961年改称西门小学，沿用至今。

姑蔑之地，历来德泽涵儒，人文蔚起。而文献足征，久崇物望者当推凤梧书院。凤梧春秋百余载，桃李不言，下自成蹊。前不久，我与西门小学的吕先生谈及校园扩建方案，吕先生设想应恢复"凤梧书院"亭台楼阁、小桥流水之古典风格，我甚是赞同。当然，学校内涵不仅体现在校舍环境上，更应传承凤梧书院的育人和治学精神。我一直慎谈教育，因为我觉得缺乏前提的一切结论，都是耍流氓。以史为鉴，可以知兴替，我们今天所做的一切，就好像在纸上书写属于自己的春秋，但怎么评判只能交给时间。

附：凤梧书院历代掌教、山长或校长及部分教师一览。

1．王宝华，掌教凤梧书院七载。道光二十二年（1842年）至二十九年（1849年）。

2．余恩镁，道光二十五年（1899年）掌教凤梧书院一年。

3．光绪二十年（1894年），知县邹寿祺聘余庆椿为凤梧书院山长。

4．光绪二十一年（1895年），张焴聘请冯一梅继任书院山长兼修志事。

5．光绪二十二年（1896年），叶元祺复继山长一职。

6．光绪二十九年二月（1903年），堂长由余庆龄担任，至1906年。余绍宋于1903年任学长。光绪三十一年（1905年），龙游知县葛锡爵聘请吴际元为凤梧高等小学堂副办。

7．光绪三十二年（1906年）冬，余庆龄辞，教谕沈裕诜继之。

---

① 余滋敬：《"九一八"和龙游中山小学》，文载《龙游太瘦生诗文集》，西泠印社出版社2013年版，第199页。

8. 光绪三十二年（1906年），沈裕诜不数月辞，县人张景诒继之。

9. 光绪三十三年（1907年），附设师范简易，张景诒复辞，余畅任堂长，至宣统二年（1910年）冬。

10. 宣统三年（1911年），邱望仑继之。

11. 民国初年秋，邱望仑辞；琚涛继之，后任凤梧高等小学校校长，至1923年。教师：毛常（江山）、曹百川（兰溪）、章锉（汤溪）、蒋祥兴、唐作沛、童圣谟（湖镇河村人，八师毕业）。[1]

琚涛：字孟白，一字芳洲，别号俊才，又号雪山。官潭乡西山排村人。22岁中秀才，宣统三年拔贡，授直隶州判，未赴任。任凤梧高等小学校校长，师范讲习所所长等。1923年任修志局局员，参与纂修民国县志。1926年12月，当选国民党临时监察委员，次年任县教育局局长。能文善诗，长书法，著《采薇山庄杂稿》。

在唐家仁回忆文章中，宣统三年六月堂长邱望仑，以后又换了堂长童蕴辉、琚涛；1914年，唐作沛高小毕业时堂长是劳恭寅。[2]

12. 20世纪20年代，方振暾任校长，教师：徐玲卿、陈璐卿、袁仰安、徐兆吉、毛上羚（体育）、唐作沛。

13. 1927年下半年改名为龙游县立中山小学，首任校长邱荣祥。

14. 1928年，孙永年任中山小学校长。教师：祝鹤皋、唐作沛、季承善、毛上龄和方振暾。

15. 1929年，中山小学校长有省立第一师范与第八师范毕业生之争。

16. 1931年秋，蒋祥兴任中山小学校长，教师：陈其美（语文）、祝子荣（劳作）、余光前（体育）、祝子孚（语文，诗特别好）、徐克让（体育）、毛上龄（体育）、徐傅贤（常识）、陈璐卿（语文）、唐作沛（美术）、王洪烈（后来参加新四军）、何燮熙。1939年蒋祥兴任城区镇中心国民学校校长，1941年8月任石佛乡中心国民学校校长。

---

[1] 方品豪、曹梅魁：《龙游中山小学概貌》，文载《衢州文史资料》第四册2016年版，第158页。

[2] 唐仲兴：《为教育和绘画艺术奉献一生——缅怀先父唐作沛》，文载《龙游史志》2010年总第9期，第35页。

凤梧书院碑记

2017年9月9日下午,陪沙老师(沙孟海长孙)到大南门考古现场,我与县博物馆雷栋荣开玩笑说,凤梧书院曾有块碑记,不知有无机会重现。

不想第二日下午,他打电话说出土了一块石碑,我开始也没当回事,待赶到现场一看,不得了,竟是知县秦淳熙亲撰并书的《凤梧书院碑记》,这是历年教师节中送给我们最好的礼物。

有人曾问我,大南门考古有什么意义?我想说,民国《龙游县志》中有记载,当初为了寻找《凤梧书院碑记》的影印本已是十分艰难,而今,考古人员竟然找到了原碑,这般回应可以吗?

石碑料为常山青石,石质比较松脆,石碑体大且厚,宽0.8米,长约2米,但顶部约有0.5米断失,应是旧磕,故碑名和部分文字有失(每竖行缺八至十字),但总体如此完整已属难得。当时由秦知县先丹书于石碑上,再由石匠后刻,秦知县笔力雄健有力,书法极为漂亮。

对比民国《龙游县志》后,发现县志中的记载有个别错误,如碑中书有"枫林书院",但县志中无;县志中有漏字,爰卜(地)于学宫西首,少了个"地"字;碑中的"教谕:孙仁寿,训导:娄 埔,县丞:毛 淇,典史:柳 钧"等,县志中并没有记录。还有"遞"字,县志中译成"逮"字是错的。另外,根据县志记载,缺失的落款部分应该还有"大清道光廿五年初夏月"十个字。

现将《凤梧书院碑记》摘录如下:

凤梧书院碑记 (碑名缺)

鳳梧書院碑記

學校所以育人材興教化也書院所以助學校教而篤養者也自宋初建四大書院其後胡安定教授湖蘇朱子會

聖朝雅化作人覃敷文教自畿輔以逮州縣學校之外復立書院延名師以教之設膏火以養之多士雲蒸英才雨集風

講鵝湖理學名臣俊先輩出故下逮元明因而不改我同道一何其盛歟龍邱為三衢望邑歷有聞人近代以來文風稍遜豈地運然抑根柢之未盡也予於己亥

秋來令斯邑甫莅事知其民俗樸實又集生童而考其文藝究其根柢雖未能盡歸於純粹亦彬彬乎賀有其文焉

諸生顧股予緒論屢來就正而予追於公事應付往往後時因念教業繁蕪其地則不成其事也無其時則不當其業地則不成其事也無其時則不當

其可也非造書院以聚之不可檢邑志在鄉有九峰書院楓林書院今皆已廢不可復興急欲另擇

善地而重建宾規焉丰卹以其事商諸兩學博暨二尹少尉及紳士等諸公趨予言予乃相廉為偶而城鄉之

殷實者咸踴躍相應爰卜地於學宫西首基址寬宏建大堂講堂兩廊坐號及儀門頭門勞有號房後有廚房

所計歷共百十數間董其事者育城鄉公正之紳士經始於是年之秋告成於次年之冬費逾萬金分文以捐輸

餘錢置買田畝若干以充膏火並修理之賓其勤勞矣哉計畫周究既竣予囑生童而告之曰是舉也為育

人材興教化計也夫士為民之表率士風醇則民俗厚禮義明則廉讓興子既喜邑民之儉樸又喜邑士之質直而

欲更其有進也諸生果能廣己而遙大將記所謂化民成俗必由於學者其在是矣通紳士靖予書額子名之曰鳳

梧蓋取鳳鳴吉士惟君子使之意願諸生務為明體達用之學他日為理學為名臣足為

榮鄉里已哉是為序

大清道光廿五年 初夏月穀旦 龍游縣知縣秦淳熙謹撰並書

教諭 孫仁壽

訓導 姜焸

縣丞 毛淇

典史 柳鈞

同立

学校所以育人材兴教（碑缺九字）化也，书院所以助学校教（县志缺"教"字）而兼养者也。自宋初建四大书院，其后，胡安定教授湖苏（"蘇"县志为"州"），朱子会讲鹅湖，理学名臣后先（碑缺九字）辈出，故下遞（县志误为"逮"字）元明因而不改。

我圣朝雅化作人，覃敷文教，自（碑缺十一字，但十一字，碑是排不下，存疑）畿辅以逮州县，学校之外，复立书院，延名师以教之，设膏火以养之，多士云蒸，英才雨集，风同道一，何其盛欤！

龙丘（碑缺九字）为三衢望邑，历有闻人。近代以来，文风稍逊，岂地运使然欤，抑振兴之法未尽也？予于己亥秋来令斯邑，甫莅事，知（碑缺九字）其民俗朴实；又集生童而考其文艺，虽未能悉归于纯粹，谈彬彬质有其文焉。诸生颇服予绪论，屡来（碑缺九字）就正，而予迫于公事，应付往往后时。因念敬业乐群，无其地则不成其事也，无其时则不当其可也，非造书院以聚（碑缺九字）之不可。检邑志，在城有鸡鸣书院，在乡有九峰书院、枫林书院（县志中"枫林书院"四字无，而碑中有），今皆废不可复兴，急欲另择善地而重建宏规焉。（碑缺八字）辛丑，以其事商诸两学博暨二尹、少尉及诸绅士等，幸诸公韪予言，予乃捐廉为倡，而城乡之殷实者咸踊跃相应。爰（碑缺九字）卜地（县志缺"地"字）於学宫西首，基址宽宏，建大堂、穿堂、讲堂，两廊坐号及仪门、头门，旁有号房，后有厨房（县志中无"房"字）湢，所计屋共百数十间。（碑缺九字）董其事者皆城乡公正之绅士，经始于是年之秋，告成于次年之冬，费逾万金外，又以捐输馀钱置买田亩若干，以（碑缺九字）充膏火并修理之费，其勤劳至矣，其计划周矣。功既竣，予因召诸生而告之曰：是举也，为育人材兴教化计也。夫士（碑缺九字）为民之表率，士风淳则民俗厚，礼义明则廉让兴。予既喜邑民之俭朴，又喜邑士之质直，而欲其更有进也。诸生果（碑缺九字）能广已而造大，将记所谓化民成俗必由于学，其在是矣。适绅士请予书额，予名之曰"凤梧"，盖取"蔼蔼吉士，维君（碑缺九字）子使"之意。愿诸生务为明体达用之学，他日为理学，为名臣，足为邦家光，岂仅掇取科第显荣乡已哉！是为序。（碑缺七字）

大清道光廿（或念）五年初夏月（补上十字，县志也无记载）榖旦龙游知县秦淳熙谨撰并书

教谕：孙仁寿

训导：娄　堉

县丞：毛　淇

典史：柳　钧

同立

民国《龙游县志》记载：原碑立于清道光二十五年（1845 年）。根据碑记内容，凤梧书院始建于道光二十一年之秋（1841 年），完工于次年之冬。

碑记中涉及的几个人物，介绍如下：

秦淳熙，字介庵，雄州人。他是道光十五年（1835 年）乙未科殿试金榜第二甲第六十四名进士，翰林院庶吉士，散馆后改任教授，道光十九年（1839 年）任龙游知县。道光二十六年（1846 年）五月去官。淳熙素廉洁，身后无余财，其子孙流寓龙游，至贫不能自给，论者以为天道之难知也。

孙仁寿，字镜仁，钱塘人，嘉庆二十四年（1819 年）举人，道光二十一年（1841 年）任龙游教谕，劝建凤梧书院得士心。咸丰八年（1858 年）抵抗太平军李世贤部时，有守御功；咸丰十一年四月，龙游城陷，仁寿死之。（《浙江忠义录》。按：左宗棠奏稿谓九月在东乡殉难，未详孰是。）

娄堉，山阴人，举人，十一月选，号觐霄。见高阶余谱娄堉所撰《尊先祠报本祀记》。

毛淇，贵州余庆人，监生，二十三年三月补。县志中有毛琪、毛瑛之说，个人认为，应该为毛淇，以碑为准。

柳钧，嘉兴大兴人，供事，五月选，见道光二十三年《缙绅录》。

吕公井

先秦时期，中国有"市井"文化之说，清洁的水源是人类集聚固定场所繁衍生息的首要条件。《史记正义》曰："古未有市及井，若朝聚井汲水，便将货物于井边货卖，故言市井。"这次大南门考古，重现了四口古井，存在市井群，说明大南门及周边是龙游最早的人口集聚市井区域之一，也注定藏有许多不为人知的风物。

其中，西湖以西的一口古井最引人关注。古井的具体位置在原武警二支队大门内侧稍偏北。井台由两块凿成半月状石板拼成，石板上有一井圈的压痕，台面广逾四尺，深未考，井沿由卵石方砖围筑，泉涌潺潺而出，不竭。周边可见不同土色，应该在较久之前有改建。

龙游城最著名的井是吕公井。万历《龙游县志》记载："吕公井，在治南数百步西湖上，广四尺，深五尺，不加筑砌而土不崩。泉味清冽，大旱不竭。世传纯阳至此，以杖卓地出泉饮之，因名。"

清代余华《星堤步月图〈并序〉》也写道："堤之西有余公祠，又西有元真宫，转北十数步有吕公井，世传纯阳师以剑卓地出泉清冽。又十数步有国初余岫云太史宜园。"序中所记元真宫也称玄真宫，旧称女宫，宋端平中马天骥之女施宅建。而文中所记的宜园即磊园。

民国《龙游县志》将吕公井列为唐代古迹，并按："姜美琼《绿葱草堂诗抄》有咏西门白泉诗，当时唱和者颇众（见《醉墨轩诗抄》。今遍访城中无名白泉者，岂好此泉而因涉怪异故别命名耶？故记此俟考。"姜美琼《西门白泉》曰：

> 负笈来游城西地，城西清静如吾意。

定心常把古收看，但祷心中无俗黑。

朝夕饮食梦不知，见说白泉始惊异。

晓观井内如白烟，层层似有凌霄志。

一时对此忆吾家，味美清香岩石茶。

石涧清流亦不俗，日日汲瀹趣无涯。

列有圣坛山崛屴，高岩怪石依云霞。

其上一井蓄异水，六月往寒饮冻牙。

不料西城有此水，两地相较堪比美。

白泉名灭无人知，馆友分韵同咏诗。

看来，吕公井历史上就流传着许多传奇故事。

据多位世居大南门的老人口述，武警二支队大门北侧的那口古井，石板上套着青石凿成的井圈，他们小时候都曾到那挑过水，直至武警二支队建大门封井。他们认为这是大南门最古老的井。离井正西方向五至六米处，还耸立着一牌坊，牌坊对着井朝东，他们对具体是什么牌坊已经没有印象。是否与井有关，或是与玄真宫有关，也不得而知了。

上述文献及老人描述中关于吕公井地理位置的描述，与考古所发现

吕公井

的古井位置高度吻合。并且此处近距离范围内，也暂未发现其他的古井遗迹，所以，我们认为此古井较接近吕公井。但根据其形和砌砖规制，与《万历县志》记载稍有差别，判断应该在明万历之后，或因使用方便等原因有少许改建。

关于吕公井，许多人可能先联想到吕防。吕防曾于宋嘉祐末在鸡鸣山设立义学，并成就了吕氏一门科第极盛，状元刘章曾为之撰《丛桂坊记》。明天顺年间，知县王瓒在修县学时，改三贤祠为乡贤祠，除了龙邱苌、徐伯珍、徐安贞外，又增祀了吕防、徐端礼、余嵘、刘章、胡大昌、马天骥、吕好问等七人，其中"丛桂坊"的吕氏家族中就有二人。但"丛桂坊"在河西街，河西街附近有许多古井，其中并无吕公井。

那么，这个"吕公"又是谁呢？万历《龙游县志》说"世传纯阳至此"。纯阳，即吕洞宾，道号纯阳子，是道教的大宗师。

吕洞宾与吕公井，传说也罢，史志也好，历史上两者之间还真有些联系。唐广明元年（880年）五月，黄巢起义军北上，乘胜攻占了睦州（治今建德）、婺州，其中经过龙游石佛乡的饭甑山，山坳里曾留下起义军行军做饭后的七十二个灶头，人们把这称为"七十二灶"；山上屯兵之处有一个几十亩开阔的大平台，人们称之为"黄巢坪"。吕洞宾是那个时代的人，当时因黄巢起义等动乱，他痛感人生无常，才抛弃人世功名，遁入终南山，后修道成仙。

我们无从考证吕洞宾的"以杖卓地出泉"，但必须承认一个事实，龙游与吕洞宾是极有渊源的。

鸡鸣山上，有元代缘督子的观象台遗址。缘督子，即赵缘督。元代道教名人、著名的内丹家上阳子陈致虚在《上阳子金丹大要》卷二《道德经》序曰："我师缘督真人，授钟、吕、王、马之旨，南岳一面，悉拜其授。"钟是钟离权（汉钟离），吕是吕岩（吕洞宾），王是王重阳，马是马丹阳。清早期毛凤飞《鸡山范氏谱》记载，南宗吕洞宾授刘海蟾操，操授伯端，伯端授石杏林，而石杏林与缘督子相遇芝山酒肆，授以丹要。原来吕洞宾是缘督子的师祖，后缘督子又传于弟子陈致虚。

缘督子的徒弟个个声名显赫。《刘基交游考》记："章溓，字季明，龙游人。学于朱晖，为赵缘督再传弟子。精天文。洪武初任钦天监司玄夏官。刊赵缘督《革象新书》，宋濂为之序。"

《革象新书》宋濂序:"原有朱晖德明者,龙游人,久从先生游,得之星历之学,因获受是书,而晖亦以占天名家,晖即没,其门人同里章浚深惧泯灭无传,亟正其舛讹,刻于文梓,而来征濂为之序。先生之《易》已亡于兵烬,所著兵家书及神仙方技之言亦不存,其所存者仅止此而已,当与《历经》并行无疑。"

而朱晖的儿子谦斋,康熙《龙游县志》称其精卜筮。还有方明,康熙《龙游县志》称受卜筮业于谦斋,后以地理闻,所葬地多验。

缘督子再传弟子章浚尚能与刘伯温平起平坐,且宋濂亲自为先生之《革象新书》作序,我们可以想象一下缘督子的声望。

由此判断,元明时,龙游拥有众多吕洞宾的徒子徒孙,与吕祖道教南宗是一脉相承。那么,万历《龙游县志》记载"世传纯阳至此"也就正常不过了。

当然,吕公井还与玄真宫主人马天骥的女儿有许多交集,玄真宫的生活用水皆来自吕公井,吕公井见证了马氏家族的兴衰,也见证了马公女的爱情。

马公女,名时润,她出家后,皇帝亲赐法号"纯静守真端静法师"。时润早年嫁给浙东肃政廉访史黄头公为妻,无子。黄头公死后,她将大南门居所改为礼神的庙堂,东边堂下廊屋挂有钟,门口置上鼓,其余的有厨房有浴室,这也是后人所称的玄真宫。县里将情况上报给朝廷,皇帝赐金额降玺书嘉奖她。玺书曰:"有司徭役其无与,凡若器土田强有力者不可夺,特赐金额仍赐时润号纯静守真端静法师提点宫事。"

叹人世已去,唯古井安然。大南门的故事也似吕公井的涓涓细流,绵绵不息,若是有心,你定能发现更多的精彩。

玄真宫说道

　　大南门重现唐代古迹吕公井，泉水汩汩流出，清冽可掬。吕公井以南数十步，便是玄真宫的旧址。朝代更替，战争肆虐，残砖断瓦下，再也寻觅不到玄真宫曾经的辉煌。

　　在龙游诸道观中，最著名的当数大南门的玄真宫。玄真宫，旧称女宫，也名元真宫，原为宋枢密马天骥旧宅。马天骥无子，只有一女，字时润。马时润嫁于浙东肃政廉访史黄头公为妻，当时父亲位高权重，小夫妻鸾凤和鸣，恩爱有加，一段佳缘，羡煞旁人。

　　不料，天有不测风云，丈夫黄头公英年早逝，两人未留下子嗣。马时润不由感叹："我与黄头公氏虽无子，赖有他室子可以嗣其宗。顾吾以一身承先人显宦之余，而女人义以从人，又不可以继世，纵使他氏继之，势或不能以永，思所以永之者，莫若身为老氏学。"这是她萌生入道的初衷。

　　过了不久，父亲马天骥在与贾似道的争斗中落败。咸淳三年（1267年），贬后又被追夺执政恩数，送信州居住。第二年，宋度宗念其旧恩，放其回家养老。马天骥回到家乡后，再无斗志，便在县治西南宅前筑西湖，沉迷于山水之趣，静习瘦金体，以娱晚年。

　　而此时的南宋朝廷已岌岌可危。马天骥回乡后的第三年，元朝建立。元军在襄樊之战大破宋军，直逼南宋首都临安。德祐元年（1275），马天骥的政敌贾似道在漳州木棉庵被监押使臣会稽县尉郑虎臣所杀。德祐二年（1276年）宋朝廷求和不成，5岁的小皇帝宋恭帝投降。宋度宗的杨淑妃在国舅杨亮节的护卫下，带着自己的儿子即宋朝二王（益王赵昰、广王赵昺）出逃，在金华与大臣陆秀夫、张世杰、陈宜中、文天祥等会合，途经龙游，最终逃往福州。若不是逃难匆忙，陆秀夫应该会来大南门探望一下同僚。

只是不到一年，福州便沦陷。而此时，龙游已被元军占领，改年号为元至元，龙游县第一任达鲁花赤为徹木哈儿，忠显校尉，并开始复建龙游县治。

或许世人都以为，正是这些变故，马时润心灰意冷，才想到出家。实际上，恰恰相反。马时润出家为道，应是一种积极的态度。除了个人注重修炼的因素外，既有宏观的时代背景，也有地方的道教渊源。

道教立足于今生，是把握当下的宗教信仰。12 世纪的中原地区，王重阳的全真道继承了钟吕二人的金丹法脉，并追求“三教合一”“全精、全气、全神”和“苦己利人”，开启了道教浓墨重彩的新篇章。宋代崇道，道教在宋真宗和徽宗时期迎来两个高潮。南宋统治者对待道教的态度与北宋基本一致，而宋理宗更是积极推广劝善书《太上感应篇》。有学者言，唐之佛教思想、宋之佛儒思想均处“伟大时期”，但其间道教实力却压倒二教。

南宋初，南昌西山玉隆万寿宫道士何守证利用民间对许逊（许真君）的信仰，创立净明道，开始时流传并不广。到宋末，西山道士刘玉再次兴教，广招弟子，再造经书，公开称源自净明忠孝道，在当时产生了很大影响。净明道与儒家伦理道德、佛教禅宗有密切关系，它倡言净明，旨在教人清心寡欲，使自己的意念行为符合封建伦理规范。净明教对马时润影响较大，我们从玄真宫的“真”字可窥之一二。

而龙游境内，道教起源可溯之于晋。据可查的记载中，最早的道观有南朝梁大同年间的集善宫、崇仙宫和含辉宫。

集善宫在东华山下，梁大同四年建。元至正年间，县尹张答刺孙迁建于灵耀寺西边，即现今许多老人仍熟知的三官堂。宫后有玉皇阁，道会司置此，也可见当时道教盛兴。

同时期的崇仙宫却与仙人酆去奢有关。崇仙宫在县东三十里，康熙《龙游县志》记载，相传是酆去奢升仙处。酆去奢，南北朝宋时太末人，年少入道，精思忘疲。升仙时，彩云鸾鹄，声乐满空，徘徊山顶。后有綍舆幡幢，灵官驾龙鹿，皆五色，亦骑鸾凤迎，去奢升天而去。

县南十里，梁时建的含辉宫也与仙人有关。含辉宫亦名景灵宫，距宫五里，有茅溪小筑。两旧志《仙释传》记载，徐简，曾出家景灵宫，修真于严州乌龙山，白日飞升去。清余恂曾有《含辉宫》诗："十年不至景灵宫，步屦重来忆往踪。开户旧当临涧竹，携书曾过隔林松。一时宵事欢春社，几处春声接暮种。俯仰忽惊风景异，寒林萧瑟惨秋容。"

到了唐代，县北五十余里三门寺村的白佛岩，旁有牛角洞、点易洞，叶法善曾修炼于此，因肖像其中。而今的擢桂里、东舒、茆头、寺下叶氏均为叶法善后裔。

而玄真宫旁的吕公井，"世传纯阳至此，以杖卓地出泉饮之，因名"。如此，吕公井乃道家之井。

道教在龙游渊源至深，马时润的父亲马天骥也是信道之人。相传大北门内吕祖殿前有一石，长三丈许，阔尺余，为马天骥下马石，甚是灵异。吕祖殿为清光绪年间建，而殿前有马天骥下马石，说明后人敬马天骥为同道。

正是在这种背景下，马时润将大南门旧宅改为礼神之庭堂，东边堂下廊屋悬有钟，门口置上鼓，其余的有厨房有浴室，马时润在宫内潜心修炼。地方官员将此事报与朝廷，皇帝嘉其义，降玺书曰："有司徭役其无与，凡若器土田强有力者不可夺。"马时润从官宦之女的身份转换为"坤道"角色，但她并非一普通的道姑。元大德十一年（1307年），皇帝敕赐祭文簿一扇，田一千石，赐时润号"纯静守真端净"法师，提点宫事。

家破人亡，山河破碎，这些都没有阻止马时润的清修，她什么都放下了。马时润在玄真宫的修行并没有留下成果记载。唯有吕公井却完整地保存下来，玄真宫的道得到了延续和发扬。元代中期，龙游道教地位在中国占了一席之地，这便是鸡鸣山赵缘督的《革象新书》。我们虽然不知马时润与赵缘督之间到底是师徒，还是同辈关系，但一个是前朝显宦之女，一个是宋室赵氏后人，同道中人，必惺惺相惜。我们有理由相信，玄真宫与吕公井有足够的引力吸引赵缘督造访。

赵缘督博学多识，在道教、炼丹术、天文学诸方面均有建树。《四库提要辨证》的作者余嘉锡说赵缘督是"道士之通术数者"。赵缘督的道学理论自成一体，所撰的《革象新书》，明代的刘基、宋濂、王祎都曾为之写过序。

而他的《穴诀》："远看则有，近看则无，侧看则露，正看模糊。皆善状太极之微妙也。"此经典论述，更是为阴阳风水学所推崇。

道教最鲜明的特点是在求真的道路上不迷失自我，不陷入彻头彻尾的唯心之中。先相信自我，相信自然的存在，然后再去崇敬祖师。这些，马时润做到了，赵缘督做到了，他的徒子徒孙朱晖、章浚、上阳子、西阳子、朱谦斋、方明也都做到了。

到了明代，明太祖推崇城隍和土地，在全国各地建了成千上万座城隍庙和土地庙。明成祖自诩为真武大帝的化身，从此，龙游的城隍庙、土地祠、文昌阁、东岳庙、关帝庙、豸屏道院、武林道院等宫观祠庙也星罗棋布于城市街巷和乡村田野。道教变得世俗化和民间化，再也不是单纯的自我修行。

民国后，龙游道教已趋衰落，民间所谓的"道士"均为俗人充当，专营丧葬功德、祈禳建醮及招魂逐煞诸事。

如今，世人忽然又重视起《周易》的研究，但是，许多人依然会忘记，"求真的道路上不迷失自我"才是真知。我不由想到了吕公井，是否掬一捧清泉，洗尽铅华，才能看到本真？

灵耀寺的佛光

灵耀寺的佛光已经消失一甲子。于我们这代人而言，灵耀寺就像一个传说；但在耄耋老人的口述中，灵耀寺的存在却是那般清晰。明万历壬子《龙游县志》将灵耀寺列为诸寺观中第一名寺。

灵耀寺原名灵光寺，始建于晋义熙年间，已有 1600 年的历史，是古太末境内历史最悠久的寺院。晋时整个衢州大地，同时期有记载的只有龙山圣寿寺、江山白岩寺和开化的龙华院、口福院。宋绍圣年间，灵光寺易名为灵耀寺，灵耀亦作"灵曜"，谓天或日月的意思，寺名气势磅礴。

灵耀寺地处龙游县城中心。两旧志记载，灵耀寺建在姑蔑故宫旧址上，相传春秋时姑蔑子分封于此。一般的寺庙里所供伽蓝神是完全汉版的伽蓝神关羽，但灵耀寺所供伽蓝神是姑蔑子遗像，服饰是进贤冠。《后汉书·舆服志下》："进贤冠，古缁布冠也，文儒者之服也。"

在老人记忆中，站至二楼仍要仰视其像，伽蓝神身披长风，头束帻巾。这类进贤冠服饰风格至少出现在南北朝以前，常见于两汉。说明灵耀寺所供伽蓝神符合晋代建寺时的特征。

宋时郑得彝《灵耀寺》有诗赞曰：

> 法门照寂本来同，话断无生妙亦通。
> 境幻灵光西竺国，梦空姑蔑大槐宫。
> 市云朝暮钟声外，墙月高低塔影中。
> 琴鹤翁曾遗旧隐，百年凛凛尚清风。

古诗印证了灵耀寺建在姑蔑故宫址上的说法。

明洪武十五年（1382 年）设僧会司于灵耀寺内。清乾隆余作沛《重建毗卢阁记》记载："邑之西北百余步。古刹曰灵耀寺，广袤约百亩。"灵耀寺的具体位置：以县治中心为基点，向西北迈出百余步，边界分别是太平路以北，义和巷以西，文化路以南，包括现义商银行、华岗初中范围等，原鸡鸣书院、三官堂旧址等均在灵耀寺范围内。从面积约百亩计，西边界址直抵新华路，这个面积应该包含寺院所属的部分僧田。寺庙的收入除了信众布施外，还有僧田的租金。

自古以来，灵耀寺殿宇巍峨，规制宏博，禅和云集，檀信皈心，香火之盛，称龙丘第一山。然，至宋、明及清，代有兴废，屡圮屡修。历次重修中主要有明天顺年间知县王瓒、万历年间知县万廷谦、清康熙年间知县卢灿、乾隆年间县人翁登发、光绪年间住持孤峰等。

晚清诗人杜求煃游灵耀寺时感叹道：

峰峦如画郭外斜，红墙低傍处土家。

古寺荒凉僧去尽，犹留庭树栖啼鸦。

庙貌如何竟速朽，老圃乘隙种春韭。

隔墙风送咏歌声，诗书滋味如元酒。

灵耀寺最后一次重修于光绪戊戌（1898 年）春。重修后的毗卢阁高五十尺，相当于现在的六层楼；中空，卫以雕栏，四周窗牖玲珑，兰宫桂殿，飞阁流丹，檐牙高啄，楹柱粗可合抱。远眺溪山，俯瞰城阙，阴晴雪月，美景无穷。

灵耀寺坐北朝南，有五开间三进二庭院及东西两侧边屋各十五间。头进山门，正中供奉着弥勒佛，左右供奉着四大天王像，背面供奉韦驮天尊像。弥勒佛坦胸露肚咧嘴，正临太平街，过往行人常喜上前一拜，以博弥勒佛开怀一笑。

中进为大雄宝殿。大雄宝殿是举办佛事活动的场所，殿内正中央供奉有释迦牟尼佛、阿弥陀佛、药师佛及十八罗汉，整座大殿开阔疏朗，古色古香。

后进为毗卢阁。毗卢阁供的是毗卢遮那佛，高十余米，全身贴金，体态伟岸，灿耀可鉴。按中国佛教天台宗的说法，毗卢遮那佛是法身佛，卢舍那佛是报身佛，释迦牟尼佛是应身佛。"毗卢遮那"有"光明遍照，遍一切处"的意思，就是指佛的光明普照万方。南方寺院极少有毗卢阁，只有早期等级较高的寺庙才供毗卢遮那佛法身佛。

灵耀寺所列佛像皆栩栩如生，极为精美。北乡人胡氏"老佛仙"就曾为灵耀寺塑有两匹骏马及马夫。

毗卢阁的东侧是经堂，堂内有释迦牟尼像，罩在两米多高的玻璃框内。另有小门通往"淡泊明志"室，是方丈的住处。室内恬适整洁，外人不得随意出入。旁有小园，有株古桂花树，浓荫繁茂，幽静高雅。知县及以上官员出巡途经龙游时，大多借寓于此。

往时，县官祝圣习仪都在灵耀寺举行。古人认为，社会治理，征兆于人心善恶；人心善恶，征兆于佛道盛衰。如果佛道盛则向善者众，哪有治理不好的。官府与寺庙之间也常有紧密联系，灵耀寺僧释慧成即有《颂周丹庭明府德政》诗：

> 灵光何幸挹名贤，望镇山川玉带悬。
> 顶礼东坡参妙偈，枯禅悟彻更诗禅。
> 瓜代缑城忆昔时，盈川奏绩更相思。
> 文坛若许开莲社，贝叶多教泻颂辞。

周丹庭即周敦培，道光八年（1828年）任龙游知县，在任三年，日夕勤劳，席不暇暖，多有德政，深得民心。

文人与寺僧之间也常有诗文交流。清吴枫《赠灵耀寺净莲上人二首》诗曰：

> 毗卢高阁丽晴霞，偶尔登临兴便赊。
> 姑蔑旧宫开宝筏，龙邱梵宇驻云车。
> 俯瞻鱼沼莲池近，仰挹岑峰鹫岭遐。
> 敬谒蒲团听说法，昙花坠处即天花。

净莲上人俗家为汤溪人，三岁时即入灵耀寺。诗中的鱼沼莲池是指原毗卢阁前有双池，蓄养金鱼。

在灵耀寺的文献中，也常有一些灵异记载。咸同之乱时，丁赭寇厄，正殿起火，山门及两廊寮舍、官厅、方丈均坍圮成为废墟，唯有毗卢阁仅存五楹。曾有匪寇以寺为巢，有匪毁佛像，即仆地而亡，他人畏其灵，不敢造次。还有一次是重修毗卢阁，工匠选好木头，但因久旱溪涸出不了山。方丈孤峰上人祷于佛天，即大雨，溪流骤涨，等十余筏木运到城后，雨旋止，溪涸如故。

灵耀寺前有一偶然亭。万历丁未冬，城西失火。知县万廷谦拜伏露祷，解袍投火中，一会儿，火鸦数十自焰中飞出，从西南去，火遂灭。老百姓为之建偶然亭。

但是，佛教远不是普通民众认识上的有求必应或者因果报应这般简单。中国传统文化的核心内容是儒释道，佛教作为中华文化的主流之一，其包容、慈悲与超脱的精神，对于中华传统文化有着极其重要的影响。中国佛教协会原会长赵朴初说过："不懂佛教，就很难真正懂得中国文化。"

譬如在善的理解上。善行能使我们内心善的种子得到滋养，在付出的当下，会使我们的心灵得益。我们做什么，心灵就会有什么改变；做多少，就改变多少。这正是佛教对于因果报应的更重要的诠释，也为中国传统文化补给了精神源泉。

1943 年 1 月，中国佛教协会龙游县分会在灵耀寺成立，住持隆钿任会长。

然而，正如孤峰上人自己所诗：

> 龙丘古寺号灵光，宋代更名独耀张。
>
> 佛殿久虚灯火息，不堪回首感沧桑。

万物自有它的发展规律，兴与衰，谁也逃脱不掉，现在读他的诗更可悟到这种禅意。1948 年，灵耀寺住持隆钿，尚有僧侣 9 人，但庙舍倾圮严重，只剩前后两进的寺阁供人祭拜。新中国成立初期又改建为碾米厂，20 世纪 70 年代末连同原鸡鸣书院与三官堂两旧址并建为榨油厂，灵耀寺的佛光从此消失。

我们的父辈大多不信佛，但他们见到菩萨像时很自然地合掌叩拜，他们的骨子里是有佛性的，我想我们大多数人也是。灵耀寺有形的建筑早已消逝殆尽，但包容、慈悲与超脱的精神尚在，中国传统文化的佛光尚在。

城隍庙旧事

每次从太平东路移动公司门前走过，我都会不由自主地放慢脚步，捻土为香，顶礼膜拜，因为这是城隍庙所在地。

城隍，有土之神，明则为人，幽则为神，也称城隍神，大多由有功于地方民众的名臣英雄充当，民间知之拥戴之，畏之又敬之，是民间和道教信奉守护城池之神，也是一个城市的灵魂附体。

城隍庙位于龙游城中心地带，地势居全城最高处。万历壬子《龙游县志》记载，城隍庙在治北百步，洪武二年（1369 年）建，是年诏封龙游城隍神为显佑伯。那么显佑伯又是何许人？

显佑伯，名秦裕伯，元至正四年（1344 年）中进士，曾任湖广行省照磨、山东高密县尹、福建行省郎中、行台侍御史、延平路总管兼管内劝农事。明洪武时任侍读学士、待制、治书侍御史。朱元璋多次称秦裕伯为："裕伯博辩善论说，占奏悉当帝意，帝数称之。"秦裕伯去世后，朱元璋一直心神不安，他以"生不为我臣，死当卫我土"，亲自敕封秦裕伯为城隍神四品显佑伯，受百世香火供奉。

还有一种说法是，龙游的城隍神姓乙。乙姓是商王朝时期龙游最古老的祖姓。传说若谁能在除夕夜看见姓乙的灯笼，来年必有非凡成就。但这只是一种民间流传，无从考证。

虽有城隍神护佑，城隍庙同样历经风雨的洗礼。先是明正统中知县张惠、天顺中知县王瓒、嘉靖中知县陈钺相继重修。后又有清康熙四年（1665 年），县人集资重修，还在露台中建屋一楹，使上下相接，有陈设祭品之所。康熙十七年四月（1678 年）又毁，次年，知县卢灿捐俸倡募，召集绅民三十多人参与，募集银两三千多，构材重建，规制超过旧的规模。

过了百余年，城隍庙又倾圮，乾隆四十八年（1783年）绅民集资重修，还以多余的材料建观音堂、药王庙、关帝祠于庙之东西，并建客堂数楹，为斋宿之所，负责建设的有陆昌后、余声五、余日华、叶恒玉等二十人。道光三年（1823年），绅民复集重修。咸丰、同治年间，城隍庙毁于兵燹，唯存正殿，亦日渐颓圮。城隍庙最后一次重修于光绪五年（1880年），在知县陈瑜任内，绅民集资分别修建，东乡由王绥槐、潘世荣，南乡由林巨伦、傅元龙，西乡由叶树槐、汪灿，北乡由徐文治、叶廷灿分别负责，花一年多时间，才恢复了兵燹前的模样。

城隍庙坐北朝南，五开间四进，头进中为戏台；二进中间东、西、南三面天井，护以石栏杆；三进下间用于观戏者，上间中祀城隍神，东为观音佛，西为药王神；四进为客堂及斋舍。城隍庙巍峨宏丽，高十余米，楹术粗可合抱。城隍殿厅内挂一副醒目对联，上联"失时莫笑要看收场怎样"，下联"得意休夸且观结局如何"，警言发人深省。

城隍神是龙游城的保护神，人们期盼它御灾消患，佑民安康。陈豹奇《重修城隍庙碑记》曰："岑之山兮云苍苍，瀫之水兮波浪浪。神之来兮驾龙骧，为神葺庙当康庄。青桂栋兮文杏梁，去旗上下兮风吹而闻香。"可以想象城隍神在龙游市民心中的地位。

城隍祀奉比较特殊，有城隍开印、演戏、城隍出巡等三种仪式。每年除夕要将置于城隍案前的大印进行"封印"，次年正月十八日"开印"。开印时，要举行开印仪式。白天，庙内有演员扮的"五猖鬼"十几人，赤足赤膊，下穿红裤，面画花脸，手持钢叉，呼号叫喊，东追西赶，以驱鬼怪。夜间，知县先斋戒浓浴，身穿长袍马褂，腰缠红布，头戴大礼帽，帽上插松柏，择吉时坐轿，由乡绅和衙役陪同，奏乐击鼓，鸣锣唱道，前往城隍庙。

到庙后，知县恭立城隍神像前，焚香点烛祭拜，乡绅人等立两旁陪祭。同时，大厅前点燃火堆，鼓乐齐鸣，爆竹火铳齐放。吉时到，赞礼人高唱："用印。"知县三跪九叩首，在黄裱纸布告上盖上城隍大印，差人贴在庙门口照墙上，然后坐轿回县衙。"用印"时，妇女不得在旁观看。

正月十九日"出会"，护送城隍神巡视龙游城，并到东华山会见"娘舅"

徐偃王，因为正月廿是徐偃王生日。下午，城隍神由"六仪大轿"抬着，前有座"香亭"，八个"五猖鬼"，一匹白马；后有"十番锣鼓"和"台阁"。城中的市北社、河西社、学前社、城角社等十社及桥下五社要各出一副"台阁"。各社"台阁"到齐后，抬着城隍神巡游全城及乡村，然后一齐护送城隍神前往东华山，供于东岳庙内。

正月廿开始迎灯，前后三夜。最后举行游行。廿一日，城内乡绅斋戒沐浴后，前往东岳庙叩请城隍回城。这时，各种花灯和"台阁"等，也必须前往东岳庙前集合。城隍神回庙时，沿途商铺张灯结彩，燃放爆竹。每经一家商铺，都必须待店主爆竹燃尽才得通过。迎神队伍缓慢前行，这般做法是表示大家对城隍的挽留，请他多多为徐偃王尽礼。如果天晴，"出会"当日结束；如果遇雨天，须顺延至单日天晴，才可接回城隍神。

演剧祀神也是城隍庙的重要功能之一。除灯会期间连日演戏外，每年还要演两次行业戏。上半年自夏历四月二十八开始；下半年在十月。三十六行，各行各业都要出资演戏，演戏日数不定，但演戏顺序以理发业排在首位。

乡村的迎神活动也是从正月开始。每年正月十一日是东乡张家埠的迎神之期，前面五日演戏剧，迎神时盛饰仪仗到村里的仁惠庙，奉神出巡街市一周。而北乡雅村是二月十九日迎城隍神入村，打醮、演剧备极繁盛，至三月初一送回。小南海茶圩里村则是三月廿一日迎城隍神入村，廿六日显大会之期，至四月初一送回庙。湖镇迎城隍神亦是三月，只是日期是临时择定的，隔年迎一次，其繁盛也不亚于北乡。

城隍神的生日是四月廿二日，先于十五日迎神出游，至通驷桥头仍送回庙，仪卫颇盛，遇雨则次日行之。城中居民筹款立会，分班按期设供演剧。

城隍庙还承担御灾消患的功能。历史上曾留下许多《祷雨文》《驱虫文》《逐妖文》。在祀祭时，知县要斋戒沐浴，偕本县士大夫及僚属、师生等，为民司命，祷于城隍神。汤大用《邑侯徐公祷雨纪事》中详细描述知县徐起岩祷雨的整个过程。

乾隆六年（1741年）六月，龙游大旱，徐公不戴冠，裸露头髻，穿草鞋，十步一磕首，并用黑绳系颈于城隍司神旁。可连续三天还是未下雨，徐公认为这是他的罪责，又向四神座前，各置罪己表一通，引针刺臂，沥血封函，呼号涕泣，为民请命而拜并焚之。后果然大雨如注。

城隍庙还是有些神异的传说。两旧志引《东枫遗话》记载，有次县城火灾，接近城隍庙，近庙童子都能看见庙神立于墙上，执一扇子扑火，风忽反吹烧不到庙里。

清光绪三十二年（1906年），城隍庙后宫四进改建成县城毓英初等小学堂。后来龙游县救济院筹募经费，游艺会又设于南隅空楼。头门一进，便可见坐南朝北的大戏台，而大厅正中悬有一块横匾，上面刻着三个大型的"乐"字，这是1918年龙游县知事郭星五所题，城隍庙从此也成为县城唯一的娱乐场所。

戏院的座椅是有五个座位的木质长椅，长椅靠背后镶着一块条木板，木板上嵌有五个洞口，以备后排观众置放茶筒之用。龙游游艺会提供的茶筒是珐琅制造的，色彩鲜艳，高22厘米，筒口比底略大，呈圆柱形，嵌有"龙游游艺会"字样。

20世纪20年代初，戏院初次上演话剧，称为"文明戏"。继而越剧时兴，无论生、旦、净、丑都由少女扮演，称为"苗儿班"也在此演出。剧场座位分"特别""普通"两种，票价分别为大洋一元和三角，另设茶室为观众泡茶、递送热毛巾，同时也向观众收取小费。

龙游乡民喜欢看戏，每逢名角花翠琴、石兰英来龙游演出时，票价高达大洋二元，但还是场场满座。那时大人进"特别"席座时，可以携带一个小孩免票入场，诗人余滋敬少时就经常享受到这样的待遇。

1931年5月，城隍庙里放映了龙游有史以来第一场电影——无声滑稽片《古城飞虹记》，开创了龙游电影史上新的一页。龙游游艺会亦可谓是龙游剧院、龙游电影院之前身。[1]

1933年11月15日，郁达夫夜宿龙游，就到城隍庙看了半夜为募捐而演的戏，龙游地方银行的吴、姜诸公作陪，而龙游地方银行就在城隍庙的对面，银行正门的顶端耸立着一座圆形的街钟，距地面高约四米，面对正北方向，也算是当时龙游城的标志性景观。

因为有了戏院，城隍庙也成为龙游城最繁华的商业街区，周边店铺

---

[1] 余滋敬：《乐乐乐》，文载《龙游太瘦生诗文集》，西泠印社出版社2013年版，第165页。

星罗棋布，其中16铜板一只的板栗粽子最负盛名。有一进城乡民吃了粽子后，随口溜了一首五言诗："久馋板栗粽，特地进城来；味美不知饱，人人笑口开。"还有15铜板一碗的肉丝面和3个铜板一只的葱肉烤饼，都是当年乡民喜爱和乐为解囊的美食。

北伐后省政府曾通令各县尽毁神像。1929年1月21日，杨继昌、王仁等带领青年砸毁龙游城隍庙神像，当时，桥下村民抢走"出会"用城隍神像一尊。从此城隍庙只剩下一座空殿，进殿焚香膜拜已趋绝迹，庙产租息移作地方公益事业。事后，王仁被祠堂除名，出走他乡；杨继昌忧郁成疾，病逝出殡时尚有人作梗，不准其家人哭祭。

除了使用戏台演戏外，城隍庙还是一个聚会中心。宣统三年（1911年）九月二十日，绅士吴际元等约国民革命军朱鸿宾赴城隍庙宣布革命宗旨，以示安民，人心始安。1929年，县政府在城隍庙设了"中山纪念厅"，每逢周一上午9时，全城机关学校都派代表来参加"纪念周"活动。每年的3月12日植树节，全龙游城还集中于此开会，会议结束后在门口集队出发去东华山植树。

然而，城隍庙终究没有逃过战争的蹂躏，1942年毁于日寇第一次流窜时的炮火。在老人的记忆中，后来城隍庙所在地又改建成了粮管所。世事无常，龙游城隍庙的形状，也早已从人们的记忆中抹去。

一个民族文化的根基，一种精神文明的传承，是需要载体的。悠久的文化，是承载于几千年文化，如风俗、古遗址、古建筑等之上的遗产。如果承载历史信息的载体消亡了，负载在其上的历史和文化也必然会被冲淡或消亡。杭州若没有西湖，没有灵隐寺，还是杭州吗？西湖若没有"江南忆，最忆是杭州"的文化沉淀，那西湖是景观还是家门口养鱼的池塘？我们不一定要重建已消失的古迹，但留存文化遗产，挖掘历史信息，其意义也关乎龙游的未来，想一想，是不是这样？

大南门水系

　　龙游古城依山带水，延袤六里，严固完峻，为衢州各县之最。在水利方面，野为堰，城为濠。北宋乾道中，知县林自立在白莲桥下种白莲，说明当时的县治前濠河已经存在。

　　至少宋元时，龙游古城内的水系就比较发达。城内四边有濠河，大南门就有两处，深和宽均为三米多，水源是从城南二里许的北泽堰引水注入。但北泽堰屡毁屡修，明嘉靖方豪《北泽堰记》记载敖公修堰，北泽堰长十五里，灌溉田三千亩，又引余水入城濠蓄水以备火患。北泽堰水入城，涝不溢，旱不竭，对城市的营造最为有利。所以，当时龙游民物殷富，科第鸟奕，号称蕃盛。

　　随着时间的流淌，北泽堰终为洪水所废，而城内濠河也被民居侵削，瓦砾填塞，越来越浅，到了乾隆初已经是名存而实亡了。乾隆三年（1738年），知县徐起岩在征询民意的基础上，实施引姜席堰水导其流入濠，从此，城内清涟活活，周通无滞。20世纪90年代初，北门水泵厂附近依然可见濠河水潺潺流出。

　　姜席堰水从城南偏西处小西门起绕城而西，经过太平门、小北门、向义门。现在位置是经过县农行钟楼、老公安局，沿着文化路向东，与大北门的濠水在城外合流，泄于灵山江。这条西北方向的环城河中途在文化路老人民医院附近有个缺口，水路与城隍湖、方家湖相连，主要起泄洪作用。

　　而姜席堰入城之水主要有两条。一条自小西门外引进，通过磊园（原龙游镇派出所北），流经西湖转东向归仁门流出。另一条自太平门（钟楼向东十五米左右）外引进，经城角坊环内环学舍转流入泮池，流经衙前街城濠、经白莲桥转石板街，一路通过水闸头拐北（原信泰处转折），流经大众路、平政路，最终在水泵厂附近东折放北门水关，与环城河合流，汇入灵山江；另一路是衙前街濠河直接流向朝阳巷，直抵阜宁巷，再向南穿过小南门，汇入灵山江。

这是乾隆年间一次非常成功的引水治水案例，既解决了消防和居民用水，又使西湖和泮池恢复了旧貌。正如徐起岩《重浚龙邑城濠记》所言："龙邑濠水之塞且百余年，是地脉之不舒实甚，今一旦疏之瀹之，中流外达，如医者之于病，察其患之要害，而投之针砭，有不霍然起者哉？"

平洋之地以水为龙脉。平洋之地，山脉潜踪，水行即是龙行。杨筠松《疑龙经》："行到平洋莫问踪，但看水绕是真龙。"所以说，盘活大南门的水系在整个布局中起到至关重要的作用，也是与众不同之处。

本次大南门考古，区域内的西湖、泮池、城濠甚至古井地貌都已经一一展现在眼前，古人在设计建筑时非常讲究天人合一，既重视风水日照止气挡煞，又强调美观实用环境融合。这次大南门水系方案上提出了"一池一湖两濠河同汇灵山江"的建议。

方案认为首先恢复姜席堰引水入城。自乾隆三年（1738年）后，入城之水由北泽堰改为姜席堰，并一直使用到20世纪80年代，经过了时间的检验。入城方式由古代的两条改为一条直入，设计部门已经制订具体方案。姜席堰本身具备申遗条件，而引水入城是其中的一部分，历史上，姜席堰除防洪排涝、灌溉、生活用水功能外，入城蓄水备火患等是不可缺少的一段历史。同样，日后龙游申报历史文化名城，引入姜席堰也可以作为一个非常重要的环节。另外，借用原来古堰，适当增加现代元素，打造姜席堰观光带，对改善城区单调的居住环境也是有作用的。

其次是按考古基本原貌重修西湖和泮池，将西湖打造成江浙另一颗璀璨明珠。而泮池，乃取半璧之义以别于辟雍，昔人云："泮水之盈涸，关乎运之盛衰。"通过疏淤和重修，再现儒家思想的世泽流长；当然还需恢复印心亭、柳堤、余氏宗祠、玄真宫等具有人文气息的古建筑相映衬。

最后，从目前所了解到的大南门地势标高变化看，疏通两条濠河完全可行，不影响排涝。一条是疏通泮池与衙前濠河，至朝阳巷前为明河，入朝阳巷转为暗渠，经过阜宁巷，穿过小南门，最终流入灵山江；另一条，西湖水从南边濠河经过归仁门前暗渠入灵山江。

　　比较而言，重修西湖、疏导濠河还是基础性的。但要让水真正灵动起来，难的是周边的景观处理，如何让再造景观无缝对接古迹才是设计规划部门要关注的重点。

白莲桥

我喜欢桥，特别是古桥。站在桥头，斑驳的青石板泛着幽幽沧桑；凭栏远眺，似乎能看到遥远的旧时光，旧时光诉说着"驿外断桥边，寂寞开无主"的无奈。古桥不单单是方便通行的建筑，更是一道融入山水人情的风景。

提起龙游境内的诸多古桥，大多数人首先会想到通驷桥。然而，两旧志及民国《龙游县志》诸桥中排在第一位的却另有归属，它便是白莲桥，我也喜欢这样的名字。但它凭什么独占鳌头？

嘉靖《浙江通志》记载："白莲桥，在县南跨濠水。"

古时，在野为堰，在城为濠。这里的"县南"指的是城内，白莲桥在龙游城南。

民国《龙游县志》记载："白莲桥，在县治前，宋乾道中知县林自立尝种白莲其下因名，周甃以石。"

林自立于宋乾道四年至七年（1168年至1171年）在龙游任知县，他的前任是乾道三年的李翔道；而乾道七年，张祖顺是继任者。

白莲桥之名出于"林自立尝种白莲其下"。

> 田田初出水，菡萏念娇蕊；
>
> 烟雨过桥槛，风送满院香。

林知县所期待的也许就是这种田园的意境。

白莲桥在"在县治前"，这四个字，还是有些信息量的。

据此可推，龙游县治于乾道四年（1168年）前就已经在该处存在。那么，龙游县署始建于元至元十四年（1277年）的记载就值得商榷了，这个时间应该是指对原县治的复建。

再次，白莲桥始建年份虽无考，但由于县治前有濠河，在建县治时，桥是必不可少的，所以建成年份至少也在乾道四年之前。当时桥的建筑结构是垒石为壁，是一座石桥。

还有，之前桥并未命名，乾道中后才命名为白莲桥。

而通驷桥，开始是木桥，宋宣和年间，县人祝昌宥妻徐氏输万余金改成石桥，但因方腊之乱（1121年）未竣工；至绍兴中，县令陶定重建；淳祐年间，马天骥又重建。

在时间上，白莲桥始建年代并不比通驷桥迟。在位置上，县治前的白莲桥政治地位自然要比通驷桥高出许多。也许，这正是民国《龙游县志》要将白莲桥放在诸桥之首的缘故吧。

白莲桥的体量并不大。"先是白莲桥仅辟丈余，万历十一年知县鲁崇贤始改方广数丈。其明年，知县唐兴仁又尽撤榜房，扩为街道，规模始大。"（据三府志、两旧志纂）

本次考古，县治前还发掘出了红砂岩构筑的桥梁基座残存。单从残存构件分析，我们很难了解白莲桥的完整旧貌。只能根据旧时县衙建造规制和濠河宽度，推断这可能是一座墩二拱一石拱桥，两旁置有护栏。

相对于白莲桥，知道县治前有条濠河的人并不少，但知道这条濠河叫什么的人并不多。

古时龙游城内四隅有濠，旧志称蓄水以备火患。县治前的濠河是一条主渠，深广有两米多。水自西向东，从泮池东沿出水至石板街，长约二百米。旧称"瑞莲渠"，一个与莲有关、非常好听的名字。

白莲桥的左边有旌善亭，右边有申明亭。越过白莲桥，步入县衙大门，上有谯楼；再向前便是仪门，门右为狱，左为土地祠。然后是戒石亭，有戒石碑立于亭内，刻戒石铭于上："尔俸尔禄，民膏民脂，下民易虐，上天难欺。"每日，官员上堂理事，即可见这十六字，以警戒其秉公办事，从政为民。

老县衙曾是龙游的政治中心，白莲桥是进入县衙的必经之路。沿着县治前的鹅卵石道悠悠前行，我跨过的这一座桥，是一个承载了万千思绪的天堂，那些鲜活的人物一个个从我身旁走过，那些停驻在时光某个角落里的故事正静候随缘。我彷佛又看到了：

一湾池水清活活，

两岸烟柳垂拂拂；

满耳笙簧风稷稷，

白莲桥下荷连连。

"零落成泥碾作尘，只有香如故。"如今，县衙、白莲桥的喧闹早已不再。但我们依然可以在残存的遗址上，找到曾经的繁华。

白莲桥、西湖和学宫等，那是诗人、画家，山水诗、田园诗的演绎，从那些低吟浅唱的诗词文章中，依稀可见古典园林的文化气息。

我不懂古典园林设计，但是，人与自然和谐的美可以打动每一个人的内心。桥并不只是桥，以后我们看到所有景观，也都不仅仅单纯是一花一树一亭一阁，这些物质本身，背后往往隐藏更多的历史文化典故、深刻的哲学内涵。

但愿我想的都成真。

老电影院

城市的发展是一个过程，前人的遗存和历史的烙印，这是一个城市不能割裂的文化脉络，是城市发展的文化底气。

龙游老电影院建于 1958 年，历史并不长，但它带给龙游人的记忆却是久远而深刻的。老电影院处在原西湖遗址之上，占地三亩。

那个年代，没有电视，没有网吧，也没有淘宝，看电影便是最大的娱乐，也是一件很奢侈的事。不仅城里人喜欢看，乡下人进城也会来过把瘾，因为电影院与露天电影味道是完全不一样的。最有意思的是，小年青谈恋爱，一定会去电影院。一看电影就有机会对上眼，多看几次，就有可能钩上小指头。

从少年的梦到青年的爱，老电影院重重的帷幕拉开，是光阴留下轻轻的怀念。当岁月的年轮划过一圈又一圈，当我们儿孙满堂，是否还记得幸福的开始？老电影院，承载着一段充满诗情爱意的老年代。

当新片上映时，电影院门口的宣传窗上就会张贴醒目的电影海报，都是专业美工手绘的，并且也有大师级的作品，朱传富老师就曾经是电影院的美工师傅。虽然手绘海报不如现在的喷绘海报那么真实地展现角色和剧情，但手工制作的精美更带给人无尽的想象空间。

整座龙游城，开始只有这一家电影院，所以电影票很紧张，如果谁家的亲戚在电影院上班，尤其是负责卖票的，那可不是一般的牛，比在糖烟酒公司上班的还要吃香。

对于普通人来说，只有老老实实去排队买票，电影票的价格从五分涨到后来的几毛，还有专门的儿童票。若是新片，则是要通宵去排队的，但并不是排队就能买到票。

买票的窗口只有两个，有时只开一个，但队伍远不止两三列，说是排队，几乎看不清队列，人挤人，没有一点体力是买不到票的。还有些小青年特别喜欢逞能，几个人把其中一人高高举起，从人群的头顶上爬向窗口，下面的人敢怒不敢言，只能任由他们胡来。

只有售票员永远保持着那种淡定的神态，不管是谁凑进窗口，她都是那张冷冷的脸。许多像我父亲这样的北乡老农，临到他们买票时，总是怯怯的，北乡话表达得不是很清楚，外面又杂吵，那售票员就会用龙游方言呵斥："干朝西，门中要样！"意思是，讲什么，像蚊子叫一样。训得父亲只有憨厚地傻笑。随后，她把电影票和几张零钱朝窗台一扔，父亲忙一把抓过来，捏得很紧，待挤出队伍，再到僻静处一张一张数。然后，母亲和孩子们都围过来，看到父亲买到票了，一个个喜笑颜开。

那时的电影票是一张细细长长的纸条，连着短短的票根，这票根是检票后留下的凭证。多年以后，票根上的字迹慢慢淡掉，就像曾与你一起看过电影的那些人，也走出了你的世界。

热闹的地方，就有江湖；有江湖的地方，就有纷争。电影院门口的运动场就是一个是非的江湖，爬人墙买电影票只是一种低级的表现。因为太挤，买票的过程中要特别注意自己的钱财安全，有时高高兴兴买到几张票，结果一挤出队伍，发现屁股袋里的粮票被人偷走了，搞得看电影的心情也没有，当时粮票的重要性并不亚于钱。

在 20 世纪 80 年代初，在东门棒冰厂上班的"老佛尼"经常带着一群小年轻在电影院门口耀武扬威。有一次，他们的嚣张气焰引起了西门村包括"大王"在内小伙伴们的不满，一言不合，便动起粗，刀棍相见，甚至使出军刺，西门村的这帮人一直把"老佛尼"们追打到火车站，结果全被拎进火车站派出所。如今，这批人都已过了知天命之年，回忆往事，连说，那时年轻，太冲动。

我看过的电影中，印象最深刻的是 1982 年上映的《少林寺》，这是部彩色宽银幕功夫片，轰动一时。媒体说此片在中国掀起了武术热，还真是那么回事，因为看完之后，我就在家门口练了一个多月的少林棍法。

而到龙游中学读书后，最让我们开心的是每个学期学校都要给师生包三四场电影，还有开学典礼也是在电影院举行的。每次学校组织看电影时，都是步行前往，这路走得特别轻松，队伍浩浩荡荡，队伍的头已到电影院，尾却还在校门口。

到了运动场，有的同学到泮池边上借本小人书看，有的花三分或五分钱买爆米花或瓜子吃，白糖棒冰也是三分一根，还有的同学相互追逐打闹，看电影比放假还开心。

其他单位的大型活动也都是放在老电影院的，如每年正月初八的干部大会，元旦汇演等，老电影院就是一个文化中心。

电影院里面有 1336 个座位，分楼上楼下，观众们都得对号入座，进出时还要请边上的人"起立"才能挤进去。放映前，观众们走来走去，有些人会很激动，还有人站在凳子上，在放映窗口前挥手，银幕上就出现一个"五指山"或一个"大头"的黑影，但只要片子一放映，电影院就立刻安静下来。

观影时也会有很扫兴的事。有时银幕也会突然一片模糊，影片中断了。懂行的人明白，准是胶片焦了，这时，有些观众就会起哄、鼓倒掌。

老电影院也像胶片一样，偶尔也会断片，大多数人甚至都不知老电影院是何时停用的。我对老电影院的一些记忆也是零碎的，但不管记忆如何残缺，却仍是那么的鲜活，因这些都是弥足珍贵的过往，也是不能遗忘的成长。它作为文化的载体，给我们留下了感动、快乐、悲伤与幸福。

老电影院，一如龙游这座小城，我们只有常常回头看一看，才能往前走得更稳更快。

街巷·漫谈

那时候有满城的雨水，沿屋檐滴下。
伫立，凝视。城斑驳，青苔入镜。
那些我们叫得出的名字，说得出的故事，有一天
都成了一道道无从剪接的风景。才幡然。
尘烟过，沧海桑田。
时光重叠在那年的街街巷巷。

老城墙的沉思

　　老旧的门，斑驳的墙，蜿蜒的石板街，总是最吸引游客驻足。怀旧早已变异成一种病毒，不停地扩散蔓延。夕阳落下，看见几位老人呆呆地立在老城墙外的鹅卵石路上，不知是在等古道残阳落，还是在等清风明月照西湖？

　　大南门的考古发掘，像透过窗帘缝的一束阳光，再一次将历史旧貌清晰地展现在人们面前，时光也随即定格在隆庆二年（1568 年）。龙游近代城市的框架是以明代隆庆年间的修建为基础的。

　　明之前的龙游，文献中至少还记载着两个不同时期的城。一个是姑蔑故城，另一个是太末城。但这两个城的文字记载极为简单，很期待在以后考古中有重大的发现。

　　到了明隆庆年间，"姑蔑城久废，唯存四门，因以设关，时其启闭"。这里说的"姑蔑城"是姑蔑宫，还是太末城？难以甄别。但一个城市若只存城门而没有城墙，这是很没有安全感的。龙游历来是衢之要邑，介于金、衢、严、徽之冲，没有城墙的城市，矿寇出没，官兵往来，若不整治，老百姓肯定遭殃，府县官员非常重视这件事了。

　　明代城池建造从隆庆二年冬开始动工，于次年夏完工。竣工后的城池，城墙高一丈六尺，基宽一丈三尺，面宽九尺。（明代 1 丈 =10 尺，营造尺 1 尺 =31.1 厘米。）

　　在此次考古发掘中，出归仁门向南，鹅卵石道路西侧的城墙厚约 4 米，与"基广一丈三尺"的记载是吻合的。外侧墙体用平整的条石和不规则的块石垒砌而成，条石规格一般为长 58 厘米、宽 35 厘米、厚 15

厘米；有一小段遗存砖砌墙体，砖的规格以长 32 厘米、宽 18 厘米、厚 7 厘米为多，但规格不尽相同。部分砖上刻有"汪三""丘元福"等字样。内墙则多为块石基础。

而鹅卵石道路的东侧勘探发现较规则砖砌墙体，沿鹅卵石道路边沿延伸，墙体高约 0.7 米，宽约 0.6 米；砖均为原城墙砖二次利用。砖墙上有护栏结构，已毁，残存高 26—28 厘米，每隔 2—3 米有柱，柱径为 0.5 米，外有水泥粉刷。鹅卵石路外侧护坡为块石砌筑，块石规格以长 30 厘米、宽 15 厘米为主，整体高 3—4.5 米。可判断东侧墙体并非明代城墙，而是近代为防洪等功能改建而成。

明城墙周长 6 里，有女墙 2840 多个，女墙离地面 6 尺。城池东临灵山江，其他三面凿隍（没有水的城壕）。开设四门，东曰永安、南曰归仁、西曰太平、北曰向义，各建有城楼，外有钓桥，内有官厅各三楹。

胜利路（原归仁路）南端发掘出归仁门遗迹。归仁门朝向为正南，为单门道城门，门内路由鹅卵石铺砌。城门楼基础长 10.1 米，宽 12.2 米，占地约 123 平方米，左右两侧方形台垛的尺寸分别为长 6.14 米、宽 3.9 米和长 6.14 米、宽 2.7 米，中间城门宽约 3.5 米。城门楼城墙外立有一块碑座，碑体已毁，内容是否为涂杰所撰《建龙游城池记》，暂无考。

据相关文献记载及老人讲述等综合考证，80 多年前，城门楼尚在，归仁门有两扇包铁皮的大木门，门面上布满乳钉。城门西边还有一栋小屋，住着负责管理归仁门的一户人家，户主姓周，绰号"老疯子"。归仁门东临江，有落差较大的阶梯通向灵山江。

归仁门内东北角，曾有一座毛令公殿。数百年来，龙游城乡都有迎送毛令公张巡的习俗，他的木雕神座，每年农历正月十五从灵山启程，途经举岭脚、冷水、官村、寺后和兰石等村，于八月初七，从南归仁门迎接进城，然后经桥下、新桥头等村从北向义门第二次进城。之后又出城经赤步坑头转回灵山过年，途经 40 多个驻点，每点驻 7 至 10 天，按原安排日期和路线进行。每到一处，家家户户都要杀鸡备菜，对神座焚香膜拜。村坊在迎神日期到来之前，就筹备请班子演戏，大南门的戏台就设在运动场南边偏东的公明亭内，亲朋好友也借此机会互访叙旧。

离归仁门向南百米处城墙内侧，还发掘出一个土灶头遗迹。据老人讲述，这是迎送毛令公时施粥用的。

同时发现，城隍庙、县衙、白莲桥、归仁路、归仁门与鸡鸣塔隔江相望，连成了一条南北走向，以县衙为中心的政治中轴线，这符合明代建筑布局风格。

在城墙走向上，从归仁门起，沿着鹅卵石路向南延伸，在靠近龙游石桥处，城墙基础出现拐角，由南转向西，并向西面延伸。此处城墙的拐角明确了城墙的走向，也确定了南面城墙和西面城墙的边界位置。

其他几个城门的位置考证。东永安门在通驷桥东头，西太平门在西门菜市场向东20米左右的太平路偏南处，北向义门在文化路与平政路交叉口。但这些只能存在文字或记忆中了。

每个城门间各有便门，曰：小东门、小南门、小西门、小北门，上面盖着小屋。衢州府只有六个城门，而龙游城有八个城门，这从一个侧面反映出明代龙游城的规模和重要性。

从归仁门经小南门、永安门至小东门等，沿溪筑堤防以卫城根，旧俗称马路。在归仁门外以南段，考古发掘出鹅卵石辅设的马路，基本完整，这是城门外的道路。现已清理鹅卵石路面约110米，路面最宽处约6.7米，往南逐渐收窄，最窄处约3.5米，路面上方有较薄的三合土的夯土层。这个路段后来成为衢寿公路的路基。

20世纪90年代初，龙洲塔边上的小东门还是保存完整的，可惜在东门改造过程中也化作了尘土，甚至连照片也难以寻觅。

庆幸的是，这次勘探中，小南门遗迹保存情况基本完好。经测量，城门底标高在城内道路标高下3米，城门高约2.65米，城门宽2.5米；城门两侧有阶梯，为青石板铺砌，台阶长约205厘米、宽29—30厘米、高约12厘米，为每侧各15级。但从建筑材料及工艺等综合判断，小南门在衢寿公路建设过程中有改建的痕迹。

小南门紧邻挑水巷，以前附近居民都从挑水巷至小南门，下阶梯，通过城门洞，到灵山江取水、洗涤。

小东门与小南门在龙游历史发展进程中也曾发挥了重要的作用。

清代黄孙灿《太末城南散步》诗曰："远树重重烟欲暮，片帆叶叶去还稀。"说明清代时，灵山江上船来帆往，十分频繁。

20世纪30年代，衢江的驿前和茶圩码头，已不能完全满足整个县城市场的吞吐作用，代之而起的是通驷桥畔的东门船埠，这是灵山江环城最大的商业码头。码头一直延伸到小南门和小东门，那里汇集的交通船、货船和竹筏连成一片，船缆萦绕，桅杆林立。老人们说："自古以来，灵山江就是重要的水路运输线，沿江近百里地带的南屏纸、竹制家具、手工艺品以及毛竹、木材等都从此源源外运。"当时，城里居民吃过晚饭后，常聚在城墙上看热闹。

明城池建成后，官府也对街道进行了命名。永安门至城隍庙段称永安街，归仁门至水闸段称归仁街，太平门至城隍庙称太平街，向义门至大井头称向义街，这是当时的主街。

到了清代，又对四条大街向中心延伸以及其他街道进行了补充，自大井头至濠沿口称濠沿街，黄埔殿至太平街称河西街，水闸头至太平街称石板街，水闸头向西至县衙门称县前街，县衙门向西至九曲巷称县学街。

明代城池得以重建，离不开汤仰、毛纲、陈中烈、余一龙、傅性敏等重要人物。隆庆二年（1568年）春，衢州府知府汤仰上奏朝廷请求筑城并获准。按察副使毛纲檄署龙游知县陈中烈、江山知县余一龙负责实施。第二年知县陈中烈去职，傅性敏续职后，终于完工。建城的费用主要来源于免征军饷三年，得金八千余；征民间米每石折银八钱，及鬻炉冶户、官田、学田初充，共计一万数千两。其中，余华、余权、方瀛、徐远、叶天祥、曹叔远、陆煌、祝宗穆等一大批乡绅百姓也倾力支持建城。

因为涂杰撰《建龙游城记》，许多人以为明代城池是涂杰任上建造的。但涂杰在《建龙游城记》中说得很清楚："隆庆辛未冬，余奉命来吏兹土。未至郭里许，遥瞩新城，坚峭雄丽。"涂杰是隆庆五年冬才到任的，而龙游城池在隆庆三年夏已经竣工。万历元年，知县涂杰组织增缮警铺、敌台各七所，并对女墙进行了加固。

但是，再坚固的城墙也抵不过战乱纷争和时光消磨。明末，龙游因变乱关闭了四个小门。直到清康熙十一年（1672年），知县许琯以居民出入城市不便，复开四个小门，并对四大门也重新加缮。

最为严重的一次破坏是咸丰兵燹。老城墙倒毁计大西门十一丈，小西门内七丈，大南门内三丈，大北门内六丈，小北门内五丈，共三十二丈，城垛一百零九个。而马路则因五社坝水直冲，毁去八十九丈。浙江巡抚杨昌浚、金衢严道英厚、衢州府知府海山、知县朱朴各捐资数百金，于同治十三年（1874年）七月重修。后来又有各门城楼倾倒，光绪年间又进行了最后一次维修。

城墙是城市抵御外侵的防御性建筑。站在老城墙的遗址上，备感和平与安宁的弥足珍贵。随着城市的发展，老城的地域景观以城墙为界限，形成强烈的城市轮廓线与其他地域相分隔，城墙也成为城市有别于乡村的人文地理景观。

如今，老城墙早已不是一道单纯防御外敌的屏障，而是传统文化中的一部分。老城墙遗址已列入省级文物保护单位，小南门、归仁门、鹅卵石路面等也将纳入城墙遗址保护范围。大南门历史文化街区建成后，老城墙遗址可向公众开放展示，供市民参观，让大家感受龙游深厚的历史文化底蕴。

的确，古城名胜在保护与开发过程中，一旦与文化内涵相结合，就能爆发出一种穿越时空的魅力。

古城大街小巷

街巷是一个城市特有的文化符号。闲暇时穿行在熟悉的街巷，总会放慢脚步，放空心绪，不由自主地拉长时间的节奏，任凭带有时代感的空气沁入肺腑。大街小巷让我对龙游这个城市产生一种类似亲情的感觉，这是一种归属感。而这份情感，平素沉于心底，遁于无形，但只要身临其境，便会激活、便会勃发、不可遏止、无法替代。我突然对城内的街巷有了追根溯源的冲动。

龙游古城以春秋时期姑蔑城为源，姑蔑城在縠水南三里，东门临薄里溪。但这个时期并没有留下街巷的相关文字记载。

始皇二十五年立太末县，仅在嘉靖版《浙江通志》卷四十八之古迹有记载："大末城，《舆地纪胜》在龙游县治西。《舆地纪要》，龙丘，故大末也。"

我们目前所能查到龙游坊街的最早文字，是宋状元刘章于淳熙元年（1174年）甲午春三月所撰的《丛桂坊记》。

"丛桂坊者，吾邑吕氏世居里门也。坊树于我朝，是有司所以表其科第之盛者也。吕之先以科第起家，有曰蒙周者进士及第，其子登仕郎。敬简公自寿州而来，家姑蔑之河西。"河西街因在濠河之西，故名之。

龙游近代的城阙始建于明隆庆二年（1568年），街巷的机理才逐步清晰，在万历壬子《龙游县志》中有了相应的文字记载。

龙游城开设四门，东曰永安、南曰归仁、西曰太平、北曰向义；每个城门间各有便门。当时，全城共有大街、县前石板街、河西街和桥下街等四条主街，一个十字街，二十九条巷。

自永安门迤太平门为大街，东西走向，中为十字街。由大街始向北行者依次为龙头巷、马巷、大井巷、新路、书院巷；由大街始向南行者依次为南巷、司巷、九曲巷、城角巷。由龙头巷入为方家巷、天平巷，由天平巷入为市后街、余家巷。由马巷入为钱家巷、胡家巷、市北巷。

自归仁门迤向义门为县前石板街和河西街。支为学前巷、陆家巷、曹家巷、义井巷、丛桂里、祝家巷、濠沿、青墙后。

永安门外为桥下街，东西走向。其支北行者为义井巷、虞家巷、大坑巷、朱家巷。南行者为溪边路通处洲界，为德清巷。

到康熙初，二十九条巷并未有变化。但大街又细分成桥头街和西门街。康熙《衢州府志》记载，龙游城内有九坊，县治东新民坊、余庆坊、崇善坊，县治西兴义坊、崇儒坊，县治北文昌坊，县东阜宁坊，崇德坊，清宁坊。

后发展为十三坊，城东北有龙头坊、百岁坊、步瀛坊、旌忠坊，城西北有丛桂坊、文昌坊和附郭坊，咸丰兵燹后附郭坊被夷为平地，改为青墙后。城东南有阜宁坊、青云坊、雅政坊、教场坊，城西南有学前坊、城角坊。城外的桥下有义井坊、东华坊，归仁门对岸还有广进坊、鸡山坊和狐墓坊。

从明代遗存下来的丛桂里、崇善里、状元里及崇儒里等名称推断，龙游城市结构是由宋之前的里坊制转向街里制。里坊制，承传于西周时期的闾里制度，坊间道路称街，坊内道路称巷，街巷都是在坊的基础上发展而来，极盛于三国至唐。里坊制的城市规定，只有重要衙署、寺观和府邸才可在坊墙上对正大街开门。由此可推测，宋之前的龙游正大街应该在灵耀寺的正南（大街）或县治前，而非河西街。

宋之后，龙游城撤去坊墙，改为街巷制，但沿用里坊制城市的方格网街道，巷可直通干道，交通大为便利。

龙游古城的街巷基本上是按位置、坊名和家族姓氏三种形式来命名。如县前街、河西街、桥头街、书院巷、大井巷、市北巷等是按位置，丛桂里、城角巷、学前巷、龙头巷等是按坊名，马巷、余家巷、钱家巷、陆家巷、曹家巷、祝家巷、虞家巷、朱家巷等是按姓氏命名的。

我们从这种命名方式，可获取较多的历史信息。通过街巷位置基本可以了解古建筑的位置，如书院巷有岑峰书院；通过姓氏可以了解城市各姓氏家族分布状况，如河西街西面分支祝家巷，巷之名源自祝姓。宋时有祝坦，景德二年（1005年）进士，官至兵部左侍郎，自括苍徙居河西锦里，为龙游祝氏始迁祖，汀塘圩祝氏一族也是由河西迁出。还有龙游古姓以虞、齐、鲁、乙四族为最古，桥下街的虞家巷就是很好的佐证。另有胡家巷，后改为毛家巷，即以毛汝麒旧宅故名。

大街与通驷桥唇齿相依，是龙游城最繁华的主街，沿街商铺林立，来来往往的市民骈肩累迹，人头攒动。一到节日更是人山人海，水泄不通。

晚清之前的龙游城还是繁华的，可惜终毁于咸同之乱。

几条主要街道中，河西街、县学街的名称最为稳定，一直沿用至今，其他街道的名称则有些变化。大街旧时曾分十字街、中街、大街、东门街数段。通驷桥头至城隍殿又称永安街、光明路或桥头街，城隍殿、灵耀寺、三官堂、西华社前又称西门街，20世纪20年代也称福熙路，40年代整修后合并称太平路。

濠沿街，清代分濠沿口及北门两段，抗战前合并称俊甫路。民国三十五年（1946年），改濠沿为街，设暗渠排水。中华人民共和国成立后又改称大众路。大众路以北与平政路相接，平政路兴建于20世纪30年代，40年代重修，当时以衢江有平政浮桥，并与该路相连，故名。

龙游市街（日军入城后一个月）

归仁门与县治之间的街，清末称大南门街，1947 年改称归仁路，中华人民共和国成立后称胜利路。20 世纪 80 年代沿街有市容办公室、镇政府招待所、国营第二旅馆、县二建建材公司及各类商店等。

县学街，东接县前街，因北临县学，故名。

石板街，南北走向，又名状元里，又称为"十字街"南段，民国时改称清廉路。东西向称之为县前街，因在县署前而得名。

大南门区域除了大南门街、县学街和县前石板街外，还有一条西湖沿路，原称西湖沿，北起运动场，南至巨龙路，因在旧西湖西岸得名。

除了四条街路，大南门区域还有"二里、六坊、十八巷"之称。二里指的状元里、崇儒里，六坊分别是阜宁坊、青云坊、雅政坊、教场坊、学前坊、城角坊。

十八条小巷形成了大南门特有的街巷机理，分别为阜宁巷、朝阳巷、朝阳巷一弄、挑水巷、胜利路东巷、胜利路西巷、余家巷、余家巷一弄、余家巷二弄、印心亭巷、雅政巷、兴无巷、教场巷、西湖沿东巷、九曲巷、柴大巷、新华巷、学前巷。

至 1988 年底，龙游城区街路增至 28 条，东西向主街有光明路、太平路、太平西路及巨龙路、文化路，南北向主街有大众路、胜利路、清廉路、兴龙路、新一路、新二路等，通往东郊过通驷桥有东华街，通往北郊有平政路，其中有许多街路是解放以后兴建并命名的，如新一路、新二路、文化路等。

城区内共有巷弄 84 条，其中有些巷弄名称有些变化，如小井头，改称旌忠坊二弄；百岁坊北巷，改称向阳北巷；社坛巷，改称柴大巷；西华社，改称新华巷；陆家巷，改称九曲巷；县南巷，改称朝阳巷及教场巷等。

到 21 世纪初，城市的快速发展，不少古街巷乃至建筑又湮没在拆建的喧嚣中。我们再也不能完全回到过去，那些老街巷，终成无法安放的乡愁。

从春秋到当下，龙游的先民在街巷里书写了一个个传奇。可以说，街巷就是一个城市的文化基因，所有的历史和故事，都是通过街巷来讲述的。穿梭在大街小巷，如同翻阅龙游的历史：姑蔑宫的辉煌，河西街的熙攘，县学街的风流……

这就是一个城市的魅力，一条条街巷的魅力。

从挑水巷轻轻走过

初春的雨夜，我沿着滋福堂边上的石板街钻进了朝阳巷，路经挑水巷，再从阜宁巷出来，又回到太平东路。老巷子悠长悠长，昏暗的灯光里藏着老时光的痕迹，斑驳的墙，绿色的苔，雨顺檐而下滴水成帘，青石板上盛满古老的月光，走进大南门记忆深处的符号——挑水巷。

挑水巷南北走向，北接朝阳巷，南通灵山江畔，离通驷桥不远。通驷桥头原有两飞阁，桥东头为大慈阁，西首曰观音阁，民国初改建后称天香阁。若是登上天香阁的四楼远眺，宏伟的姑蔑宫和城隍庙俨然近在眼前，南面的鸡鸣塔和北边的龙洲塔遥相媲美，灵山江和衢江宛如两条飘带，波光粼粼，水天一色。可如今，飞阁早已不见踪影，我只能却步低徊，曷胜惆怅。

建筑是凝固了的音乐。古老的民居，幽亮的青石板，老巷流淌着一座城市的朴实与隐忍，承载着龙游古城的厚度与深度。时光凝化成琥珀，收藏着挑水巷的故事，成为岁月的回忆，那些挑水的人又去了哪？

灵山江曾常年舟楫木筏畅通无阻，也是龙游城居民及店家饮用水的主要来源。20 世纪 30 年代初，杭江铁路龙游段开始兴建，一批来自北方的民工完工后定居灵山江西畔，因找不到工作，便以送水为业，他们在通驷桥下舟筏停泊以北处，划出 5 至 6 平方米左右江水面积，周围砌成方井模样，不让居民在范围内洗涤，成为常年保持清洁的活水区，挑水巷也成了挑水人每日必经之路。

大南门的居民家中大多有水缸。清晨，母亲便会唤醒儿子挑水，若去迟了，居民的洗涤会污了灵山江的水面。而有些则会雇挑水汉，四个铜板换一担水，各取所需。

灵山江的水滋育着龙游人，石板街曾有龙游最大最好的酱坊，据说打来的井水还不如江水酿造的质好，所以老板要常年雇挑水汉。挑水汉用的是特制的小扁担，只有二尺九（约97厘米）长。一年四季，不论天晴下雨，小巷人来人往，石板上都是湿漉漉的。挑水巷处在两面高墙夹缝中，是龙游城内最窄的小巷，最宽处也不足一米。若是两人对面相遇，空担的人会自觉地贴着墙壁让行，满担的人点头致谢步履匆匆，规矩自然而成，这应是挑水巷之名的由来。

待老板的水缸都灌满了，挑水汉才有闲情花一个铜板到茶馆喝碗茶，聊些市井家常。

挑水巷之窄也有妙处，本土诗人林峰之父林炎祥自幼好习武，两手撑墙"噌噌噌"就能上房顶。

挑水巷的老房子里挤着好几家人，若不是常客你真不知道谁谁是一家子，经常会出现一个厨房多家人同时做饭的热闹场景，他夹的菜不一定是自己家烧的，她抱着的也不一定是自己家的孩子。

挑水巷的日子，不同的季节有不同模样。夏夜的弄堂，风缓缓地吹，挤满了纳凉的居民，若有人走过，"让一让，让一让！"一巷子的人都得站起来，小巷热闹得就像个戏场。

对于住在巷子里的孩子们而言，生活的艰辛好像与他们无关，他们欢快地跑来跑去，晃一下他家的门环，或顽皮地跟着货郎后面喊："鸡毛换糖啰！"

冬雪融化时，屋檐下挂满一排一排细细尖尖的屋檐冻，其中一个孩子拿着根竹竿轻轻一敲，另一个孩子没接到，"啪"的一声掉地上了，只好再敲，小手冻得通红，可日子过得温暖。孩子们整天这么嬉戏着，一根老冰棍，一碗光面，或是渴时的一勺清水，都是惊喜，浅显而又幸福。

我曾有的记忆，是六岁时随父亲来过挑水巷，那是小婶的娘家，我应该叫她小外婆。小外婆家的周姓在西门村也算大户，房子就坐落在朝阳巷与挑水巷交叉处，门号是朝阳巷14号，分成好几户人家住，现在整栋房子已经被列为历史建筑。离它不远的朝阳巷东头还住着一户游姓人家，老辈人都称他"游鼎隆"，其实是晚清时城内最著名肉铺店的商号，是巷子里最富有的家庭。穿过狭小的弄堂时，我还担心父亲挤不进，墙高耸到天上，侧门进去的大屋还有一天井。

脚下的青石板有些溜滑，就像时光一样。挑水的人，不经意间就消失了几十年。夜晚，再也碰不到挨家挨户倒马桶的双轮车，听不见"癞子强"敲更的梆梆声响，也闻不到石板街飘来"冯麻子"爱乌絮（豆腐乳）的浓香。谁还记得"了呆子"挑的馄饨摊？一边支着锅一边置放着炭火作料，"了呆子"其实不姓了而姓徐。还有曹操煎饺店对面的酱坊又搬到了何方？打铁的，修伞的，剃头的，卖草药的，杂货店的，吆喝的……也都随着悠闲的时光远去。

一个城市没有老巷子是缺憾的。今夜我足迹踏过的地方，曾有多少人捉过迷藏；我倚着的墙壁，印着数百年时光的流转，在日复一日平淡的岁月里，挑水巷折叠成一本线装的书。

总喜欢一个人漫步在这样的老巷，在阜宁巷口，遇到一位旧识，他问，你一个人走，不孤独吗？或许，他的眼里，打牌喝酒人多才是热闹的。徜徉在挑水巷，无关怀古，触摸这些旧迹，一个人的老时光，静静享受，就像这首诗，他不懂！

巷子有多长
记忆就有多远
日子还是现在的日子
月光却是千百年前的月光
从挑水巷轻轻走过
一旦进去
什么都慢了
长长的背影淹没在
巷子的屋檐下
老茶馆里面
还有人守候春的暖阳

余家巷二弄6号

虽然进城二十五年，但我始终成不了城里人，我的乡愁在龙游北乡。年少时，父亲曾带我拜访过世居大南门挑水巷的远房亲戚，还到电影院看了场《少林寺》，可是，我对大南门最深的记忆，是买电影票时"里三层，外三层，挤破脑袋才得来"的场景。

前几日，寓杭乡人叶少航先生回龙游陪护老母亲和舅母，并邀我到余家巷走一走。正值大南门拆迁时，满目疮痍，可每行一处，叶先生就急不可待地向我介绍他所知道的一切，好像这些记忆也会随着拆迁房一样，瞬间消逝。他的声音急切而又伤感，因为这是他的乡愁。

夜深了，翻开叶先生送我的《龙游太瘦生诗文集》，我突然看到印心亭中余氏后人吟诗题联的背影，而不远处，学童们的琅琅书声悠悠传来……我终于想起余家巷二弄6号了。

余家巷是东西走向的，南北方向还分了两支小弄，二弄靠近电影院，小弄被杂乱的拆迁废料堆满，已分不出墙基和弄堂。我随着叶先生的脚步，小心翼翼地攀爬过这些残砖断瓦，来到了余家巷二弄6号门前。

这是一幢被暂列入保护名单的两层老式旧木屋，面积不大，依稀还能看出门前有个小院，这儿曾是鱼池花鸟，佳木葱茏。旧屋坐北朝南，正门对着印心亭巷，龙游十景之首"西湖柳浪"就在边上。西湖的印心亭建于湖的正中，具体位置应在电影院南面，余家巷二弄的西侧。

旧屋北面隔两幢房子便是余家巷，周迅外婆的家就在巷口，她家门前正方七八米处还有口井，以前，水井边往往是乡民的信息交流中心，男人挑水，妇人洗衣，人间家长里短，都在这儿传播。舅舅余滋敬膝下无子嗣，待叶先生如子，叶先生年少时经常帮舅舅挑水。在叶先生的印象中，这口井大旱不竭，泉味清冽。

旧屋的西面还保留着一幢清代建筑，是叶先生外公余勃长兄余梅增之所，这房子显然比 6 号旧屋高出了许多，门匾上"南极星辉"四字格外引人注目。核查史料，此建筑极有可能是名贤余华的"兰谷"遗存。

如今人去楼空，屋内是一片狼藉，我还听得到厨房里"咕咕"的流水声，估计是拆迁时自来水管破裂的缘故，已经不会有人来修复了。站在门口，叶先生的眼睛有些湿润，他多么想再依偎在舅舅身旁听他讲述外公的故事，还有他吟诵诗词时宫、商、角、徵、羽的乐音……

可时空无情，唯有记忆中的这些旧事让人回味。

1904 年秋，浙江省大清光绪甲辰科秀才放榜，龙游城热闹非凡，由衢州府和龙游县衙组成的游行队伍，簇拥着一台朝廷礼部赐坐的四人抬大花轿，轿上坐着"甲辰科获奖第一名秀才"。第一名秀才身着大红礼服，头戴大红缨帽，顶戴花翎，帽上镶嵌一枚水晶顶，四周悬挂数十支红缨飘带。这帽子，看上去与龙游的"笋壳箬帽"颇有些相似，只是帽的边沿比笋壳箬帽略小几厘米。这些都是由省城监考官员赐予第一名秀才的奖励。游行队伍从东、南、西、北大小城门绕城一周，沿途一路笙箫吹唱，爆竹齐鸣，锣鼓喧天。全城商家、作坊和居民家家户户张灯结彩，整个县城熙熙攘攘，盛况空前。

第二天，龙游知县葛锡爵偕本县大小官员陪同第一名秀才分别到省、府派来的官员寓所会访、相互道贺。这样的庆祝活动延续了三天，这是龙游历史上最后一次"登科游街"活动，而获得此等荣耀之人便是这余家巷二弄 6 号的主人——余勃，字松山。

谈及这次考试，叶先生滔滔不绝。我国科举考试每三年才举行一次，称为"大比之年"，而这一次是"戊戌变法"以来最后一届科举考试。龙游县录取"秀才"的名额是二十名。考秀才并非简单之事，要通过十场考试，县里录取还不算数，必须参加衢州府最后一场会试，正式录取的才算秀才，其余的叫童生。取得秀才学历资格三年后，才能凭学历资格证书，到省里参加乡试考举人。

甲辰年的"秋闱"，二十二岁的余勃通过县、府、省秀才共十场考试，全取第一。

当时余勃的长兄也参加考试，虽然余家离考场也仅数十步之距，但他母亲仍准备了十多个糯米馃，拎着考篮挤在人群中，静候他们考好出来。

龙游县和衢州府的考试是最基层科举考试，共9场。录取后再参加省城集中考最后一场，称为"院试"，而考取全省第一名，这不只是龙游县的自豪，也是全衢州府的荣耀，这比现在每年一度的全省高考状元还要风光。余家巷二弄的家中收到了数十处喜报和奖品，亲戚朋友又是接风又是庆贺，全家着实也忙活了一大阵子，也让乡亲邻里羡慕不已，余勃从此名声大噪。

不过命运也不全垂青于余勃，因科举废除，他终未能考取功名。1906年，余勃由知县保送到两浙高等警官学堂深造，这批录取的七十多位学生全是秀才、贡生和廪生等，而余勃读的是五年制本科，也是凤毛麟角了，这并不亚于考取功名。到毕业时，龙游县民政长（即知县）李茂连亲自向浙江省巡按公署禀呈，请求委派本县籍毕业生余勃回乡效力。

1912年，余勃被委任为龙游县第一任警察署署长兼教练所长，集管理全县公、检、法于一身。上任初，李茂连赠送了他三件东西：一匹马、一马夫和一把指挥刀。门生陈品仑回忆道，他曾见过成立时的12寸大合影，当时全县共有土警百余人，余勃端坐正中，手持一米多长的指挥刀，两旁站警官四人，武举人朱鹏飞也在边上。意气风发的余勃，非常风光。

民国成立伊始，旧衙役及地方恶势力非常嚣张。但余勃一介寒儒，不求闻达于仕途，不畏权贵，凭着青年锐气，经常与地方劣绅较量。对地方仗势欺人者，如有违规，与庶民同样执法，决不宽容，经常与恶势力抗争。

余勃做事亲力亲为，有次到常山办案过程中还发生了意外。因暴雨涨大水，途中要过一独木桥，余勃牵着马小心翼翼地走过去，不料马却失蹄掉入河中被大水冲走了。余勃事后自嘲：马失前蹄，丢了性命；人若失节，软了脊梁。

余勃一生好学，不喜官场角逐。两年后，他升迁至浙江省水上警察厅任秘书长。可后来有件事让余勃对官场极为失望。1915年，龙游县公署保送余勃和张伯韦二人晋京参加全国第四届知事考试，到北京后，余勃目睹官场索贿行贿，丑态百出，名为"捐"银，实则为舞弊。回家不久，余勃固请辞职，弃官从事法学研究，取得注册律师资格。后又改学测绘，取得专业资格后，回乡服务，于是踏遍了全县的山山水水，龙游县的第一张地图便是由他亲手绘作；不久又受聘担任县城高等小学校长，从此潜心教育。

叶先生告诉我，听舅舅说，外公最深恶痛绝两种人：一为贪官，二为奸商。前者穷凶极恶，欺名盗世；后者见利忘义，鱼肉乡民。只有围躺布和穿草鞋的才是他真正的朋友。至于家庭生计，他甘于清贫，一生恬淡，能勉强度日足矣。他从政三年，请辞四次。古人云"道不同不相为谋"，这便是余公秋水襟怀、微尘不染的思想抱负。这样的品性在余氏后人中得到了传承，这样的人值得我敬重。一个真正的文人，是不适合官场和政治的，他的内心深处，对世界怀有一种悲天悯地的情怀，以内在的本性来应对官场规则，其结果可想而知。

余勃的启蒙老师陈亚春，进士出身，对他最为器重，曾赠他一副对联："友朋杂沓谀文字，凡砚精严见性情。"画家黄子俊为他画像，并在像边题诗，"浑身傲骨粼粼起，宰相当前不折腰"，把余勃的节义情操和卓越抱负刻画得淋漓尽致。

我考证不出余家巷二弄6号具体的建造年份，但从建筑风格上判断，应该是清中期。20世纪30年代初，余勃对房子做了重修，并辞去了学校职务，以塾馆形式在家讲学，命名为"太瘦生讲学所"。我发现当时的招生广告很有意思，上署"余松山请学"，下撰"讲授十三经、诸子百家、诗、词、歌、赋，凡大、专、中升学未遂或赋闲休养在家有志于古典文学钻研者，曷归乎来"。文字看似诙谐，细琢磨则非常有内涵。余勃办学有一套自己的原则，即"继承孔考有教无类、不计束脩，对待学生，亲如子女"。曾有门生陈品崙家贫如洗，不得已向他辞学就业，余勃慨叹之余，吟诗送别："日勤洒扫在门墙，殚指五年共请堂；唱听骊歌留不住，翅翎成就要飞扬。"师生感情，字里行间，读之动容。

虽然现在我所见到的旧屋已是面目全非，但透过门柱残存的对联纸仍可想象一二。在余滋敬文章记述中，课堂之楹联、壁画全部是由其父亲自撰写的。讲学所中堂悬挂着"太瘦轩"匾额，大门柱对联云："教亦多术矣，文不在兹乎。"厅堂楹联是："屋于僻处非求隐，志欲终焉此读书。"横批："仲尼在望。"沿着中堂后面矮矮的木梯可上二楼，二楼东西隔成几间房，少部分远的学童就夜宿于此，我似乎还听见了学童们睡前的嬉闹声。

余勃除讲授古典文学外，还兼拳术、音乐、国画，同时教演奏二胡和手风琴。在教学中，他力戒清末民初那种"死啃硬背、不求甚解"的旧法，提倡读解结合，透彻领会，同时主张"寓乐于教""寓健于教"。他每天下午会抽一定时间教唱昆曲和自己编谱的《燕归来》《春雨歌》，还教练拳术"开四门"。私塾馆内还有些通俗口语，如"每练拳术一次，可以强身，强以长生""每日唱歌曲一回，尘氛温涤，心旷神怡"。

余勃授课之余，常不计酬金为乡亲撰写申请书及诉讼状，对困难农户还无偿襄助诉讼费用。平时还应亲友委托，创作诗词、寿文、挽联、序、跋和墓志铭等有关文牍应酬文字。为了不耽误教学，他在时间上进行了划分，上午讲学，下午应酬文字，从而知名度越来越高，不少外县知名人士也慕名而来，以求得一见为荣，讲学所内宾客纷至沓来，常座无虚席，很是热闹。

余勃还学用结合，将社会应酬文牍选为教材，使受学诸生学以致用，感悟深刻，学生素质不断提高。遂有张伯义、徐梓楠、朱成华等学生接受教诲后，也在法制文书上为地方村民解困服务。我们又能从这些故事中获得什么启示呢？

在著书立说方面，余勃也有超越常人的见解，如传统词汇中的"好事者多事"，根据他的创见，认为应予引申一句："好事者固多事，畏事者亦多事。"这种见识，不但前无古人，即使现今，亦难以望其项背。

余勃一生著有《太瘦生诗集》凡七卷，列入《听松留稿》凡一十二卷，其中包括诗、词、歌、赋及序、跋、寿文、挽联等应酬文字，内涵极为丰富。不幸手稿全部损失于两次日寇窜扰及"破四旧"时，令人扼腕痛惜，幸而余滋敬仍默出部分遗诗23首、歌曲5首，聊以慰藉也。

前几日，我听有人说余滋敬是龙游吟唱诗词的老前辈，我还了解到他的妹妹余宾雪（叶少航母亲）也会吟唱诗词，这应得益于父亲余勃的言传身教。

余勃教人习诗，有独特的见解，他说："诗贵于天籁，所谓天，就是自然界，籁就是韵律，自然界发生的韵律，必然屏除一切矫揉造作、无病呻咽，而是情境交融，一气呵成。"

余勃告诉他们，诗写得工与不工，是通过吟诵而体现出来的。吟诗的表现形式有很多，有"高吟"，有"浅吟"或"微吟"，甚至把小动物的鸣声也与吟唱连缀在一起，这就是"天籁"。在6号小院里，余滋敬兄妹就经常听父亲吟唱自撰的咏物诗。后来，叶少航也同样依偎在舅舅身旁，继续聆听这美妙的"乐"声。而今，我们只能从残存的录音带中寻觅到一点"天籁之音"。

谈起龙游余氏，龙游人一般会想到南宋名相余端礼或者民国时期方志学家、司法部次长余绍宋。余勃与余绍宋同宗，但不同祠。余绍宋是高阶余氏，而余勃先祖是余端礼，属西湖余氏。历史上，龙游余氏高阶谱与西湖谱曾多次分分合合，余家巷的"余氏祠堂"属于西湖余氏。余绍宋比余勃小一岁，两人早年相识，遂成莫逆之交，彼此器重，坦荡为怀。太瘦生讲学所曾见证了两人的交情。

1934年，余绍宋返乡修高阶余氏谱时，同好友吴南章（曾于民国十四年任龙游县教育局长）在儒学塘前散步，与余勃不期而遇，余勃即请他们来讲学所小叙。在余滋敬的印象中，余绍宋身材高大，留两撇胡子。余绍宋一进中堂，就观看堂中壁间字画，八岁的余滋敬忙给客人泡茶。

余绍宋问余勃："松兄家里为何挂的全是'一了山人'的遗作呀？"

余勃答之："越古董越珍贵嘛！"

余绍宋直截了当问："我给你写张中堂如何？"

余勃笑笑："你是名人，我才求之不得呢！"

继而又补充："说实在话，家里一张像样的宣纸都拿不出来，尊作必将为之逊色，再说，我囊中羞涩，连裱画也裱不起呀！"

余绍宋哈哈大笑："松兄真会说笑，好！我回杭州去写好裱好叫人给你送来！"

余勃拱手道谢，二人拊掌大笑，吴南章要比两位小十岁，便爬上案几，把中堂高低尺寸量好。余勃挽留两位在家吃午饭，但余绍宋说下午已有约不必客气。

待客人走后，余勃对余滋敬说："他是大忙人，不知何时送来，但他那股热诚，却是令人感动的。"

时隔二月，余绍宋果然托人将裱好的中堂立轴送来。余勃看了看，对在场的学童说："余绍宋是当代名画家，他的草书气魄豪迈，人家求之不得，对我竟送轴上门，诚属难得。"

余滋敬将立轴摊开，是一首清代张问陶的《梅花》七言律诗：

> 回首山林感旧踪，雪花吹影一重重；
>
> 记从驿使空前折，又向瑶台月下逢。
>
> 对客岂无歌舞鹤，赏心还是后凋松；
>
> 天人装束天然好，便买胭脂画不浓。

落款上书"松山宗兄雅教"，后具"岁次甲戌龙游余绍宋书"。[1]

师者余勃，安贫乐道，不屑阿谀求人，却众望攸归，令人尊敬。我想，余绍宋是借梅花赞誉余勃先生不畏清贫、冰清玉洁的品性。

余勃与余绍宋的友情还见于他们之间的应邀和诗。1938 年，余绍宋暂居沐尘，他以龙游十景之首"西湖柳浪"为题，寄《忆西湖春柳》诗于余勃："嫩于金色软于丝，撩乱春心不自持。弱质岂胜攀折苦，未知留得几多枝。"

余勃收到后，旋即步原韵十首寄出，余滋敬默忆起其中的一首："记得堂前舞柘枝，善撩少妇晓妆时。而今翠阁都倾废，袅娜轻盈却为谁。"

两诗均七言绝句，押"四支"韵，可谓珠联璧合。本来以为文人相轻，自古而然，但从他们身上，我看到的是以文会友，以诗唱和，君子之交淡如水。

百年沧桑，太瘦生讲学所也历经磨难。早年灵山江涨大水是寻常事，民国至中华人民共和国成立初期的几次特大洪水中，给房子的隔板上留下了一道道一米多高的水渍印，可惜这次搬迁后那些有水渍印隔板却被拾荒者给拆走了。

除了天灾，更可恶的是日寇患扰。余勃一家避难回来，已经认不出这个家了，三月之隔，屋舍和院子几乎成了废墟，大门和屋内板壁都不见了，院子里是一堆堆的灰烬，有些家具还留下了没有烧完的半个躯壳，青草长得比膝盖还高，除了两张空床外，连床板也不见了，唯有藏在墙

① 余滋敬：《秋水襟怀——与越园先生交往轶事》，文载《龙游太瘦生诗文集》，西泠印社出版社 2013 年版，第 151—153 页。

角的几盆兰花竟然倔强地吐出几个不起眼的花苞。余勃在《被劫归来》这样写道：

> 步入家庭四面风，泥墙板壁尽玲珑。
>
> 堂中凳桌杳如鹤，厨下锅盘化作龙。
>
> 女哭妻号频洒泪，单衣夹被过初冬。
>
> 眼前情景伤心甚，还有机枪响碧穹。

《龙游太瘦生诗文集》中有许多抗战诗词歌曲和文章，余勃一家痛恨日寇，并参与了各种不同形式的抗日宣传活动。

1939年12月，我国近现代著名国画家、篆刻家、收藏家徐宗浩赠十三岁的余滋敬一块竹制臂搁，并题词："祖逖鸡鸣而起舞，悲胡虏渡江击楫请缨杀敌，誓死报国仇！"臂搁现藏于龙游一藏友家中，"勿忘国耻"，这是龙游人民抗战的历史见证。

1944年，余勃等不及抗战胜利，带着"浙江省第一名秀才"的荣耀和他的"太瘦生讲学所"，抱憾离开了人世。西湖美景也由于长期遭受风雨剥蚀，乃至桥栏腐烂，亭身倾圮，加之两罹日寇窜扰，最终在解放前夕沦为一片瓦砾。春风本无意，杨柳自多情，我估计是看不到"西湖柳浪"了，唯有寄希望于"太瘦轩书屋"，因为余公的风骨早已与余家巷二弄6号融为一体，这是流淌不息的文化。耸立在废墟中的余家巷二弄6号，它的孤独，只有风知道；它究竟在等什么？我不知道，但我想总会有人懂它的。

河西街

每一座城市都是历史的活化石，而街巷是城市的血管，城市越是久远，小巷就越蜿蜒，越幽深。

庸懒的午后，入目是一排排老屋，斑驳的墙壁，陈旧的木门，破烂不堪的窗户，还能听到人来人往的脚步声；老人在门前闲坐聊天，温热的阳光洒落于额眉之间，耳边的曲子时浓时淡，即使是屋顶的青苔，也懒得去整理那渐老的容装。

河西街就这么落寞地卧在僻静的角落，城市的变迁好像与它无关，像是睡着了一般。

流水静深，远山苍茫，都付岁月；草木荣枯，新陈代谢，渐归记忆。站在老十字街头，闭上眼睛，一个转身，那些斑驳的记忆，在流逝的岁月里发酵，怀念变得越来越清晰，我不知不觉间走进了怀古的历史中。

若是你用普通话向老人询问河西街在哪，是得不到答案的。河西街，龙游城区方言叫"乌西爿"。

姑蔑城至少在春秋时就已经存在，但河西街直到明隆庆年间才有了官方的正式命名：自黄埔殿前到市中心称河西街。河西街的河并非指灵山江，而是濠沿街上的一条濠河，河西街因在濠河之西，故名之。

推测河西街的民间存在要早于姑蔑城也是合理的。因为，在现已发掘的荷花山遗址上，龙游的稻作文明传万年，还有青碓、寺底袁、鸡鸣山、下杨村等古文化遗址，从新石器时代到商周时期的文物出土甚多。姑蔑城的建造是人口集聚到一定程度，满足贵族居住生活和权力象征所需。那么，在姑蔑城建造之前，原龙游土著百姓应该早已在河西街范围安家乐业了。

宋之前河西街就已经非常繁荣，龙游古城十三坊，在河西街区域内就有两坊——丛桂坊和文昌坊，这也是龙游古城标志性的符号。

最早出现"河西"的文字记载是南宋状元刘章的《丛桂坊记》："敬简公自寿州而来，家姑蔑之，河西子而孙皆韬光弗耀。"这在龙游的《吕氏宗谱》中也得到了印证。宋天圣年间吕敬简为临安尉，因奉使衢州，遂于龙游占籍，居城北河西街，历三世到防，四世斌、景著、景蒙，五世南夫，并登进士，号丛桂坊。这个吕防便是因"鸡鸣典故"而名其山之人。桥头、岑阳、前桥吕氏皆出河西。

而宋淳化四年，唐公埠齐氏所修谱牒中提到的时间则是更早的南朝。始祖齐季琼于三国时由歙县迁县西唐公埠，后裔约于南朝刘宋大明年间迁城内文昌坊；清咸同年间兵乱，族人死亡殆尽，仅余一家，现居槐王村繁衍生息。龙游古姓以虞、齐、鲁、乙四族为最古，而现仅存齐氏了。

方志学家余绍宋故居也在文昌坊内，并已列入县级文物保护单位，龙游县博物馆曾于1988年至1993年在此设馆。

还有唐代高士叶法善之曾孙华，始由处州松阳迁居丛桂坊。宋兵马总辖劳清次子袂，自余姚冶山迁居丛桂里，为双溪青塘劳氏始祖。

河西街西面分支有祝家巷，巷之名源自祝姓。还有河东徐氏，始祖徐本愚，后嗣于万历年间居河西街，出过徐琳、徐献策、徐秉枢等众多岁贡。

河西街曾有些旅居的名人，如嘉庆二十四年（1819年）进士、饱学之士王宝华，入赘余氏，他是余恩镣的老师，到凤梧书院掌教时，曾偕爱女王庆棣（晚清著名女诗人）居于河西街七年。

光绪三十年（1904年），河西街祝家巷内四美轩照相馆开业，为衢州第一家照相馆。

由此看来，河西街是一处风水宝地，英才辈出，在龙游城内，找不出第二条能蕴育出这么多传奇人物故事的街巷。

河西街是南北向直街，南接清廉路，以前我们常说的老十字街头便是单指此处，这是龙游旧城最繁华的商业街区，周边店铺星罗棋布。于大多数人而言，印象最深是对面的滋福堂，1883年由余绍宋曾祖父余恩镣创办，以经营中药材为主。到了抗战后期，滋福堂已成为龙游商帮的杰出代表，药店的"龙头"。

滋福堂边上是三角店，再往西一点，又有城隍殿与地方银行分列两旁，银行正门的顶端耸立着一座圆形的街钟，距地面高约4米，面对正北方向，算是当时龙游城的标志性景观。20世纪20年代，还没有广播和收音机，居民都把街钟当作唯一正确报时的依据。

可惜老十字街头的店面以及城隍殿、通驷桥西首的天香阁，都在1942年日寇侵占龙游县城时毁于战火。

日寇的暴行不只是毁废建筑，1940年10月4日，日军在衢州投放细菌后，直至1948年10月29日，河西街、俊甫路还出现鼠疫，至11月1日，染疫死亡4人。

绝大多数人对河西街最北边的黄浦殿是不知晓的，黄浦殿紧依小北门，西边邻宁绍会馆。小北门与向义门内侧居中位置还有吕祖殿。吕祖殿前有一石，长三丈许，宽一尺余，相传为马天骥的下马石，很灵异。曾经有人将它移作门槛用，随即患病，垂危时知悔，放回原处后，病就好了。

河西街全长不足两百米，宽只有四五米，却是龙游旧城最有特色、最具活力的古街，汇集了一大批商行店铺。秤店、绣花店、豆腐店、竹编社、小菜场、草鞋店、白铁店、棕棚店、铁匠铺、箍桶店、打篾店、糕饼店、酱菜店等老行当依次排列。绣花店里脚踏缝纫机的"嗒嗒嗒"声与白铁店里"梆梆梆"声交相呼应，就像街巷里步履匆匆、川流不息的人群。

河西街还云集了各种手艺人，炸油煎粿、灌糯米猪肠、捏面人、做洗帚、扎竹丝扫帚、打麦秆扇、编笋壳笠帽、锔锅补碗等，熙熙攘攘，好生热闹。店铺里龙游小辣椒、发糕等特产琳琅满目，还有印着"胡"字的开洋豆腐干，豆腐干里包着晒干的虾仁，外表黄泽油润，肉质玉白细腻，富弹性，扭曲成弓形不断裂，味鲜可口，有"素火腿"之誉。这豆腐干在老人记忆中不只是零食，也是下酒、配粥的佳品，一种奢侈而风靡的食物。

21世纪初，河西街与保健巷三叉口处又迁来一家"老太婆米糊店"，号称龙游"第一糊"，店原址在北门老剧院，叫"大众米糊店"，米糊手艺是从姑婆余美卿那儿传下来的，有人传这是龙游历史最久的米糊店。

事实上，龙游区医院斜对面靠南一点的河西街饮食店，20 世纪 70 年代就有了，是龙游最早的米糊店，也是唯一的，当初只有大集体才可经营。

龙游米糊与福建锅边羹做法上极其相似，福建锅边羹的作料是加紫菜虾皮，味道清淡。而龙游米糊以前是加冬菜肉丝，后来改成榨菜肉丝，味道更加鲜美。老太婆米糊店除了米糊，荞麦粿也是他们家的招牌早点，若是 9 点半以后去就不一定能买到了。

一般老街都有水井，老太婆米糊店边上就有一泉六角井，青石井圈六角形，高出地面半米，井深 6 至 7 米，需要用吊桶打水。六角井水清甘甜，常年不竭，附近居民大多到此井挑水。

而河西街原小菜场旁边有一泉双眼井，附近就是育婴堂，20 世纪50 年代后才改成龙游区医院。从保健巷到老人民医院的三叉路口还有一泉四眼井，可惜这些古井都已废弃，唯有在六角井位置还能找到一个基座的痕迹。

四眼井旁有条小巷叫青墙后，巷名柔软得像一首诗。青墙后 26 号是一座大院子，后来改成人民医院宿舍，住着许多户人家。进院门后，就是约 200 平方米的空地，右手边有 2 户人家。正门进入后，左右各 2间房，正中是一天井，天井的头上还左右各有一户人家。

我在河西街穿梭，寻觅历史赋予它的沧桑感，仰望它凄雨淋漓的马头墙，抚摸它镌刻在木门上的刮痕，至少，它残留在记忆中的是诚恳的温度，甚至一些特殊人物也会成为儿时深刻的记忆。曾经有个叫"铁污"者，擅制作、欢奏和平管，常在河西街摆摊，卖箫时边吹边介绍，面部眉飞色舞，音色好听，也算是当时的一个名人了。

岁月变迁，思绪不断延伸，人和事早已远去；日落月升，记忆是一种伤感，河西街的日子定格成一张张老照片。

我喜欢夜深人静时漫步河西街，让思绪没有任何干扰。我一直相信回忆是有声响的，它会触及内心深处的东西，那些美食的丰富、残月的孤寂以及沉寂多年的掌故，都会一一闪现。

有人说，河西街败落了。我说，它是睡着了，什么时候醒来？我等着。

可是，无论是哪条街巷，终不免灰飞烟灭，甚至文字也不能永恒；回念往昔，孰枯孰荣，又有何分别呢？

漫步祝家巷

龙游城遗存的老街巷，有些是按世居望族姓氏命名的，祝家巷便是其一。祝家巷东起河西街，西至义和巷。漫步老巷，巷窄却幽长，青石，黛瓦，马头墙，屋檐下闪着熠熠生辉的光影，就像蹚过了千年时光。阳光温热，月色清冷，映照着春夏秋冬人来人往，唯有院子里的老树执着地守着家园，似乎在为游子守着一个可以避风的地方。祝家巷的记忆，是老树下人们围着乘凉，闲话家常，这些故事都定格在四美轩照相馆的一张相片里。

古时，祝家巷区域也称锦里，巷名源于祝姓，可惜河西祝氏宗谱毁于咸同兵燹。祝氏始迁锦里有两种说法：一说宋朝。从分支汀塘圩祝氏宗谱溯源，景德二年（1005年）进士祝坦，官至兵部左侍郎，从括苍徙居河西锦里，为始迁祖。另一种则是更久远的晋朝。章枫山集有《竹轩处士祝君墓志铭》，讲述祝璋先世，晋朝南渡时，有名巡者，以散骑常侍来守信安，于是在那安了家，后又迁居龙游锦里。若以祝巡为始迁祖，那祝坦应在祝巡之后。

孟子曰："君子之泽，五世而斩。"无论曾经有多么辉煌也终将被岁月碾为灰烬。然而，窄窄的祝家巷，却孕育出了一个绵延千年、兴而不衰的传奇。

龙游祝氏世代人才辈出，家族群星璀璨。两旧志中记载，宋代祝景先，靖康中陈《治安十策》，朝廷均采录。其孙祝逋，有祖风，也淡泊名利，唯居家读书论道。祝次仲，字孝友，工山水，尤善草书，朱熹最喜欢他的画，并为之题《观祝孝友画卷赋五首》：

春晚云山烟树，炎天雨壑风林。江阁月临静夜，溪桥雪拥寒襟。

……

茆屋无烟火，溪桥绝往还。山翁独乘兴，飘洒一襟寒。

从朱熹的题诗，隐约可以感知到画中龙游山水之美和四季变化。宋淳熙辛丑中冬，朱熹曾游学西安浮石，那么，他也一定顺道龙游来拜访这位旧知，同抒山水情怀。

明代斫琴大师祝公望也是祝家巷人。其父祝璋，字器之，诸生，性明爽英迈，超凡脱俗。公望自小随父听陈献章、章懋等人讲学，遂绝仕意，后结庐石山处隐居，寄情于山水间。明代高濂《古琴新琴之辨》记载："若祝海鹤之琴，取材斫法，用漆审音，无一不善，更是漆色黑莹，远不可及。其取蕉叶为琴之式，制自祝始。"高濂曾获其斫制的一张蕉叶琴，赞曰："余得其一，宝惜不置，终日操弄，声之清亮，伏手得音，莫可逾美，何异古琴！且价今重矣，真者近亦难得！"欢喜之情，足见其对琴珍惜。当然，后世喜公望蕉叶琴者，更是不计其数。

祝公望，年九十四无疾而卒，世称海鹤仙翁。祝公望不仅是斫琴大师，也是弹琴高手，被誉为"浙操之师"。明万历壬子《龙游县志》记载，祝公望弹琴则能预察天气晦明变化，在山中操琴则能使群猿聚而听之。此等"性灵相通、天人合一"的境界，可见"其淳心质行，气骨绝俗"。祝公望还"诗饶神韵，尤善书。所至士大夫咸礼之，学使孔天颖表其间为古逸民焉"。

祝氏后人中，还有诸如善人祝松，正德九年（1514年）进士祝品，嘉靖三十五年（1556年）进士祝尔介，万历八年（1580年）进士祝致和，封川知县祝万宁等，他们均有所作为并载入史册。自先祖始居龙游，祝氏一族开枝繁衍，渐成龙游望族。除汀塘圩祝氏，西乡石廓、南乡上塘及大街方旦一族也是河西祝氏分支。

不仅是祝氏，祝家巷人杰地灵，也是高阶余氏的发祥地。祝家巷西临姑蔑故宫，旧称后高山，从名称追溯，后高山或相当于北京城中轴线上的景山，此区域也称文昌坊，文脉极盛，历来是风水宝地。高阶余氏奉宋余惠斌为始祖，迁河西丛桂坊，明天顺八年（1464年）迁城隍庙东厢后地祝家巷，此族入清后复盛，余恩镳、余福溥、余撰、余士恺、余庆椿、余庆龄等皆是祝家巷所出。

历史上，唐公埠齐氏其中一支于刘宋大明年间迁居祝家巷文昌坊，现槐王村齐氏仍称唐公埠。还有许多名人也曾旅居祝家巷。乾隆四十九年（1784 年）进士王沅，杭州人，流寓祝家巷最久，曾掌教盈川书院，名声甚好。其子王宝华，嘉庆二十四年（1819 年）三甲三十七名进士出身，翰林院庶吉士，乃"饱学之士"，后任四川名山县知县。王宝华入赘余氏，王宝华解组后，被聘为凤梧书院掌教，曾偕爱女王庆棣（晚清著名女诗人）长居祝家巷。在民国文学家詹熙记忆中，外婆家是街巷两边罗列着各式各样的老商铺，中间夹杂着南腔北调的熙熙攘攘。

民国期间，余绍宋购得伍氏族人房产祝家巷 2 号（越园故居），用以陈放药材和日常接待等。1947 年，20 岁的朱天玉衢州师范刚毕业，欲随越园赴杭州发展，便拎着鹅鸭等礼物来祝家巷 2 号拜见余绍宋。当时余绍宋正在用餐，因与其父朱君策在省通志馆共事过，而朱君策时任龙游代理县长，余绍宋便出了道题测试一下，朱天玉或许是过于紧张，回答得不甚理想，也就没了下文。后来，朱天玉赴杭州师范读书，余绍宋先生仍对其关照有加。

祝家巷 2 号系清末徽派建筑风格。二进五间，中间有天井。二楼为走马楼，可迂回通行。檐下牛腿雕的是福禄寿喜、和合二仙的造型，厅堂内装饰简洁不失庄重，典雅精致，独具匠心。空斗墙，上盖鱼鳞瓦，青砖裸露，不加粉饰，简朴而宁静，古老而柔美。岁月在斑斓的墙上刻出年迈的裂痕，被雨湿润后的墙面更是滑腻至极。院落前还合着一扇厚重的大木门，这是中国人传统的居住空间，邻里和睦，四世同堂，相敬礼让，众人欢聚。门外是人间烟火，关上门却是遗世独立。我轻轻叩响了门上那光滑的铜环，欲敲醒沉睡的小巷。

或许，祝家巷的每个墙根、每处苔痕下都隐藏着太多不为人知的故事。周边高楼林立，灯火阑珊，又有多少人执念那一场沧桑过往？祝家巷并不属于我童年的记忆，可我依然喜欢走进怀古的历史，染一指回忆的墨香。我独自浸在烟雨里，遥远而熟悉，看见巷的尽头闪过一个背影，那么安静轻悄，除了背景，只听到雨声。

每一个人的心里，都有一条属于自己的祝家巷。老巷幽幽，寂静，凄凉，抱着青砖黛瓦，数着光阴。而老巷尽头，没有门也没有窗。

陆家巷传奇

　　旧时，龙游古城有陆家巷，可我寻遍全城，却无所获。查阅《龙游县地名志》知，已改为九曲巷。陆家巷北起太平路，南至县学街西端，何时改名已无从查考，或因引堰入城濠水穿巷而过入泮池，九曲十八弯，才改之。

　　陆家巷由北至南，不足 200 米，巷的东南首是凤梧书院的旧址，中华人民共和国成立后，龙游法庭、派出所也曾在此办公。而今，巷前的濠河已淤塞多年，但西南角有一排古民居依然竖立在风中，仿佛在向行人诉说着曾经的辉煌。

　　龙游古城的街巷主要按位置、坊名或家族姓氏三种形式命名，陆家巷之名，与陆氏有关。余、方、祝、陆乃龙游古城望族，其中陆氏便是指城南陆家巷一支。此族奉唐代陆贽为始祖，传至元时陆世杰，自衢州至龙游城南陆家巷为始迁祖。城南陆氏，累世相承，闻人辈出，明代陆佐、陆瓒、陆世彦、陆长卿等皆为后裔。

　　陆家巷最有声望者有陆佐、陆瓒兄弟俩。兄佐，刚介雅正，富有才气。嘉靖二十六年（1547 年）进士，选桐城县知县。当时桐城素有"七省通衢"之称，但供需仍很艰难。陆佐为民兴利除弊，抄没豪强所侵吞赋税，得千余串钱解决了邮驿之难，而剩余的则分与贫寒人家。陆佐官至潮州府知府，看到郡城倾倒，便浚濠修堞不遗余力；遇到流匪之乱，他都力所平定，后因积劳成疾，死于任上，老百姓对他感恩戴德。

　　弟陆瓒，嘉靖三十二年（1553 年）进士。当时陆炳掌管锦衣卫，权倾朝野，贵盛罕比，但陆瓒却并不攀附，不折气节，陆炳记恨于心。

陆瓒廷对时本是状元，但陆炳借机诬陷他，借首辅严嵩之手从中作梗，改为二甲，授工部营缮司主事。

陆瓒为官清正。督管大内时，核查匠役支付，钱财一分不少，每年节省下的钱财累以万计。嘉靖四十一年（1562年）又任雷州府知府。任期中，陆瓒对百姓宽简仁厚，特别敬重守节之人。朝觐皇帝时，按照惯例应有马车等供备，他予以免除，还废除了用钱赎罪的制度。陆瓒在雷州府为官三年，不携家属，离任之日行李简便。据《广东通志》记载，郡北十五里有泉清洌，人以泉比之，立碑在旁称陆公泉，可见其为官清正。后来他又转任山东按察司副使，巡视海道莱州。隆庆二年（1568年），升迁四川布政司参政，所到之处，惠民爱民，民怀其德。

陆瓒年四十即请求归养，后居陆家巷三十余载。瓒为人长厚恬淡，无贵显容，乡人对他极为敬重。当时，人们评价佐"有为"，瓒"有守"，并称"二陆"。

陆氏后人，也大多有为有守。陆佐子陆大受，诚敬世其家；陆瓒子世彦，万历十九年（1591年）举人，以博雅称，醇谨有文誉。

陆佐孙长卿，幼时好学，神仪明秀，不蔽外物。二十岁时，为文沉博绝丽，登顺治十八年（1661年）进士，授江华县知县。当时江华苗民杂处，夙称难以治理，但长卿治理得当，长治久安。后遇吴三桂犯乱，有人想污蔑他是伪官，长卿矢志不从，投河自尽，家人救起时，折伤左足，竟然因忧愤而卒，足见其高风亮节。

另有后人陆仁、陆维斗、陆大刚在旧志中均有记，著作等身。

陆氏后人有好施之德，其中陆孔熙，景泰四年（1453年）捐粟三百五十石；陆仕龄，成化元年（1465年）捐粟二百五十石；陆球，万历元年（1573年）捐粟二百斛；陆大本，万历二十七年（1599年）捐谷三百石。他们居家孝友，待物仁恕，持己谦和，为后人树立了榜样。

陆家巷不仅有男丁功成名就，巾帼也不让须眉。陆静专，陆家巷名门之后，父亲陆顺中，有《西岑堂集》六卷传世。陆静专自小聪慧，深为父亲所喜爱。静专后嫁兰溪舒大猷，夫妇俩闺阁唱和，考古证今，不异良友，可比当年李清照、赵明诚夫妇。

舒大猷游学余姚，静专居家侍奉婆婆，备极孝谨。大猷中举人后进京应考，其母忽患危疾，静专服侍汤药，衣不解带，婆婆病愈，静专却因过劳而疾早逝，年仅三十四岁。

陆静专雅擅文艺，善鼓琴，每自制新曲谱之，筝笛之类也精。所作诗文博雅俊逸，著有《兰雪斋稿》三十卷。又喜读史，撰《读史评》多卷，于古今疑义多所阐发。上述著作不幸毁于火灾，后经其孙子舒士麟多方搜求，编成《焚余稿》一卷。

民国《龙游县志》载有她题为《闺咏》诗四首：

> 清宵香雾冷花间，风静垂杨翠缕闲。
> 淮水月明芳草绿，客船应逐晚潮前。
>
> 雪满春寒滚素尘，凭栏一望泪盈巾。
> 园林冻重红犹浅，独折寒枝忆远人。
>
> 杨柳青齐锁画台，西园风暖百花开。
> 梅英零落幽期远，雕栋空怜社燕回。
>
> 东风吹雨乱丝斜，帘外轻寒遍落花。
> 独倚高楼思万里，晚烟春水绕蒹葭。

余绍宋在按语中不无婉惜地写道："诗稿已佚，仅存此四章。清新俊逸，固自可传。"对她评价甚高。

陆家巷西南的城角坊曾建有陆家宗祠以溯本源，陆家宗祠是城内数一数二的大祠堂。陆氏后人的成功离不开祠堂族规中宗法色彩的伦理准则和道德规范。而在兴龙南路，原粮食大厦以南，引堰之濠两旁曾有许多大墓，这个区域也被称为官山，是陆氏先祖百年后的安身之所。以前住着几户陆氏后人，他们守着陆家的荣耀，守着先祖们的孝悌忠信礼义廉耻。

陆氏始迁祖是有远见之人，或许他想学"孟母三迁"，陆家依县学而建，巷之南便是崇儒里，此处相当于现代的学区房。陆家人耳濡目染，世代受儒风浸熏。而他们学成之后，又廉洁奉公，有为有守，建功立业，造福一方。

一条老巷，一个传奇，可留给我们的又何止这些？

状元里，油画里的家

又一个春天过去了，空旷的废墟上长满了杂草，弄堂里偶尔传来阵阵敲击声，显得格外清脆。路人总会好奇地往里探，心里有焦虑，有质疑。时间腐蚀着一切，甚至包括记忆，过去的再也回不去了，大南门还要孤寂多久？

石板街早已不是原来的模样，残墙断壁，变成了临时停车场，横七竖八地挤满了车子。坑坑洼洼的小道上，那些抄近道的路人，自然不会留意它的过往，有多少人知道前方的转弯处有个引水入城拐北流向大北门的总水关？更少有人记得这个区域还曾有一个响亮的名字：状元里。在城市发展的历史中，大南门融入了丰富的状元文化元素。譬如县衙前还发掘出马天骥状元坊底座，泮池北面儒学前耸立的刘章状元坊和另一座解元坊。

状元里西南角孤零零地竖着一栋残败的老房子，房前小院的围墙上爬满了绿藤，后院里有几株梧桐疯长着，遮住了斑驳的墙，远远看去，极像一幅油画。院落的门板已经断了好几截，透过缝隙，杂草丛生，满目荒芜。这曾经是谁的家，又发生过哪些故事，此刻仿佛都被门上一把生锈的锁锁着，看不透，想不起。

直到有一天，他回来了。"少小离家老大回，乡音无改鬓毛衰"，那年离开时，他还只是个懵懂少年；回来时，却已是鲐背之年的老人，他就是国内著名的油画大师汪诚一。他毕业于中央美术学院马克西莫夫油画训练班，此后长期执教于中国美术学院达三十余年，20世纪80年代主持浙江美术学院油画系第二画室并负责系教研工作。

汪诚一的作品早在 20 世纪 50 年代即以抒情见长，油画班毕业作品《信》的展出和出版，曾引起美术界和社会上许多人的关注和喜爱。作品成功地塑造了新中国第一代青年拓荒者真实感人的形象，其现实主义精神在当时油画界颇具影响，后被收录《中国美术五十年》大型画册。

《花的旋律》是汪诚一创作方式转折时期的重要代表作。他不再严谨地描述客观对象，而是注重色彩的纯化与简括。他的色彩强烈、用笔粗犷、造型概括，以写意的笔触将激情和灵性凸现出来，彰显了"形"与"色"的主观性和随意性。那些短小的"线"，松化了形象的造型感，模糊了形体之间、色彩之间的转换关系，从而改变了人们的日常视觉经验。

2002 年，他参与绘制奥运金牌榜肖像创作，与夫人宋贤珍同往巴黎国际艺术城举办两人油画联展。

2008 年 4 月，他与宋贤珍共同创作大型历史题材油画《山雨欲来——1937 年周恩来与蒋介石杭州谈判》。作为我国苏派绘画的杰出代表，其晚年的作品更加纯净、简洁，淡定而洒脱，被誉为具有油画艺术语言特征的文人画。

他的代表作品《信》《渔火》（收录《中国现代美术全集》）《潮》《白鸽系列》、《国际歌》等被中国美术馆、中国国家博物馆、中央美术学院美术馆、浙江美术馆等美术馆收藏。

而此刻，他带着荣耀回归故里。当他用颤颤巍巍的手打开了那把锁时，同时也打开了尘封八十年的记忆。说真的，如果老人不提起，谁还在意这个家？

汪诚一不是这栋老房子的最后一任主人，但他的祖父却是房子的第一任主人，时光也随着老人的记忆回到了民国初年。

咸同之乱后，龙游城满目疮痍，地广人稀，万物待苏。但受龙游商帮遗风的影响，当时的商业氛围依然很浓郁，很快吸引了江西，福建，安徽，浙江绍兴、宁波等地众多开拓者，说也奇怪，晚清民国初这个阶段，徽商中来衢经商的汪氏成功者特别多，如"衢州首富"汪乃恕，"万泰源"汪笃卿，茶圩"怡泰米行"汪益乐及"云杏堂"药号汪容伯等都来自安徽。

汪诚一的祖父汪饮清，来自安徽歙县江村环村，与汪容伯是老乡，或许他们还是结伴而来，迁居龙游后更是相互照应。汪容伯出身于八代

龙游小南门石板街 号老宅示意图（一）

1	前门	8	老式床
2	大门	9	厨房
3	天井	10	后院
4	发厅	11	小画室
5	卧室	12	玻璃窗
6	卧室	13	柚子树
7	老式床	14	楼梯

2018年5月22日 汪诚一 绘

汪诚一故居示意图

中医世家，年青时还中过秀才，他闲暇时以诗书画自娱，尤其擅长花卉，27岁便随父行医，1908年来茶圩村开设药号。而汪饮清来龙游时，什么也没有，但他非常勤奋好学。他从一名糕饼房的普通学徒做起，几年之后，在北乡塔石街上开了一间南货店，主要经营油盐酱醋茶糕饼等。小时侯，汪诚一常随祖父坐轿越过平政浮桥到塔石南货店。他清楚记得，南货店交易方式大多是以大米交换所需的生活用品，所以店门前挂了一杆大秤。而这次回乡，老人专程去塔石街寻找旧迹，塔石镇上了点年纪的人都说得出这个南货店。

汪饮清凭着勤勉与诚信经商,慢慢有了些积累。民国七年(1918年),他选址于大南门状元里,始建安身之所。这是一座典型的徽派建筑,正屋坐北朝南,三间两搭厢楼屋,面阔三丈盈,进深临四丈,粉墙黛瓦马头墙,前后都有院落,虽说不怎么富丽堂皇,却也算富足人家。

汪诚一轻轻地推开院落的门,映入眼帘的是房屋正门石质门框,门楣上墨绘匾额"象贤济美",这不正是百年前祖父心中的愿景吗?打开正门,记忆中油光锃亮的三合土墁地,覆着厚厚的一层残砖碎瓦;屋子正中的中堂,悬挂的"朱伯庐治家格言"早已不见了踪影;天子壁(照壁)后的小天井被盖上了小青瓦,右边通往后院的小拱门,也被封上砖刷了灰,只有左右两边一溜排开的厢房,还是和多年前一样排列着;一抬头,天井上方往上升起的天花板下,明明白白还留着燕子筑巢的印记,隐约有燕子躲在巢里……

往里紧走几步,穿过照壁门和后门,屋后的院子,歪歪斜斜的几间矮房子,就像一个风烛残年老人,摇摇欲坠。汪诚一静静地凝视着房子内的一切,不说一句话,摸一摸那一根根熟悉的柱子,打开一间又一间房门,仿佛看见中堂前的人来人往,听到楼梯口传来清晰的脚步声,不禁热泪盈眶。

房子建成后,汪诚一的父亲汪璟洲(字业诗)也来龙游协助祖父经商,后来又在河西街与太平路交叉路口开了一家义泰兴棉布店,自任经理。龙游成了汪氏父子的第二故乡。

1930年4月16日(农历三月十八日),汪诚一呱呱坠地,他虽出生于歙县,但从牙牙学语就开始便随父亲来到龙游。父亲汪璟洲曾读过私塾,对子女的教育特别重视。与状元里的家隔着一条街,有一所毓英初等小学堂,设在城隍庙后宫内,创办于清光绪三十二年(1906年),1950年停办。

汪诚一就读于毓英初等小学堂,小学堂离家及父亲的棉布店很近,他每天都是蹦蹦跳跳上下学。刚入学时,课程有党义、国语、社会、自然、算术、工作、美术、体育和音乐。到了抗战时期的1939年,课程又有所变化,学校还编发战时教育及战时常识应用教材,县教育科行政人员经常轮流到校督促指导,考核成绩,分别奖惩,毓英小学堂曾获得县政府的奖励,以为模范。1940年,毓英小学堂改为城区镇第八、九、十保联立国民学校。

小学阶段，虽然经历抗战的磨难，但却是汪诚一人生中最为快乐的时光。在所有课程中，他最喜欢美术。放学回家后，除了背诵古典经书，他还经常在后院的小画室内涂涂画画，绘画的天赋在少年时便开始表露。有时，世交汪容伯来家中与长辈小聚，对汪诚一甚是喜欢，并会对其绘画指点一二。

1942年5月，日寇攻陷龙游，小学毕业后的汪诚一随全家回歙县避难，他的中学六年是在安徽完成的。初中在绩溪孔灵乡农业职业学校学习，学校上午上课，下午开展劳动。当时班上有个同学与汪诚一同样酷爱国画，他们经常凑到一起练习；汪诚一还搞到一本《芥子园画谱》，这本画谱伴他度过少年时代，成为他探索艺术堂奥的启蒙读物。初中毕业后，因为抗战时期学习总是停停读读，公立高中进不去，只得托人上了私立的屯溪皖中。

1948年，高中毕业的他又回到第二故乡龙游。那年暑假，已经考入杭州国立艺专（后改为中央美术学院华东分院）绘画系的包辰初也回到家，并带回很多创作。汪诚一与包辰初相识，使他的画艺大进。

包辰初的父亲在大街上开了家布店，即包益丰绸布庄，与汪诚一家相隔不远。在结识汪诚一之前，包辰初与张得善、刘绍棠早在龙游中学就学时就认识，刘绍棠父亲在城里也开着一家香店，叫刘万和商号。此后不久，三人还结识了余勇林。

这样，五人相识后，便因共同的爱好常聚在一起，号称"龙游五画友"。那个年代，龙游城文化氛围很浓厚，城中裱画店就有四五家。裱画店中随处可见余绍宋、吴南章、唐作沛等名家字画，他们经常在裱画店里品评、互相观摩、研讨、合作，这是一段十分欢快的日子。

当年暑期结束前，五人还一起到河西街祝家巷四美轩照相馆（衢州市首家照相馆，开业于1904年）合影留念，这幅照片也见证了"龙游五画友"长达半个多世纪的友谊。这五个龙游商帮的后人，各自在艺术领域绽放出绚丽的光彩。

1949年，汪诚一顺利考入杭州国立艺专（今中国美术学院）绘画系。1952年，父亲汪環洲为了维持布店经营，不得已以500元价格卖掉了这栋居住多年的房子，从此，他就再也没有走进过这栋曾留下无数童年记忆的老宅。所幸的是，这次大南门拆迁改造中，将这栋历经百年的普通民房保留了下来，这又让他无比感慨和激动。

汪诚一晚年曾多次来龙游，画过故乡的山山水水，画过记忆中的龙游老城，在京、沪、杭举办的历次展览中均有这些作品展出。

对故乡的那份眷恋，我们可以从作品《渔火》中感受得到。这幅作品代表了他对青少年时期的记忆，那时他乘坐民船经常往返于歙县和龙游之间。他深情地回忆当年的情景："1948年秋天，我从歙县乘船第三次过新安江。船经过浅滩、急流、狭谷、暗礁，仍是险情不断，船工、纤夫喊着号子与风浪暗流拼斗，那种情景至今难忘。三四天后，船到兰溪城下码头，在这里必须换乘小船进入另一条支流，这种小船只能载两三个客人，在舱内人无法直立，这一夜我就住在船上。黄昏时分，江面上渔船点点，灯光水影伴着夕阳西照，交织生辉，美不胜收。夜静时江风习习，浪拍船舷，真有'姑苏城外寒山寺，夜半钟声到客船'的意境。"这幅尺寸不大的《渔火》，倾注了他对江南生活的挚爱。当然，另一幅风格相近的《童年》，也融入了他诸多的童年往事。

雨停了，我们随老人的思绪回到了现实。合上门来，离开，他的步履有些蹒跚。不远处，又传来乒乒乓乓的敲击声，他显得有些不安。同行的博物馆馆长近前解释，这是在对大南门历史文化街区的古建筑进行修复，这栋房子也将列入保护范围，其他的历史文化街区开发保护工作也正如火如荼地进行着。老人微微一笑，雨后的天湛蓝得像一汪海水，几只白鸽从头顶掠过，这些熟悉的场景，早已定格在他的油画里。

邂逅状元里 2 号

今年的冬天似乎来得早了些，初冬的雨有些缠绵，石板街上那些坑坑洼洼中积满了雨水，不知深浅，行人不得不放慢匆匆的脚步，小心翼翼地蹚过这段泥泞小路。时光就在这来来往往中流逝，不知不觉，一年又近尾声。

雨天常多思，我担心沉寂那么久的状元里会不会落寞？可它既不为人所知，也从不与人述说，无论辉煌还是衰败，喧嚣还是温情，都早已是过眼云烟。如今，它只是在静静地等待，等待春暖花开。

我以为除了汪诚一故居，状元里再无故事可讲。可当我打开张绳裕的《岁月人生》时，才知他比我用情更深。状元里，是他儿时的记忆，是一部张氏家族史，也是一个游子魂牵梦绕的家园。

故事要从咸同之乱说起。咸同之乱，浙江全境大多沦陷于太平军之手，一时各地民众流离失所，纷纷逃难，对于海宁县的张德荣一家来说也不例外。张德荣父亲张维驹，其族堂号"赐研堂"，源自河北清河郡，后渐南移，明末由上虞县移居海宁，近两百年来，大多散居在沪宁县上。张德荣在海宁娶了嘉兴王店王氏为妻，本正是享天伦之乐时，无奈战乱逼得张德荣不得不背井离乡，他随乡人先避居绍兴，乱平后再迁居龙游。

对于迁居龙游，张德荣是有考量的，一是龙游城在战乱中生灵涂炭，百废待兴；二是龙游乃三衢望郡，自古儒风甲于一郡；还有重要一点，龙游商帮名声在外，在龙游城尚有同乡所创办的"朱圣丰"号杂货店。"朱圣丰"在当时属龙游巨商，我们在宣统元年（1909 年）的《平政浮桥征信录》中发现，"朱圣丰"号日捐四十文，排名第三。

初到龙游的张德荣先是在同乡"朱圣丰"号学商,从普通学徒做起。张德荣吃苦耐劳,且聪明好学,不久升至经理。待有了些积累,他又自立门户,在太平路北侧租了两间店面,雇请徽州伙计五六人,创办"张同和"绸布庄。

龙游这片土地,特别适合创业。"张同和"绸布庄位于龙游城内最繁华的大街,隔壁就是"益丰"绸布庄,对面是大名鼎鼎的"姜益大"。张德荣为人诚信,做事勤勉,经商有术,若干年后张同和号便成为与姜益大、义泰兴齐名的龙游三大绸布庄之一。在宣统元年(1909年)《平政浮桥征信录》中,"张同和"日捐十文,共三千九百文,位列第二十。

绸布庄的经营成功,使张氏家族有了闲余的资金,张德荣先是购置了状元里2号这座大宅,后又购买了一些田产收租补贴家用。

状元里之名是里坊制的遗物,状元里也是龙游城世代集居最繁华的居民区之一。它与后来的青云坊区域有所重叠,东临阜宁坊,南以朝阳巷为界,东南侧离灵山港很近,西靠石板街,近临县衙。状元里原有三家大户,状元里2号占据了西侧位置,与汪诚一故居相邻。

院子是典型的徽派建筑,大门朝东,正屋坐北朝南,宏大的前厅和中堂均有大天井,中堂正中悬挂着余越园所书大匾"赐研堂",厅内光线明亮。正屋是二层结构,楼上是绸布庄的仓库,因此外人也称这座大院为"张同和栈房",这正是张德荣处事的精明之处。

正屋东头有五间带楼的简易小屋,西头有一座较小的堂屋,也有天井和厢房。这个院子除了住房外,他们还在正屋南边辟出两个园子,一个叫墙园,一个叫菜园,前者可晒稻谷,后者种了一片的竹林及各种树木,有枇杷、柚子、樱桃、桂花、香椿等。抗战期间,还修筑了一个防空洞。

在民国三十年(1941年)七月绘制的龙游城地图中,状元里2号宅编号为457号,张氏家族在大街南侧沿街拥有440号、466-2号宅,在县南巷汪饮清宅对面还拥有575号宅。

一处居家大院可以显示一个家族的显赫地位,而人丁兴旺更是这个家族的重要标志,状元里2号孕育了张氏家族的昌盛。

张氏家族近十六代族谱排列分别为:永言孝思维德之基绳其祖武绍兹来许。张德荣共育有三子二女,由于老大张之模辞世较早,由老二张之楷继承张德荣的经商衣钵,负责绸布庄的经营。张之楷,是张绳裕的祖父，字则夫，育有五子八女。长子张基祥（福年），字祯若，小学毕业后即在绸布庄里学经商，而他的妻子严樟珠，是龙游城厢电气公司老板严宝坤的长女。

张绳裕回忆，他最喜欢到外婆家去玩。外婆家就在县前街的西头，即后来的龙江旅馆所在地，与状元里2号相距200米。外婆家吸引张绳裕的原因有三：一是外婆对他特别疼爱，好吃的常留给他；二是电气公司老板家中用电不限制，在那个使用煤油灯的年代，电灯那可是奢侈物。三是年龄相仿的玩伴多，文娱生活丰富，可看小人书、游泳、打纸牌，去戏院看戏，听收音机和电唱机等。唉！每个人的外婆各有各的不同，但唯一相同的，都是温馨的回忆。

他还记得，外公严宝坤（1888年1月—1978年11月）并不具体管理公司的业务，主要由长子严景权负责，严景权精通机电，另外公司还请了一位账房先生。严宝坤生活简朴，不抽烟不喝酒，热衷于做善事，经常为乡邻调解纠纷，他还办过一所灵耀寺小学（初小），张基祥曾一度担任校长。

张氏后人中，张之楷二子张基瑞（景年）是他重点培养对象。张基瑞北京大学历史系毕业后，先后在浙大、台湾师范学院、香港中文大学任教。张基瑞有三个女儿，其中小女儿卫玲是香港英商总会经理，曾任衢州市港澳特邀委员，龙游香港同乡会会长，张卫玲的经商天分似乎是与生俱来的。

张之楷长女张素琴，嫁给县学街方剑庵为妻；次女张素玉，嫁给民生书局老板朱艺房为妻，民生书局设在张同和隔壁，临马家巷，只有一间店面；五女张瑶卿，嫁给城内余石锦为妻，余石锦年轻时便精于商道；七女周巧琴嫁给城内余年锦为妻，余年锦在银行任职，等等。张氏后人每一个分支又衍生出一个个精彩的家族故事，譬如六女张佩卿嫁给周汝琰。

周汝琰的父亲周汉臣，字懋楷，安徽绩溪人，徽商，在徽州、金华、龙游都有店铺，总店在金华将军路上。周汉臣与方剑庵交好，其子周汝琰是抗战初期的大学生，于是方剑庵便做媒，将小姨张佩卿介绍给周汝琰。佩卿特别信任大姐素琴，成亲后将私房钱全部存放在大姐家保管，方剑庵将她私房钱换成稻谷等粮食，专门找粮仓存放。

周汝琰长子周亦文，"文化大革命"前是同济大学建筑系高材生，当时他在班里还是辅导员，同学中好几位都是中国工程院院士。周亦文曾任泰安建筑设计院总工程师、泰安建设银行副行长，在建行北京总行工作时还与王岐山有交集。

然而，张同和绸布庄和状元里2号同毁于日军两次侵占龙游时，在战乱面前，谁又能幸免呢？战争摧毁了家园，却摧毁不了张氏一族自强的脊梁和奋发前行的勇气。自先祖张德荣迁居龙游，在百余年的时光中，状元里张氏已繁衍成一个大家族，族人遍布全国各地乃至境外，并且在从教、经商及从政这三项比例特别高。有些族人还在抗日战争、解放战争中有过突出贡献。一方水土养育一方人，这不仅是张氏一族的家风，更是状元里的风气。

雨还在下，已近鲐背之年的张绳裕身体不是很好，回忆也时断时续，但我依然发自内心的感激他，因为，每一个家族，每一段历史，都是构成中国传统文化的基石，这是我们的根。

我们留不住记忆，也留不住人来人往，但可以将零碎的记忆变成文字，将梦想画在大南门的蓝图上，画进状元里的春天里。

寻常人家堂前燕

　　小城的记忆，大多是寻常人家陈年旧事。前不久，有幸与世居大南门的方棠吉老人做了一次交流，他的记忆也是如此。

　　关于龙游县姓氏，以齐、虞、鲁、乙为最古，斗转星移，世事变迁，乾嘉年间皆式微，乙姓竟绝，如今，不知在小南海前桥村还能否找到乙姓迁居的遗存？至清代，龙游城则以余、方、祝、陆、曹、董、叶七姓为贵，其中余、方、祝、陆四姓在城内均有以姓氏为名的巷子，这反映了古代以血缘宗族关系集聚的特征。但其中方氏在龙游历史上并无特别知名人物，为何排名靠前？

　　城区方氏主要有两支：一支是龙头方氏，龙头方氏与雅村方氏同源于桐庐芦茨源方干。元季方尚本，因避乱迁居小南海韦塘村，传至方德源，因娶了余氏，由韦塘迁至城东崇善里，故龙头方氏以方德源为始祖。另一支是大南门的学前方氏。学前方氏以元京殿将军方穀宝为始祖，自严州迁居龙游，其中大南门学前方氏为善继厅，与二都一图的杨村善述厅方氏同为一族。当时迁居儒学旁的，一般非贵即富，先人也极有远见，如陆家巷（九曲巷）的陆氏。方棠吉便属于学前方氏一族。

　　与相邻的三石园相比，方棠吉的学前巷 7 号方家仓屋（现城角坊20 号）显得简陋得多，但每一个家族都各有各的精彩。况且，方家仓屋尚保留着完整的门面及部分建筑遗存，这不由让人产生深入探究的冲动。

　　故事从曾祖父方翰佑说起，因为再久远一点的历史只能从宗谱中寻找，可旧谱大多在"文化大革命"期间销毁殆尽，这也是后人可悲可怜之处。

方翰佑兄弟三人，他是老大，晚清秀才；老二方晋辰，号拱枢，光绪二十二年（1896年）贡生，曾参与民国《龙游县志》编撰。

方翰佑育有三子，长子方志茹（方之如）。对于这个名字，我想除了他的后人，估计也没多少人知道。但若提起他的老丈人张芬，定是如雷贯耳。人们称他为"张老诵"，民国时期龙游首富，张鼎盛木行、张豫盛过塘行的主人，拥有土地两千余亩，店面数十间。张芬还担任过龙游总商会会长、龙游劝学所首任董事，是一位口碑载道的乡贤。方棠吉记得，他六岁那年，外太公张芬过世，墓地在方坦村下家坂。出殡时，他与四弟方宜吉是坐轿去的，随着浩浩荡荡的送葬队伍，途中经历二十四次祭拜，葬礼之隆重超乎想象。

张芬能将长女张素芬嫁给方志茹，自是看中他的德才。方志茹是晚清秀才，因遇废科举而无缘考取功名。他善诗书画，虽无遗作留世，但从其后人所好也可知一二。方志茹约在1894年完婚，在婚娶张氏前，父亲已故，因是家族长房长孙，备受长辈宠爱，而三叔是做生意的，便在原县学街（现为学前巷5号）为侄儿造了栋新房，时间大约在1880年至1890年间。这栋房子是五进三开间结构，比学前巷7号的方家仓屋气派得多，土改时前厅及主厢房分给了他人，目前该建筑保存基本完好。跨过高高的台阶，扑面而来的是阵阵霉酸味，时光已将老房子内每一个角落涂抹上了一层昏暗的颜色，楼梯、檐角、柱子、墙壁，让人联想起耄耋老人临别夕阳的背影。踩在楼板上，发出"咯吱、咯吱"的声响，那是一种历史的回音，似乎又听见了旧时的繁华。

学前方氏一族的置产，东以陆家巷，北以新华巷为界，南至县学街，西至原武警二支队医院，宗祠、厢房、客房、佣房、牛栏、柴房等一应俱全，方家宗祠在方家大厅西侧，现只剩有少部分残垣断壁，但往日繁盛仍可见一斑。数百年来，方氏与陆氏在城南毗邻而居，五代联姻，至晚清，方晋辰女儿又嫁给陆家并成为当家女主人，这也是方陆两族关系紧密之因。

谈及父亲方衡，方棠吉老人的记忆更加清晰。方衡（1897—1966年），字剑庵，号劗道人、不易山房、龙丘剑庵等，别署丰蛟堂、蛟峰草堂。于大多数书画爱好者而言，方剑庵这个名字要相对熟悉得多。方剑庵善书画、金石，尤精楷隶，画以花鸟为主，书画作品甚至得到北京大学校长胡适等大学者的鉴赏和收藏；其碑刻、木工、裁剪、厨艺样样精通，连家中孩子衣物也均由他亲自裁剪。

方剑庵与画友余绍宋、吴南章、唐作沛、劳泰来、包鹤年等交好。有时，他们来学前巷做客，方剑庵必亲自下厨，素菜则由其妻张素琴掌勺。酒茶之余，一众人等又是挥毫泼墨传神韵，妙笔丹青绘人生。方剑庵妻子张素琴出生于状元里 2 号的大户人家，父亲张之楷为太平路张同和绸布庄老板。

方剑庵毕业于浙江省立第八中学校（现衢州一中），毕业后在溪口中和完全小学任教，抗战前调入县教育局。后因其书法极好，于抗战后期到县税务局任职，中华人民共和国成立后还参与一些土改造册及书写碑文等。

方剑庵早年在溪口任教时，曾教过华岗的美术，师生感情深厚，华岗也非常敬重这位老师。方剑庵长子方牧的《姑城春》记载："1926 年北伐军进驻龙游，父亲的同事吴普（地下党员）随军住在我家，留下大批革命图书委托父亲保管。不久华岗也来家中看望父亲。他翻开一本《向导》的革命杂志让我认字，我摇摇头表示不懂。他对父亲说，孩子长大了，自然会懂得革命道理的。"

1927 年春，革命火种点燃了龙游的山山水水，方剑庵的堂叔方宗岳（方仲良子）在大南门水闸头开设了一家专售革命进步书刊的大众书店。而一向沉默以书画自娱的方剑庵与堂叔方中也参加了华岗支持的地下党外围组织"求是社"，附设印刷所，出版进步书刊，地下党还组织他们创立三五小学。

1946 年，华岗随中共谈判代表团周恩来、董必武到达上海，代表团下设中共上海工作委员会，华岗任书记，卓有成效地开展了统一战线工作。其间，他曾秘密回龙游，并偷偷到方家仓屋拜访剑庵老师。当时，隶属于广东的国民党绥靖公署谍报组正好设在方剑庵的家中，有"特务"五六人，当时情况十分危急。方剑庵与华岗见面寒暄后，交换了眼神，便从后门匆匆转移。事后，其中有一当兵的与方宜吉谈及，从华岗一进门，就知此人是个大人物，他们明不敢杀，但暗可以。或许是因为没有得到上面的指令，不敢轻易动手。

由于"文化大革命"等原因，方剑庵留世作品并不多，其家人、衢州文献馆等藏有他少量的书画作品，其家人所藏的一幅篆书作品，是方剑庵赠予妹夫南春的。南春，即江枫，太平路北侧同裕布店老板，徽商，解放前夕曾任龙游总商会会长，解放初期被枪毙。

大南门横跨灵山港的石桥中间"龙游石桥"四字，桥洞石壁上嵌着的一块"龙游石桥建桥碑记"是方剑庵所题，当时题这块碑记时写了好几遍。渡贤头天妃宫门楣上"天妃宫"三字以及"龙游抗日战争阵亡将士纪念碑"也均为他所书。

方剑庵为人忠厚耿直又懂得谦让，得到了族人们的敬重。1942年分家时，他是方氏家族总管，但他将方氏大厅分给二叔方仲良一支，自己与长兄三子一起搬到简陋的方家仓屋居住。

方剑庵育有四子，长子方牧，字逢吉，毕业于龙游师范讲习所、绍兴孑民美育学校，是著名的诗人和作家，早在20世纪40年代就饮誉一时。他在上海创办《文学导报》，与巴金、叶圣陶、臧克家、戈宝权等文坛大家均有交往，在《文汇报》《大公报》《时代日报》《文坛》《春秋》《浙江东南日报》等报刊上发表大量的诗作，曾辗转在《当代日报》《西湖日报》《大华日报》《天行报》等担任编辑工作。后来，他一度搁笔三十年，20世纪80年代初才又提笔，晚年再度辉煌。他在《灵江灯火》文中道："一个久离故乡而今落魄归来的游子，怎么会不崇爱这醒夜的万家灯火呢？""我爱龙游，我把龙游端在心里，龙游也把我装进胸怀里。"字里行间，浓浓的是对故乡真切的礼赞，这是他的情怀，也是故乡的情怀。1999年7月，世界华文诗库出版了方牧先生诗集《让你谛听》。现中华诗词协会副会长林峰曾师从方牧。

刘衍文老先生与方牧也是至交朋友，其又系方宜吉在龙游县立初级中学的语文老师。我与刘衍文、刘永翔父子聊起学前方氏话题时，刘永翔老师回复我："家父对方剑庵父子皆熟。龙游店招多为方所书，人谓其书胜余越园，又有人言其书少书卷气，当为势利之谈。我太婆墓碑即请方书写，具名却是徐雨屏，因他是廪生之故。"可见方剑庵书法水平之高。

方剑庵三子方棠吉，曾就读过中山小学、龙游县立战时初中补习学校。在中山小学时，当时校长是蒋祥兴，老师有陈其美（语文）、祝子荣（劳作）、余光前（体育）、祝子孚（语文，诗特别好）、徐克让（体育）、毛上龄（体育）、徐傅贤（常识）、陈璐卿（语文）、唐作沛（美术）及王洪烈（后来参加新四军），班主任是何燮熙。刘衍文说，其中的好几位老师也教过他。这些素材都是西门小学很好的校史材料。

1948年，方棠吉从衢州师范毕业后，先在湖镇启明小学任教半年多，后转入北门豫章小学任教半年多。1950年9月入伍参加华东军大浙江分校（金华）学习，毕业后分配到某军某师部工作，后来分别参加抗美援朝、西藏平叛、内蒙古反修防修运动和兰州化学工业公司"三支两军"工作，直至1974年转业安置到龙游供销社工作。

方棠吉妻子余娟容，乃余祥镛之女。余祥镛在晚清民国期间也是家喻户晓的人物。光绪三十年（1904年），衢州第一家照相馆，河西街祝家巷内四美轩照相馆开业，主人便是余祥镛，其二子余滋永、三子余滋润均是店内照相师傅。余祥镛亲自到上海买来德国卡尔蔡司镜头，摄像设备在当时是顶尖的。当时龙游县内比较轰动的政治、治安案件及伤亡事故等均由四美轩照相馆负责拍摄。1956年公私合营后，四美轩照相馆改为龙游国营照相馆。后来国营照相馆改制时，那个德国卡尔蔡司镜头也随其他资产拍卖了。

方棠吉不仅对族内之事如数家珍，对龙游城大街小巷的商号也记得清清楚楚。他根据我前期整理的商号分布图，又补充了石板街的棉花店、张氏水果店、昌乐园菜馆，县前街的仁山医院，成泰弄堂的健康医院，太平路的民生书局、朱君策铁店、范同兴香店等，这些看似只是百姓家常堂前飞燕，却是弥足珍贵的历史信息，可以丰富龙游古城的内涵。

岁月无情，吉字辈中，唯有鲐背之年的方棠吉尚健在。但令人欣慰的是，后辈中方宜吉子方棣对家族之事也甚为关注，并且正在整理和编撰方氏宗谱。

综上，方氏一族在龙游城能成为望族，其因有三：一是曾经是个大家族，且与其他家族关系密切；二是族人中读书人比例较高；三是乐善好施，方氏族人在修建城池、育婴堂、平政浮桥等征信录中，留名不少。

近三个小时的访谈，我有点担心老人的身体，提出先告一个段落。方老先生站了起来，又翻了翻一些老照片，于是，我们站着聊了十几分钟。我知道，他意犹未尽的，不是访谈，而是回忆。我想，如果要让长者的美好回忆变成年轻人的梦想，那么，我们当下要做的事，还有很多，很多。

明天，龙江旅馆客满

自 2017 年年底办公地点搬至老县政府大楼后，耳濡目染，对大南门的名胜古迹有了更深的认知，也做了一些文字梳理。但大南门历史文化街区中大部分建筑遗存为咸同兵燹后所建的普通民居，知名人物不多，也几乎没有任何文字资料可查，尤其要对一些单体建筑进行深入的探讨，这是城市考古中"点"的研究范畴，对一个非专业人员来说，确实很难下笔。

当然，我们也不能等着人家送资料上门，或躲在办公室里闭门造车。唯有带着问题，走街串巷，看透每幢房子、每个角落，与龙游老人聊历史风物，寻找相关的线索。走着看看，聊着想着，有些画面忽然变得清晰起来，有些记忆又一一重现在脑海中。

听到"龙江旅馆"很偶然，在做挑水巷、城区水系等访谈活动时，包括劳方在内的多名本地居民都提到过它，于是，就多了些关注。前不久，与严小华聊过之后，写"龙江旅馆"又成了必然。

龙江旅馆门前还挂着一块门牌："县学街 19–1 号"。县衙前横贯东西的一条街却有两个名，自马天骥状元坊向东至石板街水闸头这一段称县前街；自状元坊向西至九曲巷那一段，因北临县学，又称县学街。如今，沿街商铺林立、熙熙攘攘的场景已然不见。残存的龙江旅馆，只是整体建筑的一小部分，近处颓垣残井，疯长的野草被风吹得俯仰生姿，瑟瑟作响。

听严小华说，严氏祖先由兰溪迁居龙游，曾祖父从他人手中买下这幢房子，开始旅馆经营。龙江旅馆临县学街，穿过马天骥状元坊即到，这是一幢二层木质结构的老房子。房子有前后两进，占地约 550 平方米，一楼外进 5 个房间，里进 5 个房间；二楼外进 7 个房间，里进 5 个房间，共有 22 个房间，客房里既有一室一床，也有一室二床、一室三床等。在龙游城，这算规模较大的旅馆了。晚清时一般称客栈，民国时称旅馆，这一点，正如曾祖父的名字，严氏后人已记不清了。

传至严小华祖父严宝坤（1888 年 1 月—1978 年 11 月）这一代，他从普通店员做起，但并不满足于旅馆经营，他用更大的手笔书写那个时代的商界风云。

1925 年 6 月，号称三老板的严宝坤牵头集资 7000 元，在龙江旅馆南侧创办了城厢电气股份有限公司，这是龙游首家火力发电厂。他购置了德国产 15 千伏安交流发电机、瑞典产 30 匹马力木炭机各 1 台，发电供龙游城内照明。1936 年 5 月，严宝坤将公司转给朱乐村兄弟经营，并易名乐记电气公司。1939 年，乐记电气公司为龙游城始装 15 盏路灯。

除了创办火力发电厂，严宝坤还涉足餐饮业。1934 年，因衢寿公路施工，通驷桥西首南面的观音阁被拆，严宝坤出资建天香楼于桥西首北面。天香楼前临灵山江，后倚城墙，三间四层西式洋房。一层城墙边过道，二层餐馆，三层旅馆，四层观音阁，祀观音。四层内有高级茶室，陈设着藤制太师椅和古朴的红木茶几。天香楼每层都备有多盏汽灯，夜晚也亮如白昼，平时贵宾云集，门庭若市。天香楼廊腰缦回，檐牙高啄。登上顶楼，凭栏远眺，全城风光一览无余：挹岑山之白云，濯灵溪之清流；振之以清风，照之以明月；北望衢江，烟波浩渺，横无际涯。龙洲塔与鸡鸣塔遥相呼应，游目骋怀，神韵无限。天香楼成为龙游城的一个

通驷桥和天香楼

风景名胜。

严宝坤还热衷于公益慈善事业，办过一所私立小学，名灵耀寺小学，其女婿张基祥曾一度任校长。

严宝坤两次创办的实业最终都毁于日寇入侵。1942年，乐记电气被毁坏柴油机2台、发电机2台、配电板2副、线杆4公里以及其他设施共计法币41.2万，被迫停办；天香楼也被日寇炸为灰烬。于大多数龙游老人而言，天香楼只是一个记忆符号，他们印象更深的是，后人在原址上复开随园酒家。酒店制作的葱花肉、剔骨鸡等杭州名菜，花色颇多，令人垂涎。

但严宝坤依然坚守着他的龙江旅馆。20世纪40年代，龙江旅馆较高档的单套间每宿法币5角，外加小费；二人间或三人间的每铺收2—3角不等。

只是在第三代严氏后人中，长子严景权（1914年3月—2000年6月）并没有继承父亲的旅馆经营，这与严宝坤常说的"与其家财万贯，不如薄技在身"有关。严景权学的是钳工，他用另一种方式书写了又一个传奇。

20世纪30年代末，年轻的严景权到安徽屯溪兵工厂当钳工，时任厂长的陈先是中共党员，中华人民共和国成立后陈先曾任全国最大军工厂重庆兵工厂厂长。据史料记载，1938年8月，中共皖南特委先后在黄山地区创办后方医院（在小河口，现已被太平湖淹没）、印刷厂、军需厂等后勤机关，并在麻岭坑建兵工厂，有工人数百名。安徽屯溪兵工厂应该是指麻岭坑兵工厂。

1941年1月初，"皖南事变"后的一天，陈先匆匆带着一名"侄儿"（实际上是新四军与国民党的联络官）到严景权在屯溪的家中避难。严景权把自己的衣服给联络官穿，并安排其躲进山里两天，其间秘密送食物。两天后又亲自开货车送其到开化。而在这一时间段，屯溪亦有一户老百姓因私藏新四军，全家遭国民党枪杀。

中华人民共和国成立后的某一天，陈先突然到龙江旅馆探望严景权，并开具一份介绍信给严，嘱咐其到上海找汪道涵。介绍信大致内容为：严系我厂高级钳工，对革命有所贡献，请安排工作。严景权比汪道涵大一岁。1940年后，汪道涵曾任淮南嘉山县县长、县委书记，淮南行署副主任，淮南津浦路东专员公署专员，淮南地委财经部部长、行署副主任。

他亲历过"皖南事变",自然非常了解那段历史。严景权找到汪道涵后,汪安排严到东北某军工厂,后因严宝坤舍不得儿子远行等原因,严景权未到东北工作。

对于这段历史,严景权的大儿子严孝明在报考浙江大学时,因祖父严宝坤1951年被划为工商业兼地主,在报考说明一栏必须如实反映,组织政审时认为是属实的。

严氏后人还保存着一张严景权穿铁路正装的照片,非常帅气。原来,严景权曾在津浦铁路上过班,当时溪口人邱伟任津浦铁路董事长,严景权的小舅子劳正宽是邱的侄婿。后来,严景权还在遂昌集中仓做过工。

严宝坤是一个开明的父亲,除了严景权,他的另外两个儿子,一个参加了地下党,一个参加了解放军。

但是,没有什么可以阻挡历史的滚滚车轮,龙江旅馆也不例外。1955年11月,龙游县委成立资本主义工商业社会主义改造办公室。1956年1月底,龙江旅馆先公私合营,后改制为国营旅馆四部;同时改制的还有濠沿街东侧吉安客栈,改为国营旅馆一部;胜利路东侧大达旅馆改为国营旅馆二部;胜利路西侧45号公和旅馆改为国营旅馆三部。

龙江旅馆,见证了一段历史,是一个时代的符号。龙游刚解放时,龙江旅馆迎接解放军入住,数天后有一刘姓军人剿匪后牺牲就再也没有回来。对于这段历史,当时年幼的严孝民记忆犹新。1955年,马寅初到龙游进行人口调查时就住在龙江旅馆,民进老会员、龙三中老教师俞景海是马老的学生,马老到龙游时由他全程陪同。曾经来来往往的住客,以及国营时一个月还有两条香烟供应的辉煌,都随着时光的流逝不知所终,唯有印在墙上的斑驳记住了一切。庆幸的是,除吉安客栈原建筑被拆外,大南门的其他三部均保留有建筑遗存。

今天,大南门依旧静悄悄,正如那段渐行渐远的历史。但你若细心观察,仍会感受到每天的变化:古建一幢接一幢的修复,图纸设计已经启动,文化与业态的融合,投资与运营商的考察也在有条不紊地进行着。驻足于老县衙门前,荒芜一片空白,那只属于我一个人的兵荒马乱。越过白莲桥,轻轻叩开龙江旅馆的门,一老妪立于柜台前,似曾相识。只听见她自言自语:"昨夜,尚余二间客房。"且留清秋梦;明天,龙江旅馆客满,绘一城烟火。

龙游余氏与梁鼎芬的渊源

近年来，我对乡贤文化，特别是龙游余氏家族的关注多了些，于是，常能遇见一些相关的历史遗物。的确，若专注于某件事，往往会有意想不到的收获，譬如，余绍宋的大对联、余庆龄的四条幅、余士恺的花卉、余庆椿的时文、余福溥的小品等。应该说，余绍宋的书画作品，市场价值还在发酵，但因有较多的存世量，见到并不难，难的是合理的价位。而其父余庆椿、祖父余福溥的作品却存世极少。若再往前推，曾祖余恩铦或高祖余可大的作品就更稀罕了。

所以，当雷军问我，余恩铦作品如何时，我就果断告诉他："若见到，当买下，有一件是一件。"

因为，于龙游而言，余恩铦是一个可载入史册的人物，尽管绝大多数人仍将铦（héng），读成荣。

余恩铦（1808—1893 年），字镜波，清道光二十四年中式顺天乡试举人，后掌教凤梧书院及江山文溪书院两年。咸丰三年以知县铨发广东，在粤为官近三十年，政声显著。

余恩铦于同治六年（1867 年）任海阳知县。当时，有民众告发，余便令其到县衙大堂当面陈说，立即判决；若有疑点，亦即时传讯涉案人对质，很快审结。故民无冤抑，案无滞留。

海阳还流传着他的故事。州衙有个兵丁秦千，自恃其母曾为道台的乳母，横行街巷，强占邻妇。余恩铦知后，即将秦千拘捕。秦母求道台亲提讯开释，余暗中派遣差役跟踪，待秦母走出道台署辕门外，马上又捉拿归案并绝其食，不久便毙于狱中。余之手段虽有严酷之嫌，但确为地方除去一害，一时人心称快。

民国《龙游县志》也记载一事。惠潮嘉道钟某的亲戚横行不法，余恩镱就向钟某请示抓拿，钟某不准。余恩镱态度坚决，将官帽掷在钟某面前，请求罢劾，说："官可去，法不可不申也！今日公不交犯人者，某复不出公署矣！"钟某不得不交出法办。余恩镱离开海阳时，士民怀其德，辑其政绩刊之，并为其立长生禄位于韩文公庙。是故，海阳人将其列为晚清五位廉能的县令之一。

余恩镱喜用地方之财办地方之事，尤喜培植人才鼓励士气。凡书院有经费困难，他就捐俸补足。潮州四大书院之一的琴峰书院即为其所修。咸丰十年（1860 年）知县余恩镱捐廉银置产，书院经费除支付束修、纳粮、祠祀、贽仪费用外，约存银圆七八十元。广东省坦金衢会馆年久失修，他又倡仪重建，捐资最多，遂以复旧。当然，龙游人印象最深的是余恩镱在龙游城石板街创办"滋福堂"药店，从此造福故乡百姓。

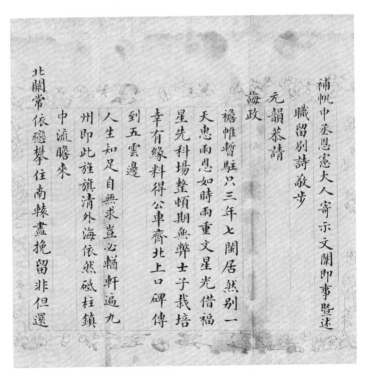

余恩镱书法

　　闲暇之余，余恩铼常与士子讲习文艺。他所撰的《励志书屋课艺》四卷，皆为历任课士子之作，在粤中盛行。他为官有余资，就购置名人书画、金石，又精于考证，撰有《藏拙轩珍赏》六卷，可惜这些藏品已失传。他善画，多作米云山，但并不喜欢为他人作画。余恩铼还特喜抄书，往往是天未亮即起，秉烛抄数页，然后治事，一生如此。

　　本次遇到的一通两页信笺即是余恩铼于同治庚午九年（1870 年）所作。落款：庚午曾绘折扇一柄蒙公赏收，属吏余恩铼叩呈。左上印：镜波；左下印：恩铼和印。信笺两页均为"浣雪斋"制笺，但前页是红纸，后页为浅黄纸。时间上正是余恩铼在海阳知县任内。信见下。

　　补帆中丞恩宪大人，寄示文闱即事暨述职留别诗敬步元韵请诲政：

　　　襜帷暂驻只三年，七闽居然别一天。
　　　惠雨恩如时雨重，文星光借福星先。
　　　科场整顿期无弊，士子栽培幸有缘。
　　　料得公车齐北上，口碑传到五云边。
　　　人生知足自无求，岂必輶轩遍九州。
　　　即此旌旗清外海，依然砥柱镇中流。
　　　瞻来北阙常依恋，攀住南辕尽挽留。
　　　非但还珠缘再结，此间望到宿云收。
　　　梅花手植十三株，树得人还与木俱。
　　　致用用真仪作羽，应元元果领探珠（辛未顺德梁得殿撰）
　　　事期有济多如愿，诚在无欺每若愚（公生平以不欺自励）
　　　好似棠阴随处爱，颂诗写尽墨盈壶。
　　　癸庚两度辟文场，莫附鹓鸾共济跄。
　　　知己似公犹缱绻，属员如我竟颟唐。
　　　自惭蝉寂难成调，聊当骊歌急就章。
　　　几部新书一卷石，复图尺幅寄华堂。

　　全篇为七律长诗，一气呵成，此诗在现存史料中也是第一次发现。而此信在书法上更属上乘，让人眼前一亮，爱不释手，可以说是一件极有史料价值的书法作品。

　　谈及书法，忽然又想起前几天刚收到的另一幅梁鼎芬作品。那天，余久一发微信，说朋友有梁的字欲低价转让，问我是否有兴趣。我见之，当即转账。梁鼎芬可不是一般的人物，且与龙游余氏有极深的渊源，余绍宋称其为表伯。那他们之间究竟是一种什么关系？

这得从余恩镱说起。余恩镱长期在粤为官，后将女余氏嫁给广东番禺的梁汝乾。然未逾一年，梁汝乾因病去世。因其无子，便"以从子鼎蕃嗣"，梁鼎芬即是鼎蕃胞兄。但梁鼎芬十一岁时，父母双亡，余氏又抚之如己出，教养兼至。后来，梁鼎蕃去世，也无子，乃由梁鼎芬子劬谦过继，于是母子、祖孙关系确立。梁鼎芬亦待余氏如生母。余绍宋称余氏为姑祖母。且余绍宋祖母又为番禺梁氏□□公第五女，乃梁鼎芬之胞姑，故按辈分，余绍宋称梁鼎芬为"表伯"。

梁鼎芬弱冠即成进士，授翰林院编修。适逢中法战争爆发，李鸿章一味主和，与法国签订《中法简明条约》，举世哗然。梁鼎芬闻讯，立即疏劾李鸿章，斥其辱国投降，犯六款可杀之罪，请明正典刑，以谢天下。此举朝野震惊，慈禧大怒，于光绪十一年（1885 年）六月，将梁鼎芬连降五级，任太常寺司乐。翌年复因被劾而罢官，归粤讲学。光绪二十六年（1900 年）梁鼎芬得赏还"翰林院编修"原衔恩典，后又在张之洞保荐下知武昌府知府。梁鼎芬上任后，余氏随之，为其主理家事，严整有法。辛亥革命后，清帝逊位，梁鼎芬矢忠皇室，成为溥仪的老师。1919 年，梁鼎芬死后，溥仪谥老师梁鼎芬为"文忠"。余绍宋与梁鼎芬感情深厚，就作画为祭，记录了梁鼎芬下葬的情景，名为《梁格庄会葬图》。

梁鼎芬擅长书法诗文，诗词多慷慨愤世之作，与罗惇曧等人并称"岭南近代四家"。其后期书法作品，细筋入骨，撇捺加长，笔道细而劲，风骨棱棱，颇如其人。然而，他晚年曾留下"我生孤苦，学无成就，切皆不刻""今年烧了许多，有烧不尽者见了再烧""勿留一字在世上，我心凄凉，文字不能传世也"等遗言，所以，真迹传世并不多。

我收到的这幅书法作品尺幅 117 厘米×31 厘米，约四平尺。内容只有"人心正畏暑，水面自摇风"十字。左侧落有"丰清敏荷花诗，王伯厚采之，写与子楷仁兄采览""丁巳花朝梁鼎芬"。丰清敏即丰稷，字相之，谥清敏，明州鄞县人，北宋嘉祐四年（1059 年）进士。荷花诗即为清敏所作。

作品中提到的另一人物王伯厚，字应麟，又号厚斋，庆元府鄞县人。他是南宋著名学者、教育家、政治家。其博学多才，学宗朱熹，涉猎经史百家、天文地理，熟悉掌故制度，长于考证。梁鼎芬应是临其书法。

观此作品，梁鼎芬用笔多用侧锋入，斩钉截铁，起笔干净利落，精熟练达，瘦劲古雅，瘦金体的味道极浓。作品送给子楷仁兄，但我并未查到此人资料，只是查知散原老人陈三立曾有作品赠予子楷鉴正，郑孝胥也有作品赠之，并款识"子楷仁兄姻世大人雅属"。可见子楷仁兄也非泛泛之辈。

此书法作品中，右上有其"一盏轩"，左下"毋暇斋""节庵学人"三方印，节庵是梁鼎芬的号。而左底有一"双和堂"印，应为后来藏家的收藏印。书写这幅作品的时间为1917年。

现季节近临小暑，今赏析两幅作品，正如沐一缕清风。可以说，余恩镠与帝师梁鼎芬的作品是留给龙游的物质财富，而他们的故事更是弥足珍贵的精神财富。"鉴前人之见，学古人之长"，你是否觉得值得我们反思的还有更多？

一张名片写春秋

网络时代，名片似乎又极少使用了。前不久，朋友传来一张照片，说是故乡龙游知县高英的名片。粗看，颇有些意思，便请转之，再细细斟酌，字里行间，写着春秋。

称之为名片，有一定的说法，因为清朝才正式有"名片"的称呼。汉时称名刺，汉朝刘熙《释名》认为"刺"是指书写，曰："书曰刺，书以笔刺纸简上也。"梁朝天监初任太末令的刘勰在《文心雕龙》中认为，"刺"是通达的意思，曰："刺者，达也，若针之通结也。"明朝田艺衡《留青日札》认为"刺"是指削竹木，曰："古者削竹木以书姓名，故曰刺。"他们从书写、作用和制作不同角度做了各自的解释。到了清朝，由于西方入侵及通商等因素，加快了名片的普及，名片开始向小型化发展，官场上，官小使用较大的名片以示谦恭，官大使用较小的名片以示地位。这张名片长 18.6 厘米，宽 9 厘米，尺寸较大，说明名片主人官小谦恭。

名片也称名帖，此名片用红纸书写，也有一定讲究。明代时，只有当过翰林者才有权用红纸，写大字。大概翰林系御用文人，与众不同。清朝时，只要是生员以上者，就可以使用红色名片，甚至普通的读书人也使用起红色名片。这些士人，都是准官员，他们正式进入官场之前，就已经按官场的规矩，从名片上区别尊卑。

这种官场名片还有专门的书写格式，名片的样式历元、明至清，均相沿不改。早期的规制，要把所有的内容在"刺"的中央写成一行，不能拆分，也叫"长刺"。清末，有的名片上注明详细地址，有的加写上个人简况，有的附有短语，如"请安谢步"，表示只为问候而来，勿烦主人回访；也有的还写上"拜客留名，不作别用"，意在防止被歹人利用。

一般名片递交时还有专用的盛盒，称为"拜匣"，长尺余，宽数寸，或皮制，或包锦，都很奢华。可惜，这次并没有发现。这张名片的纸有些发黄，但保存完整。除"高英"两字为刻印，其他字为行草。

名片文字如下：

古醞仁兄大人阁下

高英

小弟■■（此两字待考）顿首奉

示知

足疾尚未全愈、念念

属办廉翁之件顷已代陈提调、见准可行

即将名条发房叙稿矣

芝孙兄见时

容为达意

手复敬请

健安

名片中并没有落款时间，但从名片的书写格式及纸张保存状况，基本可以判断为晚清时期。结合名片中提及的几个人物，综合推断名片的主人即龙游知县高英，民国《龙游县志》中有其宦绩。

高英，字羽卿、禹卿、豫卿、与卿，号伟卿，但这几个字号都不是名片中两个待考的字。高英由监生投效军营，以军功保至知县，光绪七年至九年（1881—1883年）在萧山主政三年，深受士民爱戴。根据遗存的《邑侯高公德政碑》拓片可知，石碑是清光绪九年刻的，碑文的第一篇为傅鼎乾的《邑侯高公德政序》，《序》中记载高英在萧山，"考课则亲评；阅词状则亲检收；赋税则亲催纳；塘堤则亲替修；以至市镇通衢穷乡僻壤，则无不亲自巡行，洞察民隐，不辞劳、不任德。弊必剔、利必兴……"等。

据说，他离开萧山时，"西陵片石镇归装"，既无车马装载行李，甚至连随身细软都没有，只身一人，挥手而去。萧山士民自发聚集，"焚香跪送"，从城里到西陵渡口，数十里不绝。

光绪九年时高英离开萧山后去往何方，暂无从查考。直到光绪十二

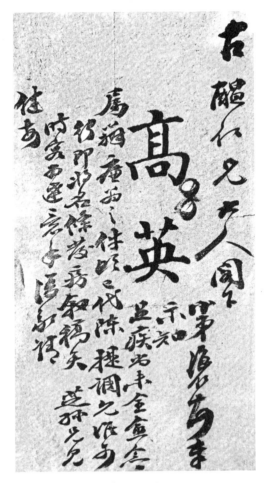

高英名片

年十一月，高英赴龙游任知县。在龙游的任期内，高英更是政绩斐然。用现代流行的官场语表示，至少为民做了四件大实事。

其一是重修姜席二堰。高英视"姜席大堰为本邑西南乡水利攸关"，设立堰工局重修姜席堰，"凡民之沾溉者皆出赀，民捐绅办，丝毫不假胥吏之手"。高英亲临现场，慰问民工，对懒怠者严厉批评，对出资不力者，申明大义，规劝执行。今天，姜席堰被评为世界灌溉遗产，自然有他的一份功劳。

其二是重修官驿前堤岸与平政浮桥,并建立了一整套管理制度。光绪十四年(1888年)七月初二,高英在众多绅董的簇拥下,主持平政浮桥驾船铺板仪式。"驿前之对岸茶圩,乃北乡入金华之兰溪、严州之寿昌、各邑赴处州温州大路,熙来攘往络绎于途。"由此,茶圩与驿前两个商埠又连成了一个相对独立又相互联系的商贸中心。

第三件事,光绪十四年,高英召集绅民,动议重建凤梧书院。重建后的凤梧书院,讲堂隆崇,斋室幽敞,两廊的号舍可容千人。他还厘清了书院的旧产,约500余亩田,6亩多山,又将兵燹之后许多无主之田,招来垦荒,将以拨充书院资产。

第四件事,他设立保婴会,以免溺女之风。他让屠户纳钱,让商户捐钱,维持育婴堂的日常运转。

光绪十五年正月,高英迁杭州东塘海防同知,龙游士民讴歌立石,以纪其绩,德清俞樾曾为之撰《龙游知县高英实政记》。高英后又任外务部、浙江宁绍道台,光绪二十五年四月至十月署台州知府,是经办海门教案的主要官吏。浙江省图书馆曾于1965年购进一批与海门教案有关的名人手札与信函资料,多为浙江各地知县致台州知府高英的汇报信函,以及传教士与高英的交涉函。

从名片中可以看出,高英的书法功底是比较深的。那么高英这张名片又递给了谁?古醯仁兄大人!古醯是谁?

民国《龙游县志》宦绩有记,知县杨葆光,字古蕴,也用古酝、古醯,号苏庵,别号红豆词人。古人往往有许多字或号,如乡贤余庆龄,就用过与九、雨韭等。

光绪二十五年(1899年),杨葆光任龙游知县。他在任时,同样有突出的政绩。光绪二十六年六月二十五日晚,杨葆光与叶元祺等正在凤梧书院议修县志,得千总廖定邦报有江山匪警,即电省请援,并迅速安排防务。杨葆光守城甚力,与民团一同四出剿捕,江匪不得逞而退,龙游城没有受到侵害。事后,巡道鲍祖龄常对人说,如果没有杨君,衢城几乎不保。足见杨葆光剿匪之功。杨葆光著有《龙邱缉盗记》一卷。当年冬天,他离开龙游,赴新昌任职。

高英是南京江宁人,杨葆光是江苏娄县人(今松江),他们是老乡,相隔十多年时间先后任龙游知县。比较而言,高英从政更早,官阶更高,杨葆光真正的从政时间也不太长，那么高英递交名片时为何要这么谦恭？

当然，这也是书写礼节。但还有一点，杨葆光的名号比高英要响亮的多。杨葆光前期生活在咸丰年间，此时社会动乱，江浙之地是太平军活动的主要场所，他曾跟随孙观在安徽从军，参与幕府，生活困窘。孙观对杨葆光有知遇之恩，孙在北京做直隶布政使时，曾邀杨葆光参与纂修《畿辅通志》。这种经历也促使他在龙游主政时倡修县志。

杨葆光虽然一直是下层僚属，但作为文人，他学识渊博，兼治书画，书法晋唐，风格遒上；他诗思敏捷，出口成章，诗词歌赋，一气呵成，且动辄十数首，仍意犹未尽。他交游甚广，与李鸿章、翁同龢、潘祖荫、俞樾、盛宣怀等当时声名显赫的人物都有交往，甚至过从甚密，并曾得到过他们的褒扬，这些史事在杨葆光的日记及诗文著述中都有记载。

譬如杨葆光与翁同龢的交往。翁同龢，江苏常熟人，咸丰六年（1856年）状元。光绪三年（1877年）七月，这两位地位悬殊的文人在海晏轮船上偶遇。此时的翁同龢是光绪帝师，官刑部右侍郎，两宫优容有加。翁同龢在《翁文恭公日记》中写道："同舟杨古酝，松江诸生，席小米表弟，名士也，投诗相问讯。遂偕古酝、叔彝泛小舟登之罘。"在朝中享有极高威望的翁同龢称其为名士，应该说当时杨葆光已非同凡响。轮船上短短数日的吟诗酬唱，杨留给翁极好的印象。十一年后，两人再次相见。光绪十四年十一月至光绪十五年六月，杨葆光在京师期间，和翁同龢往来十余次，互相拜访，互送字画扇，显然已经非常熟悉了。而这个阶段，高英正在龙游知县任上履职。

也许正是杨葆光在文人圈的地位，以及与翁同龢、俞樾等人的相熟，高英与杨葆光也走到了一起，由此引出了这张名片。名片中的"廉翁"是不是指翁同龢，暂未考证；名片中提到的"芝孙兄"是江苏省常熟人丁祖荫，还是宝石山石刻中的生员杨芝孙，或者是江苏淮安人中医胡芝孙？还有，杨葆光是如何回帖的？我们也不得而知。

一张名片，两位知县，讲的只是平常事，但让人想起那一轮春秋，虽然模糊，依然真实，并且杨葆光著有近二百万字的日记《订顽日程》（2010年9月上海古籍出版社出版），有当时社会人情的丰富记载，待我细细翻阅，或许还能找到更多的真相。

书香门第出英才

  在龙游教育近代史中，吴际元、吴南章父子占有极为重要的位置。但民国《龙游县志》只有选举表载有吴际元的"宣统二年，岁贡，字子培"寥寥数字。在 1991 年版《龙游县志》找不到吴际元的任何记载，其子吴南章在"人物录"中有一些介绍。

  通过查阅民间零碎的资料和新采访，慢慢还原吴氏父子传奇的一生。宣统庚戌科贡卷记载，吴际元，字肇新，号子培、正佩，同治己巳年（1869年）十一月初八吉时生。

  吴氏的家学渊源极为深厚。吴氏一族以唐代河东节度使吴雲为始祖；宋安抚使通议诰授朝议大夫吴皋自蜀迁居龙游城西坊门街，为龙游第一世祖；三世祖吴斌于宋政和五年（1115 年）进士，官至尚书、屯田郎中、直史馆轻车都尉；宣和五年（1123 年），敕授朝议大夫赐紫金鱼袋，此"敕命"民国时尚存。十三世祖吴敦德由坊门街始迁石亘里；二十三世祖吴士俊，明天启年间知县李侯以公乐善好施奖给"急公可嘉"匾额；二十四世祖吴谦甫，邑庠生；高祖吴起发，"乡饮耆宾"，即为年高有声望的士绅；曾祖吴志通，例授登仁郎；祖父吴锦城，邑庠生。

  吴际元父亲吴毓林，字国樑，号崧甫，光绪丙子科恩贡。咸丰季年，遇洪、杨乱，投笔从戎，受左宗棠器重。九月初七，吴毓林奔丧七日回营，许雪门以《军中重九》诗见示，吴奉和二首："辜负从戎在战场，未偕酬唱过重阳。诸君各竞诗才壮，独我空余意兴狂。白旆影悬边戍月，黄花枝傲暮秋霜。承君把我殷勤示，感慨难辞执笔忙。""北风栗烈透沙场，古树寒酸挂夕阳。亘里云霾亲迹杳，孤城雪暗贼氛狂。元戎胜算操平日，诸将严威肃晓霜。长祝早将斯虏灭，写文腾奏不嫌忙。"吴毓林平乱后以亲老辞归，左宗棠留之不得，时论惜之。吴毓林后居家授徒，对龙游采访志稿多有赞助。

吴毓林还有一事也载于1991年版《龙游县志》。光绪八年（1882年）五月大水，西乡受灾最甚，乡民屡请知县陈瑜勘灾，不赴，却以生日大庆。时典史文维校新履勘至石亘村，吴毓林因言："今灾情奇重，县主做寿，以改期为宜，君盍言之。"文归知陈，陈不悦。时西安知县欧阳，勤于民事，亲赴高家、盈川各村散赈。西乡与之相邻，相形之下，遂深怨县之不恤民。五月十日，九都灾民群休署前，遂有投掷财苗之事。陈知县疑为吴唆命名，竟欲详革吴衣冠，文已缮具而道府受九都、五都民众之求，已派委员雷某查勘。陈瑜知道是错在自己，因此去官。

吴氏一族中禀生、庠生、贡生、国学生更是多达十数人。

吴际元的庭训老师是冯一梅，而叶树槐、叶元祺、余庆龄都是他的问业师，其中叶元祺为前凤梧书院掌教。从其师承关系可知，吴际元是凤梧书院学子，后为浙江衢州府龙游县学咨部优行廪膳生。吴际元的民籍是浙江法政学堂校外生，这与其后面从事的职位有关联。

宣统二年（1910年），吴际元考取岁贡时，还担任公立石亘两等小学堂校长兼助教。可见，在此之前，他的履历已经相当厚重。

吴际元与其祖辈们一样，热心教育、慈善，维护着乡村长治久安，这也是旧时乡绅的主要功用。光绪二十年（1894年），吴际元选充为西乡宣讲生；光绪二十六年（1900年），吴际元出资出力组织团练，因江常失守而龙游团练守护有功，浙江巡抚部院任道镕奖给吴际元五品顶戴。光绪二十八年（1902年），吴因本邑剿灭土匪最为出力，浙江巡抚部院奖给"道义千城"四字匾额。这在贡卷及民国《石亘吴氏宗谱》中均有记载。

光绪三十一年（1905年），龙游知县葛锡爵聘请吴际元为凤梧高等小学堂副办，堂长是余庆龄。当年，浙江提学使司奖给吴际元"士林模范"匾额，因为数十年来，吴际元在不同履职岗位上均不领一分薪酬。

光绪三十二年（1906年），吴际元创办石亘两等小学堂，当时石亘两等小学堂老师还有其堂侄吴绍曾，耀宗师范毕业生，任算术教员；堂侄吴绍箕，庆安师范毕业生，任经学教员。民国《龙游县志》记载是光绪三十一年（1905 年）创办的，与民国《石亘吴氏宗谱》有差异。

1911 年，吴际元当选为五都区县议员，后互选为参议会参议员。1912 年，浙江第三区覆选监督委任他为众议院覆选投票开票监察员，并当选为众议陆院候众议员；同年又被选为龙游县县农会会长。吴际元凭借农会会长这个职位，尽量维护租地农民的经济利益，通过带头集资修建水渠、道路，改进农业生产方式；又通过捐款救灾，稳定本地民心，维系着乡民与官府的经济关系。

1916 年，吴际元因创办石亘学堂，教育部总长张一麐奖给金色三等嘉祥章。1917 年，浙江省教育厅长委任他为龙游县劝学所所长。1993 年版《龙游教育志》记载的时间为 1918 年 9 月—1919 年 8 月，个人以为民国《石亘吴氏宗谱》记录的 1917 年更为准确。

1918 年，因旧国会集会之故，广州依法选补吴际元为广州众议院议员。1921 年，吴际元受浙江省长沈金鉴延聘为省公署谘议，又被选为浙江省宪法会议议员，浙江实业厅云鄮厅长还延聘他为实业厅谘议。

1922 年，吴际元奉黎元洪大总统聘充为总统府顾问，同年被选为浙江省宪法审查员。1923 年，黎大总统给予吴际元二等嘉禾章，同年奉大总统简派政治善后讨论委员会委员。1924 年，吴际元选补为北京众议院议员，同年奉命准以简任职任用。

吴际元与余绍宋关系密切。龙游始设修志局时，副纂祝康祺尚未回龙游，局中仅有吴际元和朱佩华主持。1923 年 4 月 27 日，余绍宋在北京留吴际元吃午饭，吴际元谈辛亥革命龙游经过情事，乃龙游重要之掌故，余绍宋长篇记之。5 月 16 日，吴际元向余绍宋辞行，余询问龙游民国征收田赋情形，并龙游公租始末，别以纸记之："龙游公租最多，咸丰兵燹后未尝整理，而县官以田赋考成有关，光绪间县官高英颇欲发卖，诸绅不能阻止，赖先曾祖言于道府始寝其议。其后四叔复大加整顿，始有今日之收入，为地方经费之大宗，特记此以示后来。"余绍宋送吴氏父子行，南章赠《舍利寺塔记》。6 月 15 日，吴际元寄先曾祖余恩镔哀启抄本，余绍宋收至后谨录副于日记中，备作传之用。后又谨案："先大父此启甚简要得体，近来每见哀启，辄详叙生平事迹，累牍连篇，直如行状。不知哀启本非古有，即欲为之，亦只能略叙事实，仍须多说病状也。附识数语，以质知者。"应该说，吴际元对于余绍宋修龙游县志，可谓功不可没。

1937年，六十八岁的吴际元又因捐资建石㟥学校校舍，被浙江省教育厅许绍棣厅长奖给"兴学育才奖"。

吴际元不仅有传奇履历，且品性高雅，文采斐然。浙江全省提学使司提学使袁在其贡卷批取："局整词圆。"他以《修身则道立义》为题："从来为君者欲宰万物，必先宰一心；欲摄万幾，必摄百虑。盖一人表正于上，而天下之大，民物之繁，胥于是而受其范焉。"开篇即大气磅礴。

吴际元德高望重，历为乡人敬重。1933年2月18日，余绍宋义女余海燕与方毓麒结婚正日，男宅欲请郑惠卿者做证婚人，余绍宋以其年轻，更约吴际元任之，介绍人为姜本耕与朱公瑜。

1934年3月29日，龙游高阶余氏谱牒祭祀仪节，早上由余绍宋主祭。余绍宋晨兴更衣入祠，整治祭物，己正举行祭礼，自鼓乐以至焚燎，凡历二十五分钟毕，济济锵锵，无失仪者，寿松读告祭文亦清朗可听，播州赞仪亦好。中午在朱翔霄家宴集，宴毕重入祠，外客四十人来祭，主祭者为吴际元，陪祭者蒋元薰（县长）、胡文翁，亦历二十七分钟而毕。复次婿家公祭，主祭者张旭东丈，汪志庄由衢州来，意亦可感，外客中亦多由乡间专来者，于是修谱事始竣。谱牒祭祀典礼，余家请吴际元主祭，足见吴际元在余绍宋心中的地位。

吴际元嗜书如命，藏书甚多。据年长者回忆，"文化大革命"期间，石㟥小学藏书楼失火，大火烧了三天三夜。

吴际元育有四子二女，次子耀垄即吴南章，最为世人所知。

吴南章，光绪壬辰十八年（1892年）十月廿九日酉时生。1915年，吴南章毕业于浙江省两级师范学校高师部图画专修科。1915年至1916年，任浙江省立第八中学教员；1917年，任衢州联合师范讲习所教员；1918年至1923年，任浙江省立第九师范学们及第九中学校教员兼学级主任；1924年，任浙江省立第八中学校教员兼学级主任。在余绍宋举荐下，同年11月，吴南章任龙游县公署教育主任。

1925年8月至1927年1月，吴南章任浙江省立第八中学校教员兼学级主任，其间李叔同（弘一法师）曾来衢相会，并留有合影。

1927年2年，吴南章任龙游县临时党部执行委员兼宣传部长，同年6月任龙游县教育局局长。1928年8月，任中央政治会议开封分会文书主任；1931 年，任国民革命军第二集团军总司令部中校秘书；1931 年至 1933 年，任龙游县款产管理委员常务委员。1934 年，任衢兰公路汽车有限公司经理；1935 年至 1936 年，任龙游县教育局款产委员会委员、县建设委员会委员。

1939 年，余绍宋、吴南章谋划筹建龙游初习中学。9 月，龙游县立战时初中学生补习学校开学，吴南章任校长。1942 年，龙游战时初中学生补习学校更名为县立初级中学，即龙游中学前身。其间，吴南章发动师生们运用各种形式宣传抗日。学校里成立了一个抗敌剧团，不仅在学校里公演，还到龙游县城的戏院里公演，后来又到溪口、庙下湖镇等乡镇回演出，票房收入作为抗战义捐。1945 年 12 月，龙游县政府曾向吴请颁"胜利勋章"。1946 年 9 月至 1948 年 7 月，吴南章任龙游县参议员；1948 年 9 月复任县立初级中学校长，直至 1949 年 5 月龙游解放。

吴南章外表严竣，刚正不阿，少年老成。1923 年 4 月 15 日，吴南章同龙游学生两人来京见余绍宋，言龙游水巡金巡长名奏者不法事，余绍宋允为作书致徐允中撤换之。

1934 年 9 月 9 日，姜仁杰自龙游来杭见余绍宋，托其带一信与蒋县长，言聘任县议员事。当时现制规定县长聘任十人，其中五人由省政府圈定，此事与地方前途有关，余绍宋因保举五人：吴南章、姜启周、吴增丰、胡振岳、陈兆兰，此五人皆县中铮铮者。由此可见，余绍宋对吴南章极为信任。

1935 年 8 月，龙游地方银行终因资金周转困难停业。余绍宋、吴南章为银行复业之事奔波。8 月 21 日，周俊甫赴任龙游县长。28 日，龙游举代表吴南章、陆崇仁、马庆春三人与余绍宋商量银行复业事。至 10 月 18 日，余绍宋应吴南章等招宴，座中徐澄志、周俊甫为主客，谈由浙江地方银行接收龙游地方银行之事，遂成，资产转让给浙江地方银行。

吴南章擅书画，余绍宋在所绘《龙丘山图》序言中云："图中皴擦渲染，得吴君南章之助不少。"从余绍宋《春晖堂日记》中可知，余绍宋常和吴南章合作书画。

1936 年 3 月 10 日，余绍宋返龙游地方银行后，南章属以书画消遣，遂从事涂抹。次日，余在银行无事，仍与南章合作画幅，虽雨而来客仍甚多，不能悉记，来客观余作画，兴致颇佳。

1936 年 11 月 19 日为余绍宋母亲生日，余绍宋循例祀先后赐家人食面。补成五尺中堂山水，题云："丙子十月朔，循例作画为母寿，吴君南章适自龙游来，观余落墨，发兴助余皴擦，遂以一日之力成之，因记以志庆幸。"

1937 年 6 月 9 日。余与龙游同人杯酒言欢，倾襟道故，至可感也。吴南章出纸笔，兴发画竹大小三幅，分赠荫庭、景华、振岳，又与南章合画三数张，皆余所题识，不及详记。

而唐作沛与余绍宋相识相知亦为吴南章介绍。余绍宋在日记中曰："1937 年 9 月 10 日，吴南章同唐作沛来，言此君擅长花卉。"

17 日："南章竟日在此。客散后已薄暮，而余久未作画，忽觉技痒，因与南章合作五尺横幅古松。"

19 日："写松两幅，南章来作画，唐作沛亦来。今晚原欲约南章、羲农、天驷、荫庭、寿祺诸人泛舟双桥赏月，而重阴微雨，大为扫兴。"

30 日："与南章合作《耕隐图》成，题云：'包君宗陶属南章作此图，原拟作平远清夷之景，余不谓然，为作云山隐现，使成高远，似章法位置较为适宜。惟南章用笔谨饬，余出以疏宕，不知亦觉枘凿否，维羲农鉴之。'加题云：'今何世耶，舍躬耕实无隐处，羲农以此为号，是真知苟全之道者也，故乐为之图。'"

10 月 1 日："与南章合作《溪山新霁图》赠景华，题云：'点窜南章所成之，似颇得小米遗意。'"

18 日："题与南章合作云：'南章先写枯树，深自惬意，属为补竹石，既成，似有元人风格，欣然记之。'"

19 日："南章作《龙山纪游图》成，亦将纪游胜诗题其上，诗曰：'风雨催重九，鼓勇成胜游。念乱无己时，故乡行归休。龙山久在望，今晶始探幽……'吾所作诗只是随笔抒写，毫不足存，故随作随弃云，从不录入日记，今日因题画故破例录之。"

1938 年 4 月 8 日，余绍宋约龙游诸人游豸屏山，归后并作《豸屏纪游》大幛。原画题云："戊寅三月八日，同胡宝灿、陈兆兰、曹大保、吴南章、祝葆谌、童藻卿、何云臣、王壮涛、袁景华、钱景棠、叶雪青游此山，余既有诗记其胜，复与南章合作此图，凡八日始就。余绍宋时居沐尘山中。"又题："此图章法布置及树木点苔，多出拙手，其他南章之功居多。

越园记。"并有长诗题于该画右下方,用章草书写,极飘逸秀美。

吴南章与余绍宋相聚之频,合作作品之多,让人目不暇接,此也足显吴南章画艺之精。

1949 年五六月份间,吴南章与余绍宋相继离世,从此,一个属于他们的时代宣告结束。

吴氏父子是石亘吴氏的杰出代表,他们出身于书香门第,可谓是名副其实的教育世家。沧桑逝水,风习递嬗,传承书香门第的家风,是弘扬中华优秀传统文化的重要组成部分。可喜的是,这种书香情怀得到了更多后人的自觉认同与弘扬。

赵抃与龙游

　　近年来，研究赵抃者愈众。"铁面御史""苦参政"赵抃乃衢州名贤，尤以蜀中政绩有声，史称"蜀民歌之"。其著作《赵清献公集》，宋元明清均有不同刻本。

　　闲时翻阅明万历詹思谦刊本《赵清献公集》，小有心得，便摘录之。如序中落款："时至治首元仲冬二十又六，蒙古晋人僧家奴钧元卿又拜跋。"对此"蒙古晋人僧家奴钧元卿"一直不得甚解。后在查阅刘基资料时悉：僧家奴（僧家讷、僧嘉讷），一名钧，字符卿，号崒山野人，蒙古人。以世家子为武宗宿卫，同知温州路总管府事，至正初官至广东宣慰使都元帅，行浙行省参政，河东宣慰使。刘基撰有《送僧家奴参政赴河东宣慰使》，此也为读书所获。

　　《赵清献公集》四册十卷，前四卷均为奏议，第五卷奏议三十二篇，杂文八篇；第六卷五言古诗十五首，第七卷五言律诗一百零四首，第八卷排律十九首，第九卷七言律诗一百六十首，第十卷七言排律一百八十二首。凡《赵清献公集》中涉及龙游的文字，更是逐字阅之。然赵抃在集中关于龙游的描述并不多，比较熟知的是《龙游县新修塔院记》。

　　赵抃的八篇杂文中"记"二篇，"铭"二篇，"赞"一篇，"颂"二篇，"疏"一篇。《龙游县新修塔院记》属"记"，末有"起明道二年九月九日，讫庆历四年六月十九日院成，明年十月十二日始为记。京兆慎东莱书铭"。可知舍利塔院落成于庆历四年（1044年），其落成时间与龙游城始创文宣王殿（孔庙）是同一年。

对比舍利塔院碑拓，略有别。原碑拓中共十五行，行四十二字，且有题款：承奉郎、守秘书丞、会稽赵抃撰。末题：嘉祐壬寅春三月景寅，京兆慎东美书。

由此可知，题款人赵抃撰《龙游县新修塔院记》是宋庆历五年（1045年）十月十二日。而书者为京兆慎东美，据嘉靖《府志》隐逸传，慎伯筠，字东美，豪于诗，有盛名，亦西安人。那《赵清献公集》中的慎东莱，即慎东美，“莱”字属笔误。

杂文中还是一篇“铭”也是写舍利塔的，即《新建舍利塔铭》，末有“嘉祐三祀，素秋之季。建者江氏，铭以为识”，时间是嘉祐三年（1058年）秋。此与明万历壬子《龙游志》记载有别，如两旧志将记与铭合二为一，且铭后的时间是“嘉祐二祀”。核对碑拓，并无铭词。民国《衢县志》卷二十九辑录，题作《大宋衢州龙游县白革湖新修舍利塔院记》并注云：记文照原碑，无铭；铭依《清献集补》。

综上，赵抃所撰的应为两文，且时间上相距十三年之久。

赵抃在第七卷五言律诗中还有一首《题灵山寺》，余绍宋将其录入民国《龙游县志·文征》中。

我为灵山好，登留到日曛。
岩幽余暑雪，钟冷入秋云。
篇咏惟僧助，尘烦与俗分。
明朝入东棹，因得识吾文。

赵抃是礼佛之人，《宋史·赵扩传》记载：“抃长厚清修，人不见其喜愠……日所为事，入夜必衣冠露香以告于天，不可告，则不敢为也。晚学道有得，将终，与屼诀，词气不乱，安坐而没。宰相韩琦尝称抃真世人标表，盖以为不可及云。”

赵抃入川主政时，以一琴一鹤自随，且极为重视清修。其洁身自好，晚年更是学道有得。故其在《赵清献公集》中，有关寺院的记载也特别多，如八篇杂文中四篇与寺院有关。而在律诗中，与寺院相关的，更是不计其数，这首《题灵山寺》便是其一。

灵山原名徐山，据《灵山徐氏谱》记，灵山徐氏这一脉系出伯益，至三十二世为徐偃王，七十世为徐元洎，元洎被称为灵山徐氏“过江始祖”，于汉元帝建昭四年（前34年）任江夏太守，至成帝河平二年（前

27 年）升迁为秘书监金紫光禄大夫，于成帝阳朔二年（前 23 年）五月十八日始，避王莽之乱，自江北迁徙太末县城南泊鲤村，即今灵山。龙游灵山尤因韩愈撰《徐偃王庙碑》而闻名于世。

此灵山寺自然不是指徐偃王庙。灵山寺的位置大概在灵山东面的一山峰上，四面凌空，江水环绕，山峰如孤柱立于开阔的江面之上，山径幽深，即现在的塔山寺。

关于灵山寺，唐代罗隐也有一首诗：

> 晚景聊摅抱，凭栏几荡魂。
>
> 槛虚从四面，江阔奈孤根。
>
> 幽径薜萝色，小山苔藓痕。
>
> 欲依师问道，何处系心猿？

这首诗所描述的景色与塔山也极为接近。当时罗隐与衢州刺史孙玉汝为莫逆之交，罗隐常流连于衢州山水名胜，留下不少的诗篇。

但查遍佛教志等，龙游并无"灵山寺"的文字记载，倒是明万历中万寿堂刊《一统志》中另有灵山寺的记载："灵山寺，在开化县治西，宋皇祐中建。"其中缘由，不得而知。

的确，全国范围内，古代称灵山寺的众多。《赵清献公集》第十卷七言排律中还有一首《同信守赵诚司封会灵山亭》（目录中为寺）：

> 寺亭高绝面灵山，迤逦群峰不可攀。
>
> 登赏谁知贤者乐，狱扉空冷讼筒闲。

此意也符合灵山寺之景，但是否在龙游就更难考证了。

赵抃不仅对龙游的山水寺院感情深厚，对龙游理学也是推崇倍至。如万历壬子《龙游志》记载着赵抃与刘鼎间的故事："刘鼎学问宏博，议论浩瀚，一时学者皆从之，同郡赵抃见而奇之曰：'君操履有古人之风。'及见其文，叹曰：'君当抗行韩、柳，非科止之也。'"可以说，宋时龙游及衢州理学的发展是衍圣公安家衢州的一个重要因素。

自古文章留不住，总是评论得人心。赵抃留下的寥寥数语，丰满了龙游的历史底蕴。不知这般摘摘录录，是否能引起你的共鸣？

朱熹与南孔圣地的缘

　　建炎二年（1128年），宋高宗南渡，孔子第48代嫡孙衍圣公孔端友扈跸南下。建炎四年（1130年），赐家衢州。南宗孔庙由此扎根衢州，衢州成为世人朝圣之地。同年九月十五日午时，朱熹出生于尤溪城外青印溪南毓秀峰下郑安道（义斋）馆舍。时间上的巧合，冥冥之中，注定了他与南孔圣地的缘分。

　　父亲朱松为儿子取小名沈郎，小字季延。那朱熹又为何常自称新安朱熹？

　　朱熹祖籍徽州府婺源，徽州古称新安。新安郡（280—758年），含徽州与严州大部，位于钱塘江上游的新安江流域，属于古代的浙西地区。朱熹与"二程"（程颢、程颐）创立的新安理学是中国思想史上有重大影响的学派，在新安的传播和影响深远。而"新安"之名与衢州也极有渊源。东汉初平三年（192年），太末县分置新安县。2010年龙游县詹家镇夏金村方家山汉—六朝古墓群东侧1号墓中曾出土一枚印文"新安长印"的铜印。晋太康元年（280年）新安县改名信安县，此年正是新安郡设立时。

　　朱熹与衢州的第一次相遇在绍兴八年（1138年）三月。9岁的朱熹随父亲由浦城入都临安，衢州是必经之路。之后虽有来来往往，但并无明确记载。直到绍兴十八年六月，朱熹刚参加完殿试，与常山的魏钦成、开化的陈闻达同为王佐榜进士，便专程到江山南塘（清湖）拜谒理学大师徐存。徐存曾师从杨时，为程颐再传弟子。南宋初，徐存多次拒绝秦桧征召，隐居南塘，设书院讲学，门下子弟前后达千余人。其中，江山县周贲、柴卫、郑升之，西安县郑雍、陆律及常山县江泳，皆为南宋理学名士。徐存著有《六经讲义》《书籍义》《中庸解》《论语解》《孟子解》等，但均已失传，现仅存《潜心室铭》。

朱熹在《跋徐诚叟赠杨伯起诗》中回忆："熹年十八九时，得拜徐公先生于清湖之上，便蒙告以克己归仁，知言养气之说。时盖未达其言，久而后知为不易之论也。"应该说，徐存的心学研究对朱熹"存天理，去人欲"的理学主张有极大的影响。

自此，朱熹开启了他的"南宋理学之路"，这条路，或北而南，或南而北，在金华、衢州、信州、抚州、武夷之间穿梭往来。[①]

而朱熹往返于衢州最为密集的阶段是淳熙年间。其间，朱熹曾来南塘凭吊徐存遗冢，留下《重过南塘吊徐逸平先生诗》："不到南塘久，重来二十年。山如龟背厚，地与马鞍连。徐子旧书址，毛公新墓田。青松似相识，无语独凄然。"

淳熙年间，正值中国学术活动繁盛之时，学派林立，各臻其妙。朱熹的"闽学"，婺州吕祖谦的"吕学"，张栻的湖湘学派，并称"东南三贤"，朱熹曾三会吕祖谦。第一次盛会是淳熙二年（1175年）四月，在福建崇安县（今武夷山市）的寒泉之会。第二次盛会是同年五六月间在江西上饶铅山县的鹅湖之会。而第三次盛会，则是淳熙三年三月二十八日至四月十二日间，在开化县北汪观国、汪杞兄弟听雨轩内的三衢之会，即包山之约。[②]当然，三衢之会，张栻也参与其中。据《开化县志》记载："朱、吕、张、陆听雨轩诗，则叶寅旸以为讲学于常，实非无据，惜无表彰其事者，遂使先贤过化之迹湮没不传，则吾儒有不能辞其责者矣。"

朱、吕等就《诗经》《尚书》《周易》《春秋》等经学与史学问题进行了全面的讨论，还进行了儒释之辩，并提出了两人思想上的分歧。可以说，这是衢州历史上举行的一次重要学术盛会，甚至可以说是南孔文化落地衢州的开山之作。

此次三衢之会地点是由吕祖谦选定的，《朱文公文集》卷三十三《答吕伯恭》四十五曰："承喻以期会之所，甚幸。但区区此行，迫不得已，

① 引自黄灵庚在衢州举行的《衢州文献集成》学术研讨会所言，2015年10月27日。

② 束景南：《朱子大传》，福建教育出版社1992年版。

须一至衢，正以不欲多历郡县，故取道浦城以往。只拟夜入城寺，迟明即出，却自常山、开化过婺源，犹恐为人所知，招致悔咎。今承诲谕欲为野次之款，此固所深愿。但须得一深僻去处，跧伏两三日乃佳。自金华不入衢，径趣常山道间尤妙。石岩寺不知在何处？若在衢、婺间官道之旁，即未为稳便。盖去岁鹅湖之集，在今思之，已非善地矣。"

朱熹在信中问及的石岩寺，《东莱吕太史文集》卷十五《入闽录》曰："二十二日……三十五里，宿安仁。……二十三日，三十五里衢州……未至衢二十里，下道数百步，有石岩寺。岩颇敞，然气象庳陋。"可见，石岩寺在安仁与衢州之间，只是我们尚不能确定石岩寺的具体位置。

三衢之会后，朱熹又留下《汪端斋听雨轩》诗："试问池塘春草梦，何如风雨对床诗？三薰三沐事斯语，难兄难弟此一时。适兴静弹琴几曲，遣怀同举酒千卮。苏公盛遇多游宦，岂不临风尚可思。"

朱熹与状元汪应辰也交往甚密。隆兴元年（1163年）三月，在汪应辰的荐引下，朝廷召朱熹赴行在重申前议于垂拱殿；四月，朱熹应邀到福州，讨论北伐抗金及盐法等闽中事宜。时值张浚来招落职居福州的刘宝去用兵，汪、朱设宴为之送行。七月，汪应辰除敷文阁待制，荐引朱熹代之。隆兴二年七月，汪应辰除四川制置使，北上入都奏事，经武夷同朱熹相见，向其垂询入对事宜，讨论修政事攘夷狄。

朱熹与汪应辰常书信来往，主要是互通书籍文献，求《易传后叙》《传易堂记》等，论及《太极说》，并就《东、西二铭》以及庙制等交换见解。三衢之会前夕，汪应辰去世，朱熹赶赴衢州超化寺哭祭，并撰《祭汪尚书文》："惟公学贯九流，而不自以为足。才高一世，而不自以为名。道遵德备，而不自以为得。位高身重，而不自以为荣。"朱熹写给汪应辰的还有《挽汪端明》诗。

朱熹与汪应辰的关系还体现在绍兴二十七年（1158年）状元王十朋的墓志铭上。乐清人王十朋的《宋龙图阁学士王公墓志铭》为汪应辰撰，宣教郎新权发遣南康军事朱熹题盖，张栻书。原墓志铭因历史原因被毁。

南宋时期的衢州，儒学氛围非常浓厚。除了徐存，对朱熹理学上有影响的还有隐士刘愚以及掀起心学先声的徐霖。在中国文化史、传统思想史、教育史和礼教史上，影响最大的前推孔子，后推朱熹。朱熹是唯一非孔子亲传弟子而享祀孔庙，位列大成殿十二哲者中，受儒教祭祀。

康熙帝称他"集大成而绪千百年绝传之学,开愚蒙而立亿万世一定之规"。而他的这些成就,其中就有南孔圣地给予的丰富营养。如果说朱熹的祖籍属于婺源,少年属于尤溪,老年属于武夷或建阳,那么朱熹的中年是不是应该属于衢州?

当然,朱熹也视衢州为故乡。淳熙八年(1181年)八月,浙江饥荒。九月,朱熹"改授提举两浙东路常平茶盐公事,拜命,乞赴行在奏事"。此后的数月间,朱熹几乎奔波在衢州大地上,体察民情。他曾连上数道奏疏,他在《衢州赈荒疏》道:"至十一日,始入本路衢州,问得本州灾伤,常山、江山、开化三县为甚,而西安、龙游次之。"又在《奏疏历婺、衢救荒事状》中道:"臣于正月某日,由兰溪县界入衢州龙游、西安、常山、开化、江山县。"

除了奏报衢州各县灾情,他还奏请朝廷给予减免税负和减缓催欠,并设法解决春耕问题。他在《乞借稻种状》奏请:"并衢州申,管下属县那借官居钱五百贯文,及劝谕上户将收到稻种,共二万一千六百二十二石四斗二升二合,酌量分借乡民布种去讫。"

同时,他调查时弊和贪官污吏的劣迹,弹劾了一批贪官以及大户豪右。朱熹先后六次上奏弹劾唐仲友及衢州守臣李峄等。他在《奏衢州守臣李峄不留意荒政状》中奏道:"知州事朝散郎李峄,事务掩蔽,不以实闻,及转运司访闻差官,验问既得其实,反为李峄执称无水。而其亲戚,方在政路,曲为主张,遂再下提刑司体究,欲以遂其奸诈。幸所差官,不肯曲从,方欲具以实闻,又为李峄生事把持,至今未竟……"

朱熹历巡龙游时,曾到祝家巷拜访祝次仲,并为之题《观祝孝友画卷赋五首》:"春晚云山烟树,炎天雨壑风林。江阁月临静夜,溪桥雪拥寒襟。……茆屋无烟火,溪桥绝往还。山翁独乘兴,飘洒一襟寒。"

或许龙游的灾情相对较轻,他才有此般心情登上通驷桥赏景,且把他乡当故乡。

朱熹还撰有《烂柯山》《仙霞岭》《寄题江氏七贤堂》《挽江淑人张氏》《衢州江山县学景行堂记》等诗文。他与衢州的山山水水、贤达名流结下了不解之缘。

虽然《观祝孝友画卷赋五首》真迹已无流传,但在2018年冬,北京嘉德拍卖会上出现一幅朱熹的书法真迹,落款时间正好是淳熙八年

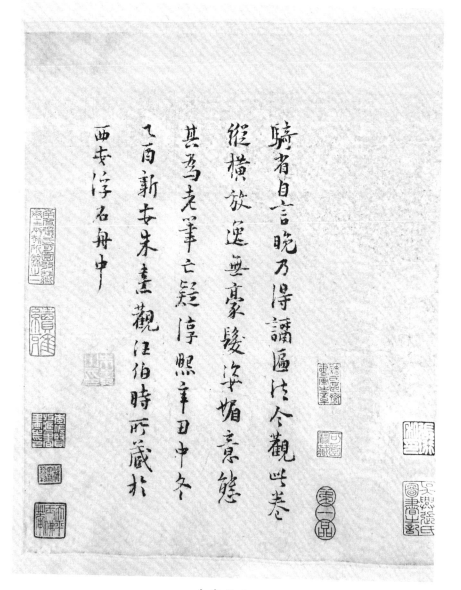

朱熹书法

（1181 年）冬，而描述场景是在西安浮石舟中。内容为："骑省自言，晚乃得䨱匾法，今观此卷，纵横放逸，无豪发姿媚意态，其为老笔亡疑。淳熙辛丑中冬，乙酉新安朱熹观汪伯时所藏于西安浮石舟中。"

䨱匾法大概是一种篆书的书写方法，因为徐铉擅篆书。作品中提到的人物汪伯时为汪应辰的长子。汪应辰也善书法，尤善行书，人得片纸寸楮为荣，传世作品有《中庸毕二帖》《与子东贴》。汪伯时弟季路，工书，常为父代笔，也善山水，著有《淳化阁帖辨证》。我们从楼钥的《题汪季路侍郎所藏吴道子天龙八部》诗、杨万里《题汪季路太丞魏野草堂图》《汪季路所藏李伯时飞骑斫鬃杨枝绣球图》等诗，可知，汪应辰的二子皆富收藏。朱熹曾为之撰《题绍德庵真如轩写呈伯时、季路二兄》诗。

从此卷来看，信手而出，运笔迅疾，不事雕琢，无意求工，其书法深具功力，处处流露出自然之美。此卷章为"朱熹之印"，边上收藏印颇多，有海宁释六舟、南皮张氏可园（张之洞儿子），还有张葱玉都收藏过，是一幅流传有序的作品。

朱熹自幼随父亲及武夷三先生刘子翚、刘勉之、胡审习字，尝学曹孟德书，后攻钟繇楷书及颜真卿行草，一生临池不辍，书法造诣精湛，笔墨雄赡，超逸绝伦。他虽在尚意的宋朝，却非常注重法度。后人评价其书法"精彩如新，潇洒老苍，绝无尘气"。自古以来，朱熹的传世墨迹，虽是断简残编，也被奉为至宝加以珍藏。

朱熹重视教育，长期从事讲学活动，精心编撰了《四书集注》等多种教材，培养了众多人才。在衢州，朱熹受业弟子颇多，比较知名的有淳祐七年（1247 年）丁未张渊微榜开化进士汪澄之，仕至文渊阁纂修；开化进士许汝能，仕至徽猷阁学士等。

衢州还留寓有许多朱熹的后人。柯城区华墅乡园林村朱氏、杜泽文林（今樟树底）朱氏、圣桥朱家、王车塘朱氏、安仁朱氏、龙游社阳大公殿朱氏均为朱熹后裔，他们谨遵《孔子家训》"故君子少思其长则务学，老思其死则务教，有思其穷则务施"，以"克己复礼"相勉。

历史文化是城市的灵魂，朱熹与南孔圣地相遇的林林总总，不是几个故事、几篇诗文可以讲完。朱熹与衢州的缘分，更是一座文化宝藏，也为南孔文化增色不少。作为南孔文化的发源地，我们有着丰富的资源和优势，更有义务和责任将南孔文化发扬光大。

龙游城灯会忆旧

2017 年的 6 月 10 日是我国调整后的第一个"文化和自然遗产日"，龙游县湖镇的硬头狮子表演亮相杭城，为浙江省非物质文化遗产文献馆开馆献上美好的祝愿。硬头狮子在灯舞中占有重要的地位，深受本县乡民喜爱，这也让我想起旧时的灯会。作为古城，龙游城的灯会很有特色。

灯会一般与祭祀有关。据说元宵（上元日）燃灯的习俗起源于战国时期楚国人祭祀天神太一，在屈原《九歌》中有一首民歌《东皇太一》，就是描绘民间祭祀太一神的场景。祭祀的同时，老百姓自编自演歌舞、竞技嬉乐踏歌娱情，并在屋前房后，田头园林，秉烛举火，光映夜空，俗称"照田蚕""逐地鼠"，希冀全年庄稼减灾避害，桑蚕获丰收。

龙游城灯会的历史同样悠久。最早燃灯祈福的形式在《龙游县志》中有相应的记载："相传正月初一日出行，遇乙姓之灯，是年必诸事遂意，俗谓之神灯。"乙姓源于子姓，出于商王朝的乙氏、一氏属于同宗同源，是龙游最古老的祖姓，至宋淳熙十一年（1184 年）甲辰尚有进士"乙叙源"的记载。也就是说，龙游城燃灯的历史最早可以追溯到远古时期。

小时候，常听祖父讲述逛龙游城灯会的故事。龙游城灯会往往伴随庙会（迎神赛会）而起，清代时，还有了相对固定的时间和地点，从正月十三起，廿一日止。龙游城中原有甲市北社、乙河西社、三旌忠社、四西华社、五观风社等十社，每个里社各有社庙。各社按年度在城隍庙轮值演剧祀神，街市张灯结彩，入夜燃爆竹恒达旦不休，村童并骑走马，唱采茶歌以为乐。

正月十三或元宵节，轮值的里社在城隍庙内支起一个大盘灯，圆径约丈余，高亦丈余，彩结楼亭人物，有十二花神像，用滑车悬绳上下之，绳极粗大，吸引大批市民围观。

每个里社对灯会都非常重视，生怕出一丝纰漏。道光二十二年（1842年）灯祭时，轮到新民社值年，绳无故断裂，其灯自焚，绳断处如剪截，大家都认为这是一个不好的兆头，后来果然在花神日（龙游是农历二月十二日）发生大火，并且是有新民社失火之说。

元宵节的灯节，各商号都要出花灯节目，如狮灯、龙杰、抬阁、巧台、马道、长脚等，滋福堂药店常出狮灯。到了傍晚，待五彩缤纷的花灯在大南门运动场集合完毕，鞭炮齐鸣，锣鼓震天，一排排花灯预走一圈。然后依次出发，经过大街小巷。有些城里的小孩子还要在巧台上表演，扮演八仙过海中的吕洞宾等，之前要梳妆打扮，脸敷水粉，抹胭脂、画上眉、按假须，身穿戏装、斜插宝剑，脚蹬高靴，坐在巧台上的座位上，让衣袍覆盖着，样子像站着，可神气了。

正月十九则要举行祭祀活动，因为正月二十是徐偃王生日，龙游人崇尚徐偃王，王庙建在东华山。城中各社先准备各类祭品并提前一天请城隍神出庙，率各社土地神到东华庙为王上寿，仪式很庄重。这一天，城中要举行赛会，各社必出一灯，别出心裁，形状不一，争奇斗艳。于是，唱戏、舞龙、舞狮等各式各样的民间活动紧锣密鼓地开展起来。

到了正月廿一日，还要邀请各乡的灯舞、龙舞、狮舞进城祀神并游街市，乡下的亲朋好友也纷纷进城贺岁。城里的市民，尤其是女子、小孩们，都穿着艳丽的服饰，兴致盎然地挤到街上来观赏花灯夜会。当然，城隍庙周边林林总总的小吃是最诱人的，板栗粽子、米糊、葱花馒头、豆豉、山粉肉圆、葱肉烤饼，都是市民最喜爱和乐为解囊的美食。

待天色渐暗，迎城隍神回庙仪式正式开始，行程是从东华庙出发，市民列队持灯照耀衢路，入东门经大街，最后抵达城隍庙。

迎神出庙时，第一个节目是硬头狮子在东岳庙前表演"狮子上殿"，这是灯祭活动中非常隆重而精彩的一个环节。临殿前，先燃放三响大铳，声响震得周边的人全捂住耳朵；再接着连续燃放十五下小铳，在四面八方高举的火把、火斗的强烈照耀下，一对硬头狮子并肩而立，精神抖擞、威风凛凛。狮子随着锣鼓的强烈节拍，"双狮斗角舞"由此开始。狮子晃着脑袋，眼睛一眨一眨，惟妙惟肖；时而跳跃，时而对夹，时而摆威，时而撒衣，迎来阵阵喝采。硬头狮子表演有"开四门""跳十字""跳街""踏八卦"等内容。

而软头狮子"貔貅"的表演也同样吸人眼球，一会儿两只貔貅面对面直立"竖牌坊"，一会儿面对墙壁"爬板壁"，舞中还有"生小貔貅"的细节，令人称奇。

舞龙的表演就更丰富多彩了。青塘坞的板龙、塔石舒村的脱节龙、姚西塘的断头龙、地圩的泥鳅龙、溪东双龙和龙南的节节龙陆续出场。

最为壮观的是青塘坞的板龙。板龙历史悠久，始于元末明初，也称"龙板灯"，相传是专为治水的夏禹王而设。龙板灯有 120 节，每节 2 米长，龙角足有 1.5 米长，整条龙长达 2500 米，舞员有一百多人。舞动时，龙头由一壮年背着，六个人在两侧用铁叉举撑，他们沿路举迎，边走边舞。在开阔地，先以龙头追逐龙珠，然后以龙头为轴心，快速盘卷，状似圆盘；或以龙头为中心盘龙卷起，龙头回转半条龙后，又与别的龙灯、龙尾为中心再盘，形成两个大圆盘，呈现出一条光芒耀眼、华丽璀璨的巨大盘龙，蔚为大观。但由于受场地所限，并不是每年都会请来表演。

而地圩的泥鳅龙则灵活得多，泥鳅龙身小，由龙头逐龙珠起舞，接着各节龙身及龙尾部都随之摇摆而舞动起来，在强烈节奏的锣鼓声伴奏下，他们施展出贴地滚舞，个个身段矫健灵活，手舞足跃，龙身忽上忽下，忽左忽右，跳跃翻舞，前扑后仰，最有观赏性。

狮子是清洁灯，有着祈愿"国泰民安"的作用；而龙灯起着祈愿"风调雨顺"之意。若狮子和龙灯在空旷处相遇，就要进行"狮子抢龙头"，如果狮子碰上了龙须，就算抢着了龙头。当然，由于狮子头笨重，而舞龙者又个个都是高手，狮子很难取胜，但有了这个环节，气氛变得欢快起来。

庙前表演后，各商号出灯汇成花灯队伍，浩浩荡荡进入街市。一路上，小儿走马灯的表演很谐趣。走马灯的演员由 6—12 岁的小男孩担任，超过 12 岁或个子过高就得调换。他们戏装打扮，将用篾扎成的马头、马尾，系在腰间，俨然是骑马人坐在马背上的样子。小儿走马灯还有唱腔，主要由元小令和龙游民歌组成。他们边跳边唱，最是喜庆。

当然，多姿多彩的花灯更是不计其数，有大型灯、小型灯；有各类动物形象，如狮子灯、蟠龙灯、马灯、猴子灯、金鱼灯；有美丽的花朵，如花篮灯、莲花灯、牡丹灯、菊花灯；有良好的祝愿，如长生灯、如意灯等，玲珑精巧，琳琅满目，锦绣交辉。最引人注目的是湖镇隆盛南货店的狮子灯。狮子灯浑身雪白狮毛，狮身灯光透明，色彩华美。在锣鼓伴奏下，由一颗红色大球珠诱着狮子灯起舞，狮子追逐着红色球珠的旋转变动，摇摆舞动着狮身，舞姿优美灵动。

印象比较深刻的还有溪底杜的"麒麟灯"，那"麒麟"一跃起，两面甩、绕头、横退、田鸡蹦、吐火，种种动作娴熟又精彩，活灵活现。

最后压阵的是迎城隍神回庙的队伍。一座雕刻精巧、庄严肃穆的城隍神神龛轿座，全副仪仗，由四人抬着，里面的城隍庙头描金，披彩袍。随后是各社土地神，接着便是四位铳手和"十番锣鼓"，一路放铳，锣鼓喧天，吹吹打打，浩浩荡荡。

当城隍神的神龛轿座路过沿街商家店门时，店主或长者都要身着长袍马褂，以虔诚之心，恭敬之仪，迎往座龛前进香，并燃放爆竹。所以，这支迎神队伍前行非常缓慢。登高远望，灯光林列，观者云集，熙熙攘攘队伍就像一支长龙，热闹程度远远超过元宵节，灯祭活动达到高潮。

灯祭活动中，也常会出一些状况。有一年"溪东双龙"准备过通驷桥时，突然燃烧起来，后来便有了神灯不过桥之说。还有一次更为严重。1935年正月廿一晚8点多钟，市民拥挤在通驷桥上观灯，一辆汽车欲从桥上通过，人群纷纷向两侧避让，致桥栏挤断，数以百计的群众掉落江中，酿成23人溺水身亡的惨案。由此可见，当时灯会的喧闹程度。

二月初二的土地生日，城中各社也要竞相悬灯，燃放爆竹以庆之，晚上还要设宴聚饮。

龙游城灯会一般以自娱性为主。在灾荒年景，用以驱邪避灾；在太平盛世，用来寄托对美好生活的憧憬和颂扬。如今，虽然每当夜幕降临，龙游城就穿上了五彩斑斓的衣裳，两江河畔、公园和广场的彩灯就像小时候玩耍的万花筒，像一幅流动的画、一帧立体的景、一曲迷人的交响。可是，我们依然会想念旧时的灯会，我想，这就是民俗文化的魅力。而参与灯会活动的许多民间舞蹈，都已列入了浙江省非物质文化遗产名录和《中国民间舞蹈集成》，从某种意义上说，非物质文化遗产比物质文化遗产更重要，它是一个民族的文化基因。而如何进行"非遗"保护，让传承人带徒弟，一代一代传下去，是一个更为迫切的问题。

透过三坊七巷看大南门

昨日看到一篇介绍画家余久一的《如今，最易不过行路而最难不过读书》，行路虽不易，但旅行总会让人有所期待。2018年的职工疗养，我选择了福州—云顶—平潭—厦门这条线路，到了车站却发现，与我同样选择的有好几个龙游团队，可见福州假日旅游之热。

中午12：23从龙游出发，14：46便抵福州，高铁拉近了城市间的距离。龙游自古是浙江东、中部地区连接江西、安徽和福建三省的重要交通枢纽，素有"四省通衢汇龙游"之称，而这种交通区位优势在高铁时代得到了充分的展现。

福州城始建于公元前202年，历史上曾长期作为福建省的政治中心，是中国东南沿海重要都市、东部战区陆军机关驻地。单从建城历史这个角度来看，龙游城似乎还要早一些，太末立县以始皇二十五年为始（公元前222年）；若以姑蔑宫为建城标记，那更要追溯到公元前334年。当然，作为省会城市的福州，是不会与我们计较这些细节的。福州素有"城在山中，山在城内，水在城中，城在水边"之赞誉，2200多年前，中原士大夫们何曾想到，当年的迁徙南下会造就福州城最有代表性的三坊七巷？历史积淀了城市厚重的文化内涵，三坊七巷是福州的历史之源、文化之根。

说实在的，中国式的旅游，时间安排上都过于紧凑。三坊七巷的游览只有短短的两个小时，这般走马观花，要较为深入地了解其历史不大现实，只能寻找几个亮点来展示它的魅力。

三坊七巷地灵人杰。自晋、唐形成起，一直是"闽都名人的聚居地"，宋祭酒郑穆、宋光禄卿程师孟、宋刘涛、宋诗人陈烈、明代抗倭名将张经、清代福建提督甘国宝等均居于此；到了近现代，历史人物更是数不胜数，林则徐、沈葆桢、严复、陈宝琛、林觉民、林旭、冰心、林纾等皆出自此。三坊七巷这块充满特殊人文价值和灵性与才情的热土，成为福州人的骄傲。

其中有一个历史人物与龙游的重大历史事件相关联。1866年，左宗棠来到福州，为的是完成恩师林则徐的遗愿，把福州打造成东方的鹿特丹。左宗棠来到福州的第一步就是在耿王庄设立桑棉局，办起了缫丝厂、纺织厂、翻砂厂、绳网厂等，建成当时国内规模最大的造船厂，创办了福州船政局。若时间再倒退四年，1862年的正月十五，刚就任浙江巡抚的左宗棠自安徽婺源率师，始入衢州，直至1863年正月十三攻克龙游城，左宗棠大部分时间都坐镇龙游，指挥清兵与太平军作战。

历史上，龙游大南门也同样是"名人、学士冠盖云集"，左丞相余端礼、资政殿大学士马天骥、明代桐城县知县陆佐、雷州知府陆瓒、清初左谕德余恂等皆出于此，而历代众多进士更是造就了龙游文化的深厚底蕴。但比较而言，除余绍宋外，全国知名的近现代历史人物相对较少。

三坊七巷由衣锦坊、文儒坊和光禄坊三坊，杨桥巷、郎官巷、塔巷、黄巷、安民巷、宫巷、吉庇巷七巷和南后街一条中轴街肆组成；现存古民居约有270座，有159处被列入保护建筑；以沈葆桢故居、林觉民故居、严复故居等9处典型建筑为代表的三坊七巷古建筑群，被国务院公布为全国重点文物保护单位。三坊七巷古建筑遗存多，且保护较为完整，它有"中国城市里坊制度活化石"和"中国明清建筑博物馆"的美称。

而受咸同兵燹等影响，大南门古建筑遗存无论是在数量或单体建筑的规模、等级上都远不及三坊七巷，甚至不及县内的志棠或三门源。那么，大南门是否就没有文章可做了呢？

大南门完好地保存了城市里坊制度中"二里、六坊、十八巷"，"二里"指的是状元里、崇儒里，"六坊"是阜宁坊、青云坊、雅政坊、教场坊、学前坊和城角坊。十八条小巷形成了大南门特有的街巷机理，分别为阜宁巷、朝阳巷、朝阳巷一弄、挑水巷、胜利路东巷、胜利路西巷、余家巷、余家巷一弄、余家巷二弄、印心亭巷、雅政巷、兴无巷、教场巷、西湖沿东巷、九曲巷、柴大巷、新华巷、学前巷。保护、利用好现有的古建筑遗存和街巷机理是基础。

龙游县悠久的历史是一个引爆点。现在明清风格的古城遍地开花，正在走下坡路。唯一性、差异化才是核心竞争力。如果在大南门设计过程中放大悠久的建县历史，营造穿越两千多年的意境或许也是一种选择。

龙游商帮也是我们的亮点。我们可以在"浙商之源"这方面做好文章，主动与浙商研究会联系，积极谋求浙商大讲坛、浙商论坛等在大南门承办；可以通过会馆、商号、专业博物馆等形式展示商业文化；还可以通过寻根之旅、举办年会等，吸引商业资本，进行有效升化。

而灵山江、西湖、泮池都是比较有特色的点。沿江的景点往往是最有想象空间的，灵山江畔可以与古城墙结合有一些设计上的突破；大南门的西湖可以打造成中国最美的园林，还有比台北孔庙还大的泮池，包括这次姜席堰申遗成功后，引水入城工程再打造，做活了大南门的水，这条江南的龙就能游起来。这些都是大南门的唯一性，只是还不够响亮，还不成规模，形不成集群效应，这需要所有参与者静下来思考讨论，需要一代或几代人的共同努力。

对三坊七巷印象比较深的，还有美食小吃，如鱼丸、肉燕、芋泥、海蛎饼和锅边等，在业态中也是人气最旺的。美食小吃在一个景区的评价中，分值是很高的。谈及龙游小吃，米糊必在其中。龙游米糊与福建锅边有异曲同工之妙，区别在加料上，锅边加的料杂，有肉末、虾仁、紫菜等，口味比较清淡；而米糊加的料相对固定，一般为榨菜肉丝。米糊与锅边谁是谁的祖，这里暂且不论。在安民巷62号里有一家名叫"左公宴"的店，是因150年前，身为地道湖南人的左宗棠第一次把湖南的火爆辛辣带到了福州。难道龙游人的无辣不欢也与左宗棠有关？当然，龙游的美食小吃品种繁多，特色鲜明，绝不在福州之下，将龙游小吃文化融入大南门是不可或缺的命题。

另外，三坊七巷的业态布置也有可取之处，业态中工艺品占50%，特产占25%，小吃、餐饮占15%，还有10%的展览馆、书店等。小吃店穿插在其他业态中，动中有静，使游客在闲逛时有憩息的地方。还有，南后街有些局部的景观如铜雕塑等吸引了许多游客拍照留念。

但也发现，游客主要集中在南后街，而七巷则显得冷冷清清；南后街销售的小商品大多为雕刻类工艺品、挂饰、玩具和小饰品，同质化严重，低端产品多，体现不出三坊七巷的气质；还有，七巷中有部分住宅在早期时私有化，不利于街区管理。这些都值得大南门借鉴。

最易不过行路，而最难不过读书，一日匆匆过，边游边记，权当读书罢了。

名胜·遗存

六芒星般的阳光在这些古迹上投下斑驳细碎的光影，
让我们记录着所有的细节。
却实在无法一一追溯，
还有多少往事已经淹没于尘埃。
愿此行未央，有一天我们终会走过，
如百年前的模样。

古城龙游西湖园

> 吴侬家近西湖曲，暮暮朝朝吟不足。
> 阿谁剪取半湖春，展向龙丘作横幅。
> 垂杨拂拂水盈盈，旁有幽水深结屋。
> 晓看宿雾放南山，夕待凉蟾上东麓。

清代邵嗣襄《云上》诗中描绘的并不是杭州西湖，而是龙游西湖。

宋时郑得彝有龙丘八景诗，其中尚无西湖。清康熙时黄涛的《龙游十二景诗》中，"西湖柳浪"排在首位。至光绪十四年（1888年）知县高英任内，又正式选定"龙游十景"，"西湖柳浪"是唯一坐落在老城区的"龙游十景"。

谈及龙游西湖必离不开马天骥。我们暂不论马公在官场上的是非曲直，但他在南宋淳祐年间做的两件事是载入史册的：一是马公重教兴学，在绍兴创建稽山书院；二是他牵头重建通驷桥，方便了龙游百姓，深受家乡人的爱戴。其间，马公先后升为秘书监直秘阁，任吉州知州，迁宗正少卿，任绍兴知府、庆元知府，兼沿海制置使等，正是仕途一帆风顺时。

可以说久居杭州的马公，这个阶段便有了在家乡筑造一个西湖的设想。然而世事无常，在庙堂明争暗斗中，马天骥终成了失败者。咸淳四年（1268年）放令自便，马公黯然还乡，却促成了他的西湖梦。

龙游西湖始终缠着杭州西湖的影子，据万历《龙游县志》记载："马天骥西湖园，去治南五百步，天骥奉祠归家所浚，花木亭榭拟杭州之西湖，故名。"

　　龙游西湖，是马公仕途鼎盛时起意、暮年倦鸟归巢时筑成的私家别业，或许他设想中的格调还要更高一些，并且要与岑峰、灵溪、鸡鸣塔、通驷桥等名胜相呼应。宋人讲究天人合一、格物致知的美妙，并形成了顺应自然、平淡天真、中厚质朴的审美观点。所以，龙游西湖虽然只是个仿品，但在小中透出天然去雕饰的道家美学风范，有着与生俱来的韵味和灵气，似一粒种子，在姑蔑城下，在风月无边的灵山江畔，不知不觉便生了根、发了芽。

　　西湖的西面有玄真宫，旧称女宫，宋端平中马公女时润宅。元学士李仔撰《玄真宫记》略曰："玄真宫者，故宋枢密马公天骥之第也。"

　　民国初文学家詹熙《西湖胜景写生》诗云：

　　　　　城中胜景数西湖，画史曾为绘一图；
　　　　　当日画中亭压水，而今傍岸柳莺多。

　　古诗弥漫着淡淡的幽远气息。

　　龙游城隅西南高、东北低，大南门本多泉井，原自然状态下应是有洼地的，马公借势造景，并非无中生湖，西湖与灵山江支流也是相通的。但随着时间推移，由于没有日常的疏浚，到了明初已经壅废，干涸时便成了湖田。

　　时光流淌到明隆庆二年（1568 年），龙游近代的城阙开始兴建。万历六年（1578 年），知县江灅之疏浚了两条大型地下沟渠，这是龙游古代一次非常成功的治水案例，既解决了消防和居民用水，又使西湖与泮池恢复了旧貌。西湖与泮池隔堤相望，而泮池是县学的标志，象征儒家思想的"世泽流长"，西湖之水开始变得灵动起来。

　　黄涛《泮林八咏·西湖》诗曰：

　　　　　西湖不一地，异地可同名。
　　　　　龙游一泓泉，源自南山阴。
　　　　　我闻马学士，疏浚拟西泠。
　　　　　入明建城郭，隔断双湖青。
　　　　　园林失旧迹，花鸟自冬春。
　　　　　中有鱼龙蛰，待听风雨声。

　　此诗印证了明代西湖的变化。

　　从清康熙《龙游县志》及名贤余华的《星堤步月图》并序中可知，

西湖南起于城墙，西至西湖沿路西侧，北至电影院门厅，东至余家巷一弄及其延长线。南北向约200多米，东西横跨约70余米，面积近12000平方米，由三个方形的小湖连成东边略凸起的"目"字形。

西湖在建之初便已基本成型，要说大的变化，除了明代建城郭时，便是后人在西湖周边增筑了一些新的胜地，譬如余氏家族的入住。

余氏家族是龙游城的望族之一，《星堤步月图》并序中云："余族居湖边十有四世矣，堤西余公祠，奉有宋左丞相忠肃公，堤东则余家也。"后来，大南门的余家巷也因此故名。

顺治十四年（1657年），余恂辞官归里，于西湖东侧靠灵山江畔建霁阁，中有大水楼。"南来一水势弥漫，独上层楼纵大观。"描写的正是余恂登楼观水场景。

余恂兄余忱，也是风雅好古之人，于西湖南面穿池引流筑镜园，亦名西园，其中有最阁、非水舟诸胜，结构闲雅。清代徐复诗云：

> 何入堪寻胜，城西十亩园。
>
> 一湾池水绕，四周竹风喧。
>
> 频酌樽中酒，时闻世外言。
>
> 唱酬残月下，花影伴黄昏。

想必西园四周应是翠竹烟柳争秀。

余恂子余勉，晚年于西湖之西添筑宜园，位置在原龙游镇派出所内。其间层楼杰阁、水亭月榭，鱼鸟花木景集四时，名磊园，俗称三石园。三石园内池与西湖相通，池上楼阁台榭极其壮丽。清代吴枫诗赞曰：

> 画阁玲珑画亭接，
>
> 内湖潋滟外湖来。
>
> 东阁官梅诗兴优，
>
> 西湖烟柳泛春舟。

民国时，三石园又成了余绍宋的最爱。

到了乾隆年间，余华又筑室于此，在西湖东面添了一处兰谷，余华所居有见山楼、柳堂、芸辉书屋、纫雪山房、倚南草堂和卧花窝斗庐，与宜园比邻相望，风光极为雅致。兰谷鸟语花香，除梅兰竹菊，还栽有苍松、海棠、美人蕉、鸡冠花等。不同时节，每一处小景，余华都留下了诗作，如他的《栽松》：

> 为爱苍髯性秉直，寒山觅得几龙鳞；
>
> 移来庭畔添新翠，种傍梅间结比邻；
>
> 满耳笙簧风稷稷，一堂云壑石粼粼；
>
> 香清茶熟碧空晚，涛听徐传最可人。

松之形、庭之境、茶之香，仿佛就闪现在眼前。

余华自号星堤，著有《星堤诗草》八卷，也为后人研究西湖提供了珍贵资料。如果仅从诗书画篇，我们想象不到余华竟然是武庠生，精骑射。他与余可大、叶淳以文字交而相尚。余可大作《星堤步月图》，余华并序。三人常在兰谷吟诗作画，酬唱其中，以风雅逸事留遗，为后人津津乐道。

西湖附近尚有岑楼、君子堂、冷阁、凤梧书院和龙山讲院等名胜，原武警二支队大门正对东堤处还耸着一牌坊。西湖，曾让多少文人墨客缠绵于此。余铿的《游最阁四首》、吴枫的《三石园歌》、徐复的《寄怀余岫云太史二首》、叶搴梧的《大水楼遗址》等，龙游西湖，同样的风景，每个人的感受却是不一样的。寿昌的方缵基造访西湖后题《梦舟》诗：

> 皎皎湖中月，窈窈湖中堤；
>
> 湖水何漆漆，堤柳何依依；
>
> 湖边柳深处，中有幽人住；
>
> 每当月上时，行吟自来去；
>
> 吟成星欲堕，坐到月将西；
>
> 相看情不厌，徘徊忆别离。

西湖，让人流连忘返。

西湖的印心亭历来最为文人青睐。清余铿有诗云："家住西湖日往还，歌声不断碧云间。印心亭上斜辉好，一行垂杨半角山。"20世纪20年代，县长周家范又对印心亭进行全面整修，朱漆描金彩色的亭楼、六面延伸的檐角，雕楣与黑底绿字隶体"印心亭"横匾相映生辉。

亭室内除四周围绕的古色靠背座椅外，还置有石桌、石凳供游客下棋和小憩。坐在长椅上，欣赏着岸边白墙黑瓦，小桥流水，是一种惬意的享受。

亭北楹柱上联句"两岸凉生荷叶雨，一亭香透藕花风"为余绍宋所题。亭北端以米字栏杆的桥廊和堤岸相接，"曲桥长廊"又成为绝胜。原凤梧书院校长琚涛则在亭中两柱题联云："胜地重新在姑蔑宫前西湖浪里；纳凉由自看荷花绕槛杨柳垂堤。"西湖的绮丽风光尽在柱联佳句中，柔情荡漾的西湖是人间天堂。

盛夏茭菱献嫩，莲花映红，垂柳摇波，柳莺嘤嘤不休；静夜皎月临堤，碧水清涟，亭台倒影，游鱼历历可数。这里，每一座庭院都很精致，秀气内敛，别有一番江南的柔美风格。沿堤漫步，柳丝掠过肩头轻拂脸颊，三石园飘来悠扬的琴声，与兰谷流水的叮咚声交错在一起，让人沉醉其中。而雨后的西湖更令人俯仰流连，空气中泛着甜润的味道，湖面上升起一层薄薄的水雾，犹如柔柔的白纱，罩在这可人的容颜上，恍如隔世。

登高凭廊远眺，岑峰叠嶂绵延，灵溪层层涟漪，鸡鸣塔高耸入云，通驷桥绿树色寒。泮池水闪烁着点点金色，这是灵耀寺琉璃瓦的反光。偶尔传来的钟声，袅袅绵长，就像西湖的景色，瞬息变化，是一种无法捕捉空灵的意境。西湖的清幽宁静是从姑蔑城的骨子里传出来的。

西湖，人文景观与自然风光完美地融合在一起，如诗如梦。此景此情，正如余华所题：

> 人生那得如堤月，
>
> 清辉长好谐幽赏。

可是，一切的风物，都终是繁华后的尘埃落定。自 20 世纪 30 年代以来，由于长期遭受风雨剥蚀，年久失修，这些镌刻着人文剧情的亭角桥廊，也随着拥有者的逝去而倾圮，加之两罹日寇窜扰，最终覆为一地瓦砾。从 20 世纪 50 年代起，民居、农贸市场、电影院、棒冰厂、煤球厂和印刷厂宿舍等在西湖原址上兴建，时光又勾勒出当代龙游人记忆里的大南门，西湖渐渐淡出人们的记忆。唯有余家巷、泮池以及后来的西湖沿路、印心亭巷，还残留着一点西湖的痕迹。

西湖就像一幅画烙在龙游人的心叶上，繁华落尽君辞去，不堪惆怅意。虽然说历史不能复原，但人们总喜欢念叨着一些往事，期待着一个西湖梦。大南门历史文化街区项目已经正式启动，将来的某一天，漫步文星堤，那些曼妙可人的风景，那些生动鲜活的故事，那些脍炙人口的诗句，就似历史从地底下发出的回音，又回到我们的梦里。

双桥明月

　　每个人的心里都安放着一个家，那里充满儿时的欢声笑语，那是我们的故乡；每个人的心里都流淌着一条河，她像母亲般陪伴我们成长，她是我们的母亲河。母亲河不论长短，不论贫富，她只哺育着自己的花朵。

　　龙游人的母亲河是灵山江。灵山江源于遂昌苏村，途经沐尘、溪口、灵山、石埠、官潭，北折绕龙游城，经泊鲤滩汇入衢江，总长约四十五公里。灵山江是钱塘江的源头之一。

　　灵山江滋润着龙游大地、哺育着龙游人民，孕育了灿烂的文明。古代文人墨客对灵山江的赞美毫不吝啬，留下许多千古绝句，从这些诗词中我们总能找回母亲河的记忆。龙游城临东这一段，宋时，"双港明月"便是著名的龙丘八景之一。

　　灵山江又名灵山港。江水经通驷桥后，分出一段支流，后又并入衢江，双港之说大概也缘于此吧。

　　龙游古城一直为东南孔道，由京城到赣闽，水道从丽水而至，陆路从金华而至，通驷桥成必经之关。通驷桥始建时间无考，最初时是木桥。第一次修建于宋宣和年间，县人祝昌宥妻徐氏捐万金换木改石，但因方腊之乱并未完工。至绍兴中，县令陶定重建通驷桥，长二百步。而影响最深远的一次是淳祐年间乡贤马天骥的重建，"万里东行，胜概压锦江之景；七星北拱，清流射银江之津"。他的《通驷桥募缘疏》又是何等的气概！

　　重建后的通驷桥基础是石质材料，共有十拱，桥面架上木板，桥上建屋五十楹。郑得彝是南宋末期诗人，所以他写《双港明月》这首诗时，所看到的应该是一座廊桥。

到了清康熙壬子春，在黄涛的龙游十二景中，"双港明月"变成"双桥明月"。虽一字之差，月还是那月，景、境却不同。通驷桥历经了多次重修，至明崇祯十二年（1639 年），桥上不再建屋。黄涛眼中的通驷桥已非廊桥。

通驷桥处在城市以东，桥头有两飞阁，所以也叫东阁桥，通驷桥的东首北侧是大势至阁。大势至菩萨摩诃萨是阿弥陀佛的右胁侍者，又尊称大精进菩萨，与阿弥陀佛、观世音菩萨（阿弥陀佛的左胁侍者）合尊称为"西方三圣"。民间后将大势至阁误传成大慈阁。

大势至阁建于明代天顺年间，为知县王瓒重修通驷桥时建造，坐北朝南，木栅栏大门临街，三开间二进两搭厢连天井，其阁厅宽敞，四周古木参天，透着欧阳修《醉翁亭记》里"野芳发而幽香，佳木秀而繁阴"的意境。每至溽暑，阁厅里纳凉和休息的人群熙来攘往，或身躺廊沿，或席地而坐。

与大势至阁相对应的是观音阁。观音阁依着桥礅，始建于清代，原位于永安门外南城墙边，别有风情。民国二十三年（1934 年），因衢寿公路建设迁于桥西首北面，前临灵山江，后倚城墙，西式洋房，三间四层楼。一层城墙边过道，二层餐馆，三层旅馆，四层观音阁，祀观音。四层内有高级茶室，陈设着藤制太师椅和古朴的红木茶几。重建后的观音阁易名为"天香楼"。天香楼每层都备有多盏汽灯，夜晚也亮如白昼，平时贵宾云集，门庭若市。

天香楼廊腰缦回，檐牙高啄。登上顶楼，凭栏远眺，全城风光一览无余：挹岑山之白云，濯灵溪之清流；振之以清风，照之以明月；北望衢江，烟波浩渺，横无际涯。龙洲塔与鸡鸣塔遥相呼应，游目骋怀，神韵无限。

观音阁的南边是永安门。永安门建于明隆庆初。宋之前的龙游古城东门地势是高于木桥的，由于通驷桥改建成石拱桥后地势抬高，永安门实际上是个临江的城门洞，地势与后来的衢寿公路一致，是低于通驷桥面的。永安门上建有城楼，内有官厅三楹。

自永安门至城隍庙段称永安街。永安街与通驷桥唇齿相依，是龙游城最繁华的主街，来来往往的市民摩肩接踵，人头攒动。一到节日更是人山人海，水泄不通。

大势至阁与观音阁倚桥而立，漫步于桥上，江天一色，曾勾起了多少诗人临江畅想。清代徐逢春《晓晴步东阁桥》赞曰：

江天霁色展清晨，杖过桥东满目春。

雨洗万山青绕郭，波回两岸绿平津。

"双桥明月"中的另一座桥则是指小东门外的文昌桥。文昌桥始建于明万历二十七年（1608年），墩六拱五形。桥西首岿然耸立的是七级浮屠龙洲塔。万历三十六年，知县万先廷谦重修时，在桥上盖屋三十楹，文昌祠居西首，上祀文昌，故称文昌桥。

"是在邑诸生振题术之志，屹中流之砥，以无负斯桥！"万知县在《建文昌桥记》的殷切期望，照人心腑，历历可见。

文昌桥西首建有两间堂，县民以知县万廷谦躬督桥功，每出日露冕其处，因各捐资建堂小憩，取唐李颀诗名。两间堂南面还有一飞虹阁。桥西有一孙司理碑亭，为推官孙鲁建。龙游塔的东面泊鲤滩下有龙州庵，亦名文峰庵，后人称灵山殿，南面是古戏台和古牌坊。

与文昌桥对峙的，西边还有一座百子桥，相距约两百步，在现在的文化东路御龙湾小区内。灵山江分出的一支水绕城外由小东门过百子桥而下，至盛家碓下仍同另一支水合流，汇入毂江。明末清初，龙游城内居民殷富，小东门一隅更加繁盛。但因滩岸壅塞，江水不复绕城，城中日渐萧索，所谓百子桥者仅存空名，只是每当春雨泛涨，才始有水通流，平时则像一条枯竭的濠沟。百子桥东首复有百子阁，则因崇祯年间知县黄大鹏有善政而无子，民为之祈嗣而建。

清黄涛有《百子阁观社》诗：

神皋社火识民风，郭外登楼意气雄。

暖日低迷红雾里，春山断续翠微中。

何期节候盈川早，未到清明曲水同。

老友醉归传韵事，乱鞭驴耳在城东。

清顺治十三年（1656年），文昌桥毁于火。康熙二年（1663年）知县艾朝栋募资重建，并在桥的正中建一层楼，矗于江波中可登远眺。又在桥东建钟楼一座，补风水之缺。钟楼左边有堂三楹，祀汉龙邱苌、元赵缘督和艾公。《诗经》咏《蒹葭》云，"所谓伊人，在水一方"，又云"在水之湄，宛在水中央"，故名一水庵。

灵山江水穿过文昌桥奔泄而下，疏为玉虹，隐如金堤，月挂虚蟾，星罗伏兽。文昌桥一度成为龙游城名胜之一，游人如织。

"双桥春水汇长江，渔艇晨炊黄篾窗。十里烟波思旧梦，檀槽桦烛木兰艭。"这种朦胧意境和幽寂情调，是文人情感的寄托和折射。

当然，诗情画意中还有一些市民的生活场景，余铿的这首垂钓诗就特别有生活情趣。

> 泊鲤滩头风日新，通驷桥边垂钓纶。
> 一尺鲤鱼新钓得，风波日日至湖漘。

通驷桥下是普通人家夏天纳凉宝地，有放线垂钓者，有约会谈心者，有悠悠漫步者。通驷桥底的水域有四米深，傍晚时，年少者便集队而来，脚蹬桥栏杆，尽展各种跳水姿势。

到 20 世纪 30 年代，通驷桥畔的东门船埠已经成为灵山江环城最大的商业码头，凡沪、杭、金、丽各地运来的商品都在此地上埠。码头一直延伸到小南门和小东门，南来北往帆船云集，桅杆林立。货船和竹筏连成一片，都停泊在江边歇息或宿夜。老人们说："自古以来，灵山江就是重要的水路运输线，沿江近百里地带的南屏纸、竹制家具、手工艺品以及毛竹、木材等都从此源源外运。"

市民也可从东门外灵山江畔，约上三五同伴，驾一扁舟，穿过通驷桥石拱，在月白风清波光荡漾中，跨过泊鲤滩，奔向衢江，直达张家埠，赶赴一场农历六月十四的庙会。

然而，双桥并不只拥有诗，也见证了太多的磨难。同治元年（1862 年）夏，清军左宗棠部与太平军李世贤部在通驷桥多次发生攻守战。1935 年正月廿一晚 8 点多钟，市民拥挤在通驷桥上观灯，一辆汽车欲从桥上通过，人群纷纷向两侧避让，致桥栏挤断，数以百计的人掉落江中，酿成 23 人溺水身亡的惨案。1942 年，日寇占领龙游，趾高气扬的士兵站在通驷桥边合影。

沧海桑田，岁月终究没能留住这些古迹。文昌桥年久失修倾毁于光绪后期，观音阁于 1942 年被日寇窜扰时与通驷桥三个桥拱一并炸为灰烬，大势至阁于 1982 年改建为综合公司大楼。通驷桥于 1999 年被炸毁，原来的石板桥不复存在。

如今，新建的通驷桥、荣昌桥和彩虹桥早已是城市的新景观，龙洲公园也成为市民最喜欢逗留休憩的港湾。我喜欢在这样的时光里发呆，追溯着遥远的往事。小时候，我惊骇于灵山江洪水的肆虐，她也吞噬过一个个鲜活的生命；我戏嬉于干涸的江底，捡起散落在淤泥里一枚枚锈迹斑斑的古钱；我也见过渔夫在江中撒网，岸上扬起此起彼伏的捣衣声……

我喜欢在这般洁净清幽的灵山江畔漫步，安静地享受母亲河赠予的每一处感动。灵山江缓缓流淌，到处是生机勃勃的景象；龙洲塔迎风耸立，默默地佑护着一方安宁。

可是，当我们为这个时代欢呼雀跃的同时，我们也需要冷静下来作一些反思，我们是否真的善待这个城市的历史文脉？在发展过程中，当事者对经济利益的考量毫无例外都是主因。但我们不能迫于发展的压力，急于甩掉历史的包袱，就对一些历史记忆进行随意的涂抹。放眼世界，没有哪一座城市在现代化进程中是以摧毁历史的重建方式来完成的。很多城市的发展，也常常采用保留旧城另建新城的模式，维持着历史和现代的平衡。而我们所需要的平衡，没有理由找不到，时间终会给出答案。

古塔兴文运

　　站在龙游古县衙遗址上，依稀可见隔岸的鸡鸣塔。古塔掩映在鸡鸣山麓绿树之中，矗立于灵山江碧潭之旁，层次分明，庄严雄伟，像一位饱经沧桑的老者，给人以无限的遐想……

　　鸡鸣塔与归仁门、归仁路、县衙及城隍殿形成了城市的政治中轴线。从建造时间来看，县衙最早，城隍殿次之，然后是鸡鸣塔。鸡鸣塔建于明嘉靖九年至十一年（1530—1532 年），比明隆庆三年（1569 年）完工的龙游古城早了整整 37 年。

　　龙游城内有双塔，一座为鸡鸣塔，另一座为龙洲塔。龙洲塔于明隆庆元年至二年（1567—1568 年）由毛汝麒募建，时间上与龙游古城建造年代相近。因城东灵山江"中流有洲隆起，隐隐若龙游，蜿蜒水中，因名之龙洲"，塔以洲得名。

　　鸡鸣塔在选址时，知县陈钺崇信堪舆家之言，选择处在学宫的巽方（东南方向），建塔则文风大盛。儒学有讲究，巽为文章之府，塔有卓笔之形，故称文峰塔。《山海经·图赞》说"地亏巽维，天缺转角"，我国的地势西北高、东南洼，按堪舆学的说法，东南洼而地轻，地轻则地气外溢，地气外溢则难出人才。因此，须在东南建塔镇之。所以，文峰塔多建于巽位。

　　而龙洲塔处在城市的甲位（东偏北）。这些符合文峰塔常建在城市的甲、巽、丙、丁四个方位，且多立于城外山麓或城墙上，其坐向以"去处为向，来处为坐"的基本特征。

　　龙城双塔沿着灵山江，隔江相望，一南一北，遥相呼应，神韵无限。

　　龙城双塔不同于湖镇舍利佛塔，它们是标准的文峰塔。文峰塔应科举制度而起，随营造学说兴而盛，是一种集昌科举、兴文运、调风水于一体的建筑，最终也成为一个地方的标志性建筑。堪舆学认为，文峰塔形似毛笔，直插云霄，有助于接纳天地灵气，能使该地文运昌盛、科考夺魁。科举制度到明代进入鼎盛时期，这与龙游古塔多为明代塔是相对应的，也反映了当时龙游地方官员重视教育的一面。

　　文峰塔是独具中国特色的风水塔，外在形制上与其他塔并无本质上的区别，也借用了佛塔的形制。文峰塔的层数均为奇数，龙城双塔均为七层六角形楼阁式空心砖塔，原可登临。《周易》中"阳卦奇，阴卦偶"，塔为阳的象征，层数为奇数，而印度则相反。

　　鸡鸣塔高 21.4 米，基座由条石砌成。塔身各层收分较明显，顶上两层尤甚，形成卷刹。每层腰檐均以四道菱角牙子叠涩，组成塔檐。塔檐下均砖制一斗三升斗拱，各层转角处皆砖砌倚柱，倚柱间额枋相连。底层东北、东南、西南面三面辟有壶门，二层以上各层皆有壶门。

　　从归仁门举目远眺，鸡鸣塔就像是贴在天际轮廓上的一幅美丽的图画。"山巅嶙峋佛塔峙，山下浩渺瀫波横；山灵水秀隔尘境，松竹环绕禅林清。"挺拔的古塔沐着五色霞光，像山野里一支鲜嫩的春笋，不停地向上生长。塔古擎霄出，山奇石座开，古塔顶天立地，成为龙游城的一个地标。清初，"鸡鸣秋晓"也列为龙游十二景之一。

　　龙洲塔要比鸡鸣塔高一些，达 26.13 米，结构也略有不同。塔基由两层石块铺成，高 48 厘米。塔身倚柱砖砌，柱头上施转角如意形斗拱，底层及第二层平身科施二攒，三层以上为一攒。塔底层南面有一拱券门，以上各层隔面有壶门。塔内原有木结构，现无存。塔内第四层砖上有砖制匾额，上书"龙洲耸秀"四个大字，边款"康熙五十三秋月吉旦"，可知康熙年间曾重修。

　　龙洲塔位于小东门西首。此处地坦夷平衍，乏峻拔耸特之势，不足以完风气，建塔以求"襟带山河，连环织锁，地脉轮转，人文勃兴"。明万历二十七年（1599 年），乡绅余公又在塔之东首架起文昌桥。龙洲塔果然不负"龙洲耸秀"之意，与通驷桥、文昌桥形成绝美的"双桥明月"胜景。

　　龙洲塔旁有文昌祠，居文昌桥西首，上祀文昌帝君，龙洲塔也有文昌塔之说。

说也奇怪，凡文峰塔盛行之处，便是人文荟萃之地。明清之际，龙游本土贡生、举人、进士数不胜数，还真应验了兴文运、昌科举之说。不只是兴文运，商贾也风生水起，造就了龙游商帮。不知是塔因人生，还是人因塔出？

另一奇异之处，便是破"四旧"时，各地寺观毁损严重，唯有城乡八处古塔均独善其身，其中缘由，有些玄机。

龙城双塔屹立在风月无边的灵山江畔，以星月风云为伴。它并没有斑斓的色彩，只是最朴素的粉墙黛瓦，经时光打磨显得更加沧桑。这种颜色，不像紫禁城墙面的褐色，那么庄严；也不同于雕梁画栋上常有的五颜六色的漆面，那么浅怯。这是江南的水与土，直接调制而成，平和、安祥而又悦目，是那么熟悉，那么亲切。古塔，那是系在游子心头的乡愁。

而今，泊鲤滩前的文昌桥已经倒圮百余年，鸡鸣山顶的观星台也杳无踪迹。我每次漫步于塔下，都会感到一种空寂，总担心古塔会不会孤独。

但是，古塔好像并不孤独。夕阳西下，鸡鸣塔檐，几只山雀归巢栖息，时而相聚私语，时而双双暧昧；月上树梢，龙洲塔前，一群大妈相约健身，时而欢声笑语，时而翩翩起舞。如今的龙洲公园，潇潇残夜行舟逐月，花开花去花满街，游人如醉，流连忘返。唯有古塔，静默无言，却满心欢喜。

龙城双塔，为我们留下一个古老而苍凉的记忆，只是，它们像是睡着了一般。

清晨，江面上传来了划龙舟整齐有力的号子声，不知道会不会吵醒古塔？古塔兮古穆依旧，神之来兮驾龙骧。待它醒来时，我想问一问，是不是文运昌盛，还缺心底里的一炷清香？

鸡鸣山溯源

　　许多古城的周围，常伴有小山丘，如北京城中轴线上的景山，是由明永乐年间开挖护城河的泥土堆积而成，所以也称万岁山。姑蔑城东侧义和巷，旧称后高山，从名称上追溯，古代应该是城内的山丘。它或是筑造古城时泥土堆积所致，或是灵山江河道冲击而成，但无论从堪舆、防卫，还是洪灾就近紧急避难等角度考虑，后高山的存在都是必须的。而龙游城外，远的有方、岑二山，高峰远岫，势若拱揖；近的则环有东华山和鸡鸣山。

　　说起鸡鸣山，大多数人首先想到的是民居苑。自1991年县政府将乡间部分缺乏就地保护条件的明、清古建筑集中迁建至此后，民居苑就成为鸡鸣山的代名词，人们渐渐淡忘了鸡鸣山原有的厚重历史。

　　鸡鸣山处在城市东南，与大南门隔江相望。因为山顶上有一座明嘉靖时期的鸡鸣塔，老百姓也称之为宝塔山。古塔是龙游城的地标，也是城市中轴线上的一个重要节点。鸡鸣山在龙游的地理位置，就相当于北京城的景山。

　　但古塔的历史相较于鸡鸣山其他遗址而言，算是年轻的。早在距今5200—4400年的良渚文化时期，鸡鸣山就有人类活动的痕迹。考古人员曾在山上采集到多件石镞、石锛、穿孔石镰、石网坠等，还有少量的鱼鳍形足、夹砂红褐陶罐口沿等陶片。而商周时期的印纹陶片则更多一些，纹饰有席纹、叶脉纹、网格纹、云雷纹、回字纹和绳纹等。

　　鸡鸣山新文化遗址上的器物并不集中，主要原因是水土流失较严重，另一个原因是杭江铁路的修建。铁路从鸡鸣山北侧穿过，而挖掘出的大部分土方又堆积到山的南侧，遗址文化层遭到破坏。

如今，我们看到的"蒸汽机时代"铁路遗址主题公园，以及新建的龙游县博物馆南侧部分地块都是原山体的一部分。其中，跨灵山江铁路桥建于 1933 年，杭江铁路整体于 1934 年 1 月正式通车，而沿大南门城墙东侧的衢兰公路是 1932 年通车的。至 20 世纪 30 年代中叶，龙游交通就已经形成铁路、公路和水路并存的格局。

鸡鸣山之名，得于北宋吕防的义举。吕防于嘉祐末在鸡鸣山设义学，一日登山，闻鸡鸣棘丛中，偶得金十数镒，他全部交于官府。后人为褒其义，以"鸡鸣"名其山。自此，吕防似乎也开了悟，并于熙宁六年（1073年）高中进士。而后，吕氏一门五进士，皇帝特赐立"丛桂坊"以资旌表，一时"郡邑荣之"。

明万历壬子《龙游县志》记载着另一则故事。吕防在山中读书时，梦中有人托告："愿主君救我！"第二天，他见一猎人提着一只死狐，吕防便买而葬之于鸡鸣山，名曰狐墓。他的这份慈悲心一直为后人称道，狐墓也成为鸡鸣山上的一个古迹。

明袁文纪对吕防赞曰："瘗狐协梦，鸡鸣感神。职领州牧，阶摄武臣。子姓象贤，联登上第。揭匾于坊，是曰丛桂。"鸡鸣山是龙游吕氏子孙发达累进科第世代簪缨的发源地。鸡鸣招隐处，旧是读书台。鸡鸣山一直是读书人的朝圣之地。

南宋时期，还有三个读书人与鸡鸣山有关，这便是时称三俊的夏僎、周升和缪景仁。三人均高中进士，后谢职归养，并创办了"鸡鸣书院"。我们尚不能确定鸡鸣书院的具体位置，但取"鸡鸣"之名应是借吕防兴办教育、服务乡梓之意。鸡鸣书院曾盛极一时，跻身于两浙著名书院之列，慕名而来的求学者络绎不绝。鸡鸣书院在明隆庆六年（1572年）时移至儒学北两百步，灵耀寺之左。鸡鸣书院继承了南宋时兴学的衣钵，成为正学之堂，称雄于龙游。

到了元代，赵缘督（赵友钦）的出现，又延续了鸡鸣山的传奇。离鸡鸣塔西侧约五十米处的山顶，有一座民国二十四年（1935 年）造的碉堡，这曾是赵缘督的观象台旧址。

赵缘督博学多识，在道教、炼丹术、天文学诸方面均有建树，《四库提要辨证》的作者余嘉锡说他是"道士之通术数者"。赵缘督的道学理论自成一体，所撰的《革象新书》，明代的刘基、宋濂、王袆都曾为之写过序。

赵缘督通过鸡鸣山观象台的实验，运用视觉理论，指出日体大、月体小，更正了中国古代传统上认为太阳和月亮大小一样，都依附在天球上运动的错误。他提出了中天观测法以求恒星赤经差，这在天文学史上是个创举。他曾绘制大型星图，并勒石为碑。清代梅文鼎在《中西星经同异考》序中曰："余尝见元赵缘督友钦石刻图，阁道六星在河中作盘折层阶之。"

赵缘督著的《仙佛同源》被收入《诸真玄奥集成》卷八。而他的《穴诀》："远看则有，近看则无，侧看则露，正看模糊。皆善状太极之微妙也。"此经典论述，更是为阴阳堪舆学所推崇。

赵缘督是一个亦仙亦神的传奇人物。他生于1279年（元建朝），卒于1368年（元灭亡），后葬于鸡鸣山。赵缘督墓也成鸡鸣山一古迹，"文化大革命"前其墓尚存。

赵缘督的女婿范钰随他择寓鸡鸣山麓，即鸡鸣村。鸡山、凤基坤、雅范、花园范族后人都推赵缘督为外祖。旧时，范族后人祀祠时必说出自赵、范，每年春秋必率族众前往鸡鸣山拜谒赵缘督墓，步先生观象台，登眺宴集，踵为故事。

除了读书台、狐墓、观象台、缘督墓、鸡鸣塔这些古迹，鸡鸣岩也是鸡鸣山胜景。鸡鸣岩处在山的南侧，临江而立，岩下有一处平台，是明代鸡鸣庵旧址。鸡鸣岩并不巍峨，但拥有一份佛舍的清幽。清代乡贤余恂有《鸡鸣岩》诗："傍岩开佛舍，岩下碧流深。坐进松花酿，行寻枫叶林。云山遥入画，水石自成吟。濠濮心同远，无劳丝竹音。"漫步林间，依然可以感受到那诗的意境：蜿蜒小径，松阴遮小阁；石隙幽泉，塔影枕清流。偶尔传来的虫鸣和钟声，仿佛心灵也受到了洗涤，变得一尘不染，有种深入心灵的静谧，时间也变静止了。

自古以来，鸡鸣山风光如画，情怀如诗，倾倒多少文人墨客。清代教谕黄涛的《鸡鸣秋晓》最为传神："括苍北麓涧流长，曲绕灵山到下方。岩号鸡鸣开晓梦，地乘龙德应文光。土人好客枫林醉，邻寺催吟桂子香。凭吊神仙赵缘督，逍遥不觉度清商。"

如今，我们走进民居苑，听那厚重的木门吱吱嘎嘎的开启声，那些流落在乡间的"断垣残壁"，在鸡鸣山上续写着流动的历史，这里的每一栋古建筑都成了一座历史博物馆。民居苑又丰富了鸡鸣山的文化底蕴。

鸡鸣山，凝重而多姿，它是有灵性的。龙行千里，总忘不了故乡。归来时，第一眼便看见鸡鸣塔。鸡鸣山是龙游城的根。

清晨，站在大南门的遗址上，拂去历史的尘埃，看人世沧桑。千山初醒，朝云出岫，鸡鸣塔顶凝聚着一片彩霞，经久不灭。台空人不见，鸡鸣晓还来，灵山江畔依稀传来琅琅书声。

东华山祭

　　余绍宋先生一直把龙丘山当作龙游祖山，又因明成化时龙丘山划归汤溪县，"吾县立名遂失依据"而耿耿于怀。的确，贞观八年（634年）置龙丘县，是以县东四十里龙丘山为名，余先生浓浓的龙丘情怀值得敬仰。但在许多老百姓的心里，龙游祖山并非龙丘山，而是东华山。

　　东华山离通驷桥向东不到半公里，是一座南高北低的椭圆形山冈。东华山以峰峦似莲华得名，山的上部为厚厚的黄黏土，下部为红砂岩，岗顶平缓。东华山北接五爪垅，南连石塔头，东与仪冢山相望，与仪冢山之间又隔着一条和尚垅。五爪垅、仪冢山、和尚垅这些流传已久的古地名，给后人以无限的想象空间：五爪垅象征王权？仪冢山代表墓葬？而和尚垅是否与寺庙有关？

　　东华山多古墓。旧志中就有宋人在山下发现古墓的记载。宋庆元年间，姑蔑子墓在东华山下被人挖掘，古物充韧，随即化为灰烬。唯有一些瓦缶完好，里面贮满了水。有人将此事刻石记载，却将这些瓦缶毁掉。在墓北数里，有大大小小的土包百余个，名百墩坂，皆为疑冢。另有《老学丛谈》也记载："宋时，发姑蔑子墓，破其铭石，好古者琢以成砚。"

　　姑蔑子墓的发现，除了文字记载，并没有留下可考证的遗物。但在1992年考古中，东华山汉墓群一个家族墓地中又出土了三枚"鲁"姓铜印章。印文分别为"鲁伯之印""鲁毋害印"和"鲁奉世印"，其中"鲁伯之印"为龟纽铜套印，子印刻篆书"鲁尊"，母印书"鲁伯之印"，可判断墓主人姓鲁，字尊，伯或为名，也或为爵位。此龟纽铜套印，在已公开的汉墓发掘出土中，发现的数量极少。按照其他地方同类出土器物推测，鲁伯墓中的男主人定非等闲之辈。而在墓东室还出土了一把柄上错金纹饰，且用蚕丝编织缠绕緱绳的镰铲铁剑，这种镰铲剑在当时是身份尊贵的象征，汉乐府《陌上桑》中有诗"腰中鹿卢剑，可值千万余"，鲁伯墓中的镰铲剑，不正是罗敷夫君太守的"腰中鹿卢剑"？龙游以齐、虞、鲁、乙四姓为最古，"鲁"姓铜印的发现，又可否为此提供些佐证呢？

在1979—1993年期间，市、县两级博物馆陆续在东华山麓发掘和清理了百余座古墓葬，主要以两汉时期为主，共88座。东华山汉墓墓室结构分土坑和砖室两大类，葬俗上有单葬、合葬，也有族葬。还出土了大量陶瓷、青铜器和铁器，种类上既有礼器、日用器、明器，也有兵器和工具等。[①]

为何东华山发现的汉墓多，而商周时期的少呢？有一重要原因，是汉墓深埋，许多早期的墓被密布的汉墓破坏。1987年在东华山一个浅层的商晚期至西周早期残墓中发现一把玉戈，长47.2厘米，宽12.2厘米，用牙黄色玉磨制而成，属于礼器，为高等级贵族或王所用，是权力的象征，应属姑蔑遗珍。

1989年省地质三大队物探分队在东华山西基建时，用推土机破坏了几十座战国墓及汉墓。其中一座大型战国木椁墓中出土了一块长3米多、宽0.7米左右的柏木椁板，该木板是用来陈设青铜礼器的，从留在木板上的器物圈足遗痕及碎片分析，可判断共有十件大型青铜器，有鼎、壶、钫、镰斗、博山炉等，一些青铜残片上錾刻着罕见的精美图案，有龙、鸟等，而能够拥有如此丰富且制作精美的青铜器，主人必为姑蔑贵族。

结合文献和这些考古信息，我们可知：古龙游原为越地，是以土墩为墓形、以印纹陶为随葬品质地的越文化丧葬特色。此后虽经历了越被楚灭、秦汉一统，但传统文化并未因政权更替或战争而消亡，传统的越文化仍然顽强地存在并发展着，并且也存在某些土著特征，如盘口浅而直的盘口壶和筒形罐等。同时受到楚文化影响，从战国中期后，土坑渐加深并形成深竖穴土坑模式，墓内独木舟式的葬具也渐被楚式棺椁所替代，也体现了楚文化遗风。

东华山是先祖们精心挑选的一块风水宝地，东华山汉墓群是浙江省内发现汉墓最多、最密集的古墓群之一。墓葬反映当时的社会生活，是

① 胡继根、柴福有主编：《衢州汉墓研究》，文物出版社2015年版，第6页。

一个时代的缩影。在对先祖们留下的历史信息探密、解读中，可以想象到古龙游的繁华。

但是，后人对这些珍贵的历史信息似乎并不珍惜。20世纪50—80年代，在农田基本改造和工业建设过程中毁掉的古墓更是不计其数。如姑蔑子墓北的百墩坂，毁掉的墓大部分为东汉至六朝时期的大型砖室土墩墓。还听老人讲过，有一年，一村民在山顶劳动时，挖到一金属片，以为是铜条。家里小孩准备将金属片卖给一外地人，而这外地人是北方来的，有些见识，认出此为冠上的金片。消息不胫而走，引起附近村民集体到山顶掘土淘金。

庆幸的是，东华山、五爪垅和仪冢山已被列为县文物保护单位，但愿这类毁坏或倒斗事件以后不再发生。

风水宝地往往多寺观。过通驷桥自东华街拐北转弯处，正中有一条宽约10米、长约200多级石阶的石子通道，上面即东岳庙（龙游酿造厂位置）。东岳庙，原为东华禅院，吴越时建，元末毁。明洪武十九年（1386年）何思民重建，郑秉文曾撰有《重建东岳庙碑铭》，后于乾隆甲申年又重建。

因为有东岳庙，边上的小山丘也叫东岳山，俗称东岳殿山。东岳庙为二进，殿五楹，内有正殿、法堂，供有东岳大帝、诸多菩萨、四大金刚和十八罗汉等。外面两廊、山门，次第完整，孩子们印象最深的却是庙西南端的一个小殿，殿内供着两尊黑、白无常，龙游人俗称"长毛地方"和"邋遢相"。其面貌狰狞，凶相毕露，孩子们都不敢正面瞧它一眼，但每次去时又总是躲在大人身后看新奇。

据传东岳庙很是灵异。东岳庙"遇水旱虎狼之灾，凡祈祷辄应"。《两旧志》记载，明隆庆前，龙游并无武安王庙，唯东岳大帝右有武安王像。知县涂杰求雨无应，命曹生制一文专祷于王。次日早上，其文在王坐中，白纸黑字，分明之甚，众人很惊诧，轻拨之，则变成灰。涂杰再祷告："若雨，必建专祠。"第二天，果然雨，遂建武安王庙，即关帝庙，也建在东华山上。乾隆十八年（1753年），东岳庙火灾，神像却巍然矗立，毫发无损。东岳庙自吴越时建成后，庙宇虽多次受损或毁坏，却总是被修缮或重建，千百年来香火不绝。可惜，终在20世纪50年代初因建酿造厂而毁。

　　另一座寺在东华山的东北面，旧为延禧庵，明万历十九年（1591年）知县鲁崇贤建。延禧庵原是余氏祀产，附祀宋乡贤余惠斌。余惠斌本来世居柳村，宋钦宗时官居朝议大夫。值连年蝗灾，散家资赈恤，复绘流民图以讽当事，困惫之众得以稍苏。南宋初，遭传染病，家人死者十有七八，不能外葬，就殡于家中，惠斌则偕季子避居东华山麓。几个月之后，发现殡枢都有藤绕着，茎皆紫色，摘之有汁，鲜丽如猩红，就筑为墓地，而自己迁居到丛桂里，余惠斌是丛桂里及高阶余氏的始祖。清初时，延禧庵废圮，改称东安寺，但庵产属寺庙，附祀如初。而东安寺与和尚坂是否有关联，那就不得而知了。

　　东安寺上面还有个环翠亭，祀知县涂杰，曰涂公祠。隆庆五年（1571年），涂杰任龙游知县，在东华山建龙邱先生祠堂。龙邱祠建在东岳庙的北面，有寝室三楹，前为怀贤堂三楹，又前为门五楹。龙邱祠开基时，忽见祠址中有清泉涌出，乡民觉得奇异，都奔走相告："涂公泉，涂公泉。"这便是涂公井的由来。

　　涂杰在任时，建鸡鸣书院，创归仁、宫庄两义仓，修鸡鸣、姜席堰，有鼎新之功，甚得民心，士民仰瞻叹慕，也为涂公在东华山立祠。

　　不只是涂杰，龙游老百姓的心里记着每一个有善政的知县。东华山上的永锡庵，原由县人方鸣骥捐资建。清道光中，知县周敦培有善政，死后，老百姓也祀于此庵，训导郑云书为之撰碑记。包括山上的姚公祠，也是祀明知县姚孙榘的。

　　龙邱祠的北面有一座东华庙，只是不知是何年所建，但却是县城的偃王庙。宋袁甫在衢州知府任上，还曾修缮位于龙游县城之徐偃王行宫，并作《徐偃王行宫记》，勒石以记其事。徐偃王行宫已踪迹杳然，是否即为东华庙，亟待考证。

　　东华庙除每年正月二十前后迎送城隍神灯会外，八月下旬，出城的毛令公，也要在此停留7天。按照习俗，鸡鸣和桥下两村村民，家家户户都要杀猪宰鸡，招待亲朋好友。为了迎神，还要大演庙戏，戏台便搭在东华山上，一时青烟缭绕，香客如云。

　　东华庙底下是官府的预备仓，为明知县袁文纪所建，王鏊曾撰《预备仓记》。集善宫初也在东华山上，梁大同四年（538年）建。元至正年间，县尹张答剌孙迁建于灵耀寺西边，也即三官堂。宫后有玉皇阁，道会司置此。而在道光三年（1823年）的记载中，道院已经变成佛寺了。

东华山上还有一座先农坛，清雍正六年（1728年）知县徐景运奉建立坛宇，并置藉田四亩九分。先农坛远古称帝社、王社，至汉时始称先农。先农坛后正祠供先农帝、神农氏、厉山氏、后稷氏神牌，每岁恭照部颁日期，立春前一日，龙游知县率僚属迎春于东华山先农坛。立春这一天，县官主祭，祀太岁。祭礼结束，碎土牛，行鞭春礼。而民间则争着取余土，以兆一年畜养之利。

而社稷坛，本也在东华山上，宋祥符年间建，绍兴中知县陶定修，明洪武年间迁徙于县治西北。社稷坛中祀县社之神居右、县稷之神居左，皆木主。春秋仲月上丁释菜之明日上戊，知县穿祭服，率僚属，祭之。

中国的寺观，大多选址于清静幽宛、风景如画的胜地。龙邱十二景之一"东山红树"便是指东华山的胜景，东华山也是市民郊游的好去处。明代陆律在《东华春眺》中赞曰："出郊时复眺东华，云树深藏十万家。石塔昼擎遥汉月，岑山暮接近城霞。团沙白鹭停还去，穿树黄鹏绕复斜。傲吏闲情随去住，未须长铗向人嗟。"

旧时的东华山，以秋时最美，处处是高耸入云的枫树，整个山坡被红叶覆盖着。东华山的枫叶除了深沉、透彻之外，还拥有一种空灵的美：风雨寒霜，一生守护，千年忧伤。脚步缓缓，看枫叶繁华山野，也繁华心事，那落叶声声，如泣如诉，低唱着凄婉的离歌，落叶如蝶为谁舞？那低诉的心语，是对繁华的眷恋，还是生命的轮回？难怪乡贤余恂游东华山时不由感叹："移樽更向高岗顶，岩壑冷冷万里吟。"

古诗有时也会成为咒语，正如清黄涛的凭吊诗所言："纵是亭亭红满树，清霜宿雨黯乾坤。"自清末以来，寺观倒圮，苍树乱伐，"东山红树"已成追忆，人们再也找不到那"白云红叶两悠悠"的闲情逸致，唯有斜驻山坡的那片疏篁还悠悠传来一曲风歌。

若是每一个生命体都似一片枫叶凋零，那不是一种悲哀，也不是一种失落，结束与开始都是零。我想，东华山也一样，数千年的地下遗存，是一丘黄土，或也是文明的延续。我反而有些欣喜，放眼三陆九州，又有多少古县城，能从商周一直延续到今天，坚守着一方土地？寥寥可数，而龙游古城是其一，东华山是见证，是我们的祖山。

有人念着，便为祭！

商帮·追踪

光阴久长，所有的尘事都付于日月。
追踪过往，遍地龙游。无远弗届。
诗书礼乐传家，耕读遵礼，弦歌不绝。
我于龙游这座古城的卷轴上
泼墨。留白。
写一片芬芳。

龙游商帮：参天老树待新芽

龙游商帮历史悠久，声名远播，实指浙西地区衢州府西安、常山、开化、江山、金华汤溪等地的商人资本集团。因以龙游商人最多，经商手段最高明，活动范围最广，积累财富最多，故冠以"龙游商帮"之名。它萌发于南宋，鼎盛于明清，衰落于清光绪以后，与山西商帮、徽州商帮、陕西商帮、山东商帮、福建商帮、洞庭商帮、广东（珠三角和潮汕）商帮、江右商帮、宁波商帮并称为"中国十大商帮"，且是其中唯一一个以县域命名的商帮。

龙游商帮有着敢为天下先的精神和海纳百川的肚量，在强手如林的各大商帮中崛起，自立于商帮之林。它的兴衰也为后人，更为新龙商留下了珍贵的智慧财富。

龙游县保存的民居古建的数量和档次居全省之首，1200 余栋明、清古建筑就是龙游商帮物质遗存的最好见证。也许有人不禁要问，为何在龙游城区，明清时期的历史遗存反而更少？要回答这个问题，我们不妨回顾一下龙游的历史。

明中晚期，"龙游城内居民殷富，小东门一隅尤繁盛"。至清初，因朝代更迭及耿精忠之乱后，龙游是"比年以来，生齿凋耗，积贮鲜少，民无担石之储，士有襟肘之叹，忧愁嗷杀，困顿元聊"。这只是其一。从咸丰八年至同治二年（1858—1863 年），清军与太平军为争夺龙游城，攻守转换数轮，导致情况更为惨烈。

据余绍宋《宝胡堂笔记》载："吾县发匪前，城中屋舍栉比，北门至驿前五里，有长街，亦颇繁盛，桥下亦有烟户三千余家。比匪退，悉成焦土……城中大西门、小西门、后高山一带，犹荒烟蔓草也……真浩劫也。"所以，城内现存古建筑，多为同治二年后所建。

曾经的龙游本土商界代表一度风光无限

晚清民国时期，龙游城区商铺林立，尤其在大街（今太平东路）及濠沿街（今大众路）两侧，主要商铺有天香楼、王泰兴（京货）、张同和绸布庄、包益丰布店、同裕布店、傅万盛瓷器、叶佛生（濠沿街西）、信丰泰、泰昌布店、义泰兴布店、三友（南货，指油盐酱醋茶等食用物品）、程泰（南货）、三缘斋（对联）、姜益大（前京货后布店）等。

相对而言，大家比较熟悉的是以信誉著称的姜益大棉布店的故事。如今依然存在的品牌只剩滋福堂与广和两家。但这个阶段的龙游商业，既没有形成较大规模的商号，也没有知名的拳头品牌，"遍地龙游"之谚渐成绝唱。到民国时期，连龙游本地商业，也几乎落入外地商人手中。

当时在城区，外地商人设立的会馆、公所有十余处。其中，徽州、宁绍、江西、处州等会馆规模较大。龙游南北两乡也在城内设立公所，南乡公所设在祝家巷口，北乡公所设在柴大巷内，而龙游会馆在大南门泮池东侧。

这个阶段，龙游本土商界比较有代表性的人物是驿前村的张芬。他是龙游首富，人称张老颂。张芬以经营小本木头生意起家，发展为张鼎盛木行。生意盛兴时，他聘请正副经理各 1 人，职工有 30 余人。他还开设"张豫盛过塘行"，辟有专门的"背板埠头"，有水面 200 余亩供停放木筏，有专业装卸组织"金板会"、运输组织"永清会"，拥有土地 2000 余亩，驿前码头店面数十间，好似当时上海滩的"大佬"。

张芬利用码头资源优势，不仅将生意做得风生水起，并且乐善好施，关注教育民生。光绪三十二年（1906 年），龙游县设劝学所，张芬从 1910 年起任总董，掌管全县教育事宜。1921 年，平政桥（当时连接南北乡的唯一通道）因飓风被毁，张芬"乃集诸绅会商于庭，谋所以修复而扩张之"，修复平政桥，便捷南北两岸货物人员通行。

另一位代表人物是汪益乐。清咸丰元年（1851 年），因江北所产茶叶在盐仓镇集散，遂改称茶圩。茶圩镇因地临衢江，渐成县内一大商业集镇。北乡各区所产稻米等货物均由此运兰溪，棉布、百货等行业也以此为口岸，店面增多，市面繁荣。咸同兵变时沦为战场，1926年又被孙传芳部队洗劫。但茶圩商业集镇仍屡废屡兴。1930年前后，茶圩村有居民230户，1200余人，设米行、木行、盐店、坊、染坊、酱酒坊、绸布店、南北货店、药店、烟店、酒店、豆腐店等，其中大米贸易出口最盛。

汪益乐本是合润米行的一名小伙计，但刻苦好学，经商有道。后来，他自立门户，以三四千元资金在茶圩开设汪怡泰米行，收购大米销往萧山临浦一带。1926年，孙传芳部南下，人心慌乱，粮价低落。汪益乐向银楼贷款收购大米，待时局平定后销出，一举获利数万。1937年12月日军侵占杭州后，他又购入稻谷、大米、柏油、青油，因日军一时未过钱塘江，次年二三月间，这些物资价格上涨不少，他再获利数万元。至1940年汪益乐拥有流动资金20万元，成为闻名金、衢、严三府大粮商和龙游县商会主席。汪益乐后来主营油蜡生意，日军侵犯时，紧急疏散柏油300担，但剩余价值近20万元货物仍被日军劫掠，后继遭洪水冲荡，自此一蹶不振……

文化因素未必是旧时龙游商帮衰落的主因

综观龙游商帮衰落，究其原因，大多研究者归结于文化。他们的观点是：文化既是龙游商帮崛起之利，也是龙游商帮衰落之弊。他们认为，地处孔氏南宗儒学中心的浙西地区，从内心深处鄙视商业和商人，主要表现在两个方面，一是重农抑商，二是重仕轻商。在这样具有很强宗法色彩的儒文化观念的支配下，龙游商人中从商而终的极少，多数人无论是发了家或是赔了本，最终还是落叶归根，返回到农为本的老路上来。一些富有的商人或把精力和财产投入官场经营，或如龙游叶氏家族将经商所得巨资悉数投入叶氏建筑群，而很少有人去投资产业扩大再生产。

的确，龙游商帮的衰落与文化因素一定有联系，但未必是主因。商业成功需要天时、地利、人和等多种因素，但失败只需其中一项。实际上，若归结原因，我认为，因战乱而衍生出的一系列问题才是主因。

龙游历来是兵家必争之地。战乱破坏原有稳定的官商关系，消灭了官场资本，毁掉了资源供给，最可怕的是连那些懂经济、善经营的人才也杀得差不多了，且县内人口又急剧下降，所有商业经营所需的要素都遭受了毁灭性的打击，短时间内凭什么东山再起？

且晚清后，外强入侵，中国近代社会经济结构也发生一些变化，上海、宁波等地沿海经济得到了快速发展，这也是内陆县城所不能完全适应的，不仅龙游商帮，晋商、徽商等也逐渐衰落。

无可奈何花落去，长江后浪推前浪。我们不必为龙游商帮的没落扼腕叹息，龙游商帮的生命周期虽然短暂，但龙游商帮的文化流传却是久远的，这是一份弥足珍贵的精神财富。

而今，新龙商异军突起，在外投资活跃，传承演绎了众多传奇。龙游总商会拥有会员单位近四千家，十万龙游商帮传人活跃在全国各地，并在各自领域创下不俗业绩，涉及金融、地产、商贸、制造、教育、电子信息、医疗、互联网等十多个行业，涌现出张林松、柯国宏、谢力等一批新龙商代表。他们承袭了历史上龙游商帮的优秀品质和优良传统，创造着新的辉煌。我们在他们身上仍可找到当年龙游商人的印迹。

龙游地方银行风云录

20世纪30年代，城隍庙对面一栋建筑的正门顶端，有一座圆形的街钟，距地面高约四米，正朝北方向。那个年代没有广播，也没有电视机，老百姓都把街钟当作唯一正确报时的依据，街钟成为龙游城最为注目的一景，而这栋建筑就是龙游地方银行。

民国时期，光明路至太平路及濠沿街（大众路）处，商号林立，但真正最有钱的却是银行。晋商以票号最为出名，票号、钱庄或典当行实际上就是银行的前身。

龙游商帮是明清时十大商帮之一，金融业也比较发达，拥有众多钱庄。姜益大钱庄于清光绪十年（1884年）开业，还有晋丰、穗丰、源丰泰、鼎丰钱庄等。1937年抗日战争全面爆发，沪、杭等地相继失陷后，钱庄经营日渐萎缩，资金周转失灵，才先后停业。濠沿街上的保和典当也历史悠久，1923年8月21日因失火焚毁而停业，保和典当虽然破产，但仍然按票值70%赔付，这也足见龙游商人的重信之风。

龙游地方银行于1928年开始筹备，1930年1月1日正式开业，地址在现太平路龙游移动公司对面的工商银行分理处位置，起始资本总额约11万元。

龙游地方银行是一栋三层半建筑，但顶上的半层是一层空架，并没有实际用途。银行坐南朝北，正门临大街，对面的城隍庙门前有摆摊的、挑担的，熙熙攘攘，叫卖声不绝。

进入银行正门前，要先走高高的台阶，外还有铁门，有警卫把守。进入铁门，从左到右，是一排排高高的柜台，上面安装铁栅栏，分窗口，有现金、存款、放款、金银抵押放款、衣类抵押放款、信贷等。柜台内部正中有一面靠墙的大镜框，约 3 米高、2 米宽，镜前共有四张办公桌，两张合并在一起。二、三楼是库房，库房里摆满货架，货架上尽是琳琅满目的首饰等抵押品，员工上下楼时均用活动小梯。

一大早，银行大铁门外就会挤满了来办事的人。冬天时，他们坐在台阶上等，冻得瑟瑟发抖。到了 9 点，警卫按时打开铁栅门，人们便像潮水般涌了进来，有的奔向金银抵押放款处，有的奔向衣类抵押放款处。

他们踮起脚尖，小心翼翼地把东西递了上去。负责收衣类抵押的是位高个大胖子，他翻了翻衣包，先让抵押者说个价。他摇摇头，不等来者应答，就喊："下一个！"若同意的，他就会高唱："烂羊皮板一件，一元一角！""烂皮背心一件，五角！"这边唱着，那边写票的就将票写下来，交给出纳付款，唱票声整天不断。

除了唱票的、写票的、出纳外，还有找包、编号、入库的，大多是十二三岁的童工在紧张地劳动。银元是一百一包的，有些童工开始时只能搬运两包，三包就迈不动步子。方甘菊在银行当练习生时才十三岁，主要工作是协助老员工管理金银首饰及现金仓库。这份工作除了搬运出入库之外，还要编号、标号、捆扎以及登记上货架的进出账目。她的月工资是一块银圆，外加"整容金"两角银币，合计法币一元一角六分。

龙游地方银行的典当抵押贷款业务，起始是质押金银器物、铜锡器皿、衣服棉被，后来农产品、土地亦可抵押。期限最长不超过 18 个月，利率月息 1 分 5 厘至 1 分 8 厘。质押放款额度一般为抵押品价值的 50%—60%，实际上能赎回去的并不多，到期后，质押品就没收并拍卖。

龙游地方银行的创办离不开姜启周，这也是一个传奇人物。姜启周父亲因经商移居到虎头山茶圩里村，他自己毕业于北京民国大学，于 1928 年任龙游地方银行筹备主任。银行开业后，他任总经理。1930 年，龙游地方银行举办农产品、青苗抵押贷款，月利率 1 分 5 厘，至 1932 年各类抵押放款最高额达 203731 元（法币）。他尝试向农民发放抵押贷款的做法，引起了全国金融界的重视，认为这是金融业向农村发展的有效途径。

他还创办了银行簿记专修夜校，将职工选用与业务培训结合，培养一批金融从业人员。当时，银行的夜间常灯光通明，员工都在办公室、宿舍业余自学珠算、书法及业务知识等。

姜启周为人也很和善，对年龄小的学徒和女职员都很关心，深受员工们敬重。郁达夫《龙游小南海》记载的 1933 年 11 月 15 日"夜在龙游宿，并且还上城隍庙去看了半夜为募捐而演的戏，龙游地方银行吴、姜诸公，约于明日中午吃龙游的土菜"。这里写的"姜"应该就是姜启周。

姜启周于 1935 年 8 月调任财政部钱币司科员，随即转任甘肃省银行业务科长，后调中国银行，任南郑、汉中、西安等地中国银行行长。解放后，留用西安人民银行，1958 年退休，1962 年去世。

乡贤童蒙正也为龙游地方银行的创办出过力。童蒙正是社阳人，马寅初得意门生，曾任《京报》经济版编辑兼中国大学出版部主任，北京《银行月刊》编辑。

龙游地方银行先后设湖镇、溪口办事处。1935 年 2 月设金华分行，8 月终因资金周转困难停业。余绍宋、吴南章为银行复业之事奔波。8 月 21 日，周骏甫赴任龙游县长。28 日，龙游举代表吴南章、陆崇仁、马庆春三人与余绍宋商量银行复业之事。至 10 月 18 日中午，余绍宋应吴南章等招宴，座中徐澄志、周俊甫为主客，谈由浙江地方银行接收龙游地方银行，遂成，资产转让给浙江地方银行。

浙江银行龙游办事处开业后，1939 年 9 月农村贷款发放于塔石、团石。1940 年，驿前、塔石、团石、湖镇设分理处。如今，我们在驿前村古街里依然可见民国时期"地方银行"的遗迹。1942 年，日军入侵，房屋焚毁，租借小井巷一民房复业。至 1942 年末，浙江地方银行龙游办事处有单位存款余额 118.1 万元（法币），个人储蓄存款余额 6.5 万元（法币）。1944 年 2 月于兰溪县游埠设游隆庄，1945 年 1 月停业；1947 年 3 月改称浙江省银行龙游办事处，职工 14 人，用房面积 220 平方米；1948 年 1 月迁原址新建营业楼，1949 年 5 月由军管会接管。

在货币流通环节。就目前为止，龙游县境内除在清代铸造过盖"龙游"戳的五两官银锭外，尚未发现有铸造或印制过地方特色的其他银质、铜质、纸质等货币。民国初，龙游县内流通银两、银圆、制钱、铜圆、钞票 5 种。而大宗交易、政府机关记账以银两为单位，实际流通以银圆为主。

1932 年浙江地方银行发行面额 10 元、5 元、1 元、2 角、1 角兑换币，并在正面加盖"杭州"地名，背面印有王澄莹、徐恩培的英文签名，

1933年10月开始流通于龙游城乡。1935年后，法币逐步代替其他纸币。至1938年，龙游县内货币流通量约10.4万元，法币占55.8%。翌年约44.2万元，法币86%。

1944年7月纸币发行集中于中央银行1家，由于大量发行纸币，致货币贬值，物价飞涨。至1948年8月发行金圆券时，物价比抗日战争前夕上涨400万倍。旋以金圆券1元兑换300万比价收兑法币。其后物价涨势更猛，下库乡杜家一农民出售了水牛1头，所得金圆券存放几天后，只能买回两双草鞋。市面上不得不以银圆、大米等做交易媒介。

龙游地方银行，从筹备到转让浙江地方银行，仅仅存在了七年时间，但它承前启后，是清代钱庄、典当行的延续，也是龙游银行的前身，更是龙游商帮末期的一个符号。龙游地方银行的兴与衰，留给我们一些思考。而正视每一段历史，我们才走得更稳、更远。

龙游会馆历史钩沉

明清时期，龙游商帮"无远弗届，海纳百川"，走出去是一种形式；"开放包容，和谐共赢"，接纳外地商人在本地发展又是另一种形式。外地商人在龙游城乡建立会馆会所，会馆会所是供同乡往来中转、歇息、聚散的场所，他们在一个以乡籍为纽带的商业联盟里，团结协作、互帮互助。直至中华人民共和国成立前夕，外地商人在龙游城区设立的会馆公所竟有十余处，其中江西、徽州、宁绍、处州等会馆规模较大。

江西会馆系南昌、临江、广信、饶州四府人士所建，地址在文化东路原北门小学处，俗名万寿宫，有正厅、边屋，塑有许真君像。江西会馆的左边曾建有岑峰书院。

万寿宫供奉的许真君，名逊，于西晋太康年间任四川旌阳县令，治理旌阳十年，去贪鄙，减刑罚，倡仁孝，近贤远奸，居官清廉，政绩卓著。当时流传的民谣说："人无盗窃，吏无奸欺；我君活人，病无能为。"

但许逊成为江西人心目中的"神"，是在其辞官之后。适逢江西和两湖各县洪水为患，许逊挺身而出，斩蛟除孽，降伏洪水；灭瘟除疫，治病救人。这二者集中于一人身上，他就成了百姓眼中的"神仙"，是"福主"。传说，许逊在136岁时得道成仙，"举家四十余口，拔宅飞升"。

许逊融合道家与儒家思想，创立了"净明道"，倡导"孝、悌、忠、信"，并以此教化乡里。而统领江右商帮遍布全国的精神内核，就是许逊倡导的"诚信""济民"精神，江右商帮向以"贾德"著称。于是，许逊成了江西人心目中的"人格神"，成了江右商帮的精神领袖和保护神。许逊不仅被供奉在遍布国内外的万寿宫里，也住进了江西商人的心里。

江西会馆为同乡提供了许多便利：江西人来龙游寻找工作，在一至二月内，会馆会为他们免费提供一宿二餐（早餐和晚餐），还为一些落难的江西人提供往返路费。江西的小孩在豫章小学就学，学费全免等。

溪口镇石角村也有万寿宫，原址为江西会馆，但供奉的却是李真君。李真君，有说是唐代信州刺史李德胜，也有说是神霄派宗师中的"伏魔李君"，还有说李真君即吊清明的断尾龙。石角村的万寿宫为三开间三进结构，前进为戏楼，中建有厢房，屋内木雕精美，有"梅、兰、竹、菊"及"八仙过海"等图案，后进为佛座，塑有李真君像。现存有清嘉庆元年（1796年）浇铸的一口约800斤重的大铁钟。

龙游城内还有一个广丰会馆，为江西广丰人所建，即鹰武殿，位置在太平西路原城建大楼。鹰武殿内供奉的是唐太宗年间信江府刺史李进福。李进福清廉正直、爱民如子，深受百姓的爱戴，被尊称为"青天大老爷"，他精通医道，倾尽家产为贫苦百姓救死扶伤。李进福的事迹在民间有口皆碑，广为流传。至清代顺治皇帝时补封为李老真君。1942年8月，原龙游县立中山小学（西门小学）迁址鹰武殿办学；1987年西门小学迁出，龙游县幼儿园迁入办园。

定居龙游大北门的江西人大多以工匠制作或经商为业，而城角坊的广丰人大多是在咸同兵燹后迁入，以务耕为业，可见江西人到龙游人数之多。

龙游城内最堂皇的是徽州会馆，亦称新安会馆，地址在大众路原龙游剧院处。咸丰十一年（1861年）六月二十二日，李世贤部京卫军大佐裨天义李尚扬占据龙游时，指挥部设在原新安会馆内。新安会馆附建有"阴司会馆"，可停放棺木300余具，地址在大北门外。"阴司会馆"对安徽同乡每棺收米40斤，棺木运走后则如数归还。若无力运走，就用作埋葬费，由会馆负责处置。

徽州会馆规模宏大，标志着徽商在龙游经商的成功。如"怡泰米行"的汪益乐，"姜益大"的胡跃文，"广和"的叶小山，"云杏堂"药号的汪容伯，"龙游施医所"的江梓园，"义泰兴棉布店"的汪環洲等都来自安徽。

在南乡，比较有代表性的是溪口镇下徐村的徽商，以生产经营土纸、屏纸、花尖为主。下徐村的纸业源于清光绪初年徽州府歙县叶姓人，其中较有名的徽商商号有叶振大号、叶振兴号和叶泰兴号等。

徽商集聚龙游，带来的不仅是商业兴盛与会馆，还带来了戏曲艺术——徽戏，后与龙游本土文化结合，形成龙游徽戏特色。

福建公所规模一般，旧址在原龙游镇招待所，但福建移居龙游人数众多，纸商中南乡坑头的林巨伦父、溪口的傅元龙父均是福建古汀州人。福建移民祀妈祖，龙游城乡遍布天妃宫、天后宫，如驿前、渡贤头的天妃宫及溪口、灵山的天后宫均为福建商人或后裔所建。

妈祖能言人间祸福，济困扶危、治病消灾顺应了人们的愿望，她死后立庙祭祀。此后，一个个神迹接踵而至，并将她塑造成一位完美的女神。后在当地士宦的提议和倡导下，朝廷也频频给予妈祖赐封，妈祖的地位变得越来越高。康熙十九年（1680 年），妈祖被赐封"护国庇民妙灵昭应弘仁普济天妃圣母"，康熙二十三年又被赐封为"护国庇民妙应昭应普济天后"，"天上圣母"和"天后"从此便成了妈祖的圣称。

民国三年（1914 年），福建商人或后裔在灵山改建塔山庵为临水宫，祀陈靖姑。临水宫香火接自福建古田县，祀祭"陈仙姑"，当地人称之为"塔山娘娘"。陈仙姑名陈靖姑，生于 905 年，卒于 928 年，相传能降妖伏魔，死后英灵得道，成为"救产护胎佑民"的女神，因当初为当地民众救产、保胎、送子，故拜为"大奶娘"，以祈求保佑孩子平安长大。临水宫也成了福建后裔及龙游本地人交流聚会的重要场所。

宁绍会馆也有一定规模，建于 20 世纪 20 年代，地址在文化路老人民医院，内有庭院。其他还有处州会馆，地址在灵山江畔原龙游中学内，为处州木商所建，也称木商公所。江山公所地址在原桥下粮站。

金华会馆，原金华府八县人士所建，地址在原龙游粮管所食品厂，供奉胡公大帝。胡公，永康人，端拱二年（989 年）及第时宋太宗赐名为则，是北宋前期政坛一位中高级官吏。他在任期中，宽刑薄赋，清正廉明，颇有政绩，尤其于明道元年，直言极谏，要求皇上免除衢、婺两州百姓身丁钱，百姓感恩，遂于方岩山顶立庙以纪念他。1162 年，宋高宗赵构用"赫灵"两字作为胡公的庙额。从此，胡公被百姓敬若神灵，成了"有求必应"的活菩萨，并于每年农历八月十三日胡则生日那天，举办各种民俗风情活动，以祭拜胡公大帝。横山镇会泽里村也供奉胡公大帝。

龙游南北两乡也在城内设立公所，南乡公所设在祝家巷口，北乡公所设在柴大巷内。而龙游会馆则在泮池东侧，司巷口南端，门楣上悬着一块"龙游县商会"石匾，本次大南门考古重现了这块石匾。

龙游会馆是旧时商会的载体，一个会馆，一种信仰，它为寓外商人构建了人脉网络，提供了沟通渠道，让他们有了家的归属感，有了同行的认同度，形成抱团发展的合力。而今，龙游会馆已销声匿迹，它成为一个时代的记忆，但我们也不必叹息，龙游总商会正以创新的形式传承与光大。

晚清龙游商号探略

商号是古代商帮一个极为重要的符号,但翻阅龙游商帮的研究资料,发现侧重点均集中在童珮、李汝衡、胡筱渔等几个人物身上,商号也大多以姜益大与滋福堂为例,总让人感觉有些底气不足。不久前,偶获两本清宣统时期平政浮桥与育婴堂的征信录。两本征信录时间接近,涉及龙游在城店铺商号重叠较多,又有相互补充,相互印证,且平政浮桥征信录虽是以捐的名义,但用日捐统计形式,实际上是旧时商会对所属商号的强制收费,故几乎涵盖龙游城所有上规模的店铺商号,店铺商号达数百之众。征信录内有县正堂批,为官方刻印,可以说,这是两本研究晚清时期龙游商帮历史较为珍贵的史料。

《平政浮桥征信录》记录着"宣统元年(1909年)分"与"宣统二年(1910年)分"两个阶段,最迟落款时间为宣统二年四月。"宣统元年分"中前半部记载了平政浮桥绅董余镇藩禀辞管理桥务,其他绅董及修造船厂等管理者禀报各事项,并附各项新旧收支接转管理清册及正堂冯批的过程。征信录后半部则详细记载收支方面的清册,收入主要记录在城、驿前、茶圩各店铺商号堆金日捐,支出则以维持平政浮桥的日常运转开支为主。

《平政浮桥征信录》以日捐形式统计,且两次均按捐钱多少次序排列,其中在城店铺商号一百四十九家,保和典以日捐一百文排第一,祥泰栈以日捐六十文排第二,汪福泰、益丰、王正丰、天吉楼四十文,程大源三十五文,姜益大二十八文,达昌泰二十文排名进前十,滋福堂以日捐十六文排名第十一位。而排名靠后的店铺大多日捐额为一、二文,如游鼎隆日捐二文。日捐额基本可反映当时店铺商号的规模。

其中，驿前列入日捐的店铺商号只有八家，与当时实际存在的店铺商号差距较大。其中同茂日捐三十文，豫盛、程万瑞日捐十七文，张瑞丰、江洪兴日捐五文排名前五。而张鼎盛木行又分两次另捐洋二十五元和年终止息六十一元一角四分六厘。宣统时，一洋元可兑换制钱一千六百文。

茶圩列入日捐的店铺商号有三十五家，其中排名前五的分别是：恒兴五十文、合润四十文、宏茂十八文、汪怡泰十八文和合盛八文。规模相对较大的合润、恒兴、汪怡泰等十余家商号又分别另捐十五元至一元不等。通过征信录可知，宣统元年，汪怡泰米行实际已经存在，由此判断，1991 年版《龙游县志》记载的"民国初年汪益乐创办怡泰米行"有误。

《育婴堂征信录》为宣统元年分，前半部记载了育婴堂绅董岁贡就职训导余文垚等向邑尊禀报自光绪二十九年（1903 年）十二月十二日遵章开办以来至光绪三十四年（1908 年）所有奉准公文及钱洋收支、婴孩出入清册等事宜，及县正堂冯批的过程，记载的事宜最迟落款时间为宣统元年十二月廿四日，时间跨度比《平政浮桥征信录》要长。后半部则将县城育婴堂收支各款详细列后。收入列项中涉及更广，既有以前接转的余钱，驿前靛捐局代抽捐钱，冯正恩的捐廉，个人罚款，也含有在城、桥东、东乡湖镇、东乡茆头、东乡七都、南乡灵山、狮子桥头、西乡詹家、团石汪、马叶、北乡茶圩、凤基坤、蛮王殿、荷朵桥、塔石头、乌墈、钱家、驿前等店铺商号及个人捐钱等，还包括戏承头王连升所收的城乡戏所捐的钱。支出方面则以维持育婴堂日常开支和支付人员工资为主，还包括刊刻印刷本征信录支出的一万四千五百三十文。《育婴堂征信录》还记载每个阶段新收、被领养及病死女婴数量，当时育婴堂内实际存在女婴数量为一百六十四人。

在商号数量上，虽然《育婴堂征信录》增添了各乡的店铺商号，但在城、驿前及茶圩的店铺商号明显少于《平政浮桥征信录》的数量。《育婴堂征信录》中记录的实际在城店铺商号只有八十七家，并且不以数额多少排列，其中饶诚润共捐"拾壹千伍百玖拾壹文"为最多，而王正大、郑源顺、徐生大、丰泰等则以米捐、麦捐形式折合成钱计；《育婴堂征信录》记录的驿前店铺商号只有张豫盛、同茂两家，且张豫盛是以纸捐形式折合。茶圩只有汪怡泰、钟宏茂、合润、宋恒兴四家。由此可见，《育婴堂征信录》应该非强制性摊派，属自愿性质。从中也为我们提供了其他的线索，如《平政浮桥征信录》记录的茶圩店铺商号是宏茂、恒兴，而《育婴堂征信录》记录的是钟宏茂、宋恒兴，可判断此两家商号的主人为钟宏茂、宋恒兴。

同样，桥东及各乡捐助记录大多以店铺商号形式，也有以人名形式记录，如桥东出现一栏中有两个名字：冯明海、冯顺兴。这些应该不是店铺商号，判断为以个人名义捐助，故在统计时，不以店铺商号计。

而我们熟知的义泰兴棉布店、广和、三友南货等商号并未出现在两本征信录中，一种可能是有些商号创办于宣统二年后，如义泰兴棉布店，或另有其他原因。

两本征信录均由正堂冯批或县正堂冯批，冯，即冯金恩，光绪三十三年（1907年）八月任龙游知县，任期内勤于听断，案无壅滞，尤善用感化，凡堂讯规费等一切陋规，革合殆尽，至宣统二年五月去职，士民对其甚为惋惜。

龙游县于宣统元年组建龙游县商会，次年核准，时称龙游县商务公会，会员100余人，总董叶世恒。民国初改称龙游县商会，会长胡光炎。早年，张芬曾任会长。1927年改组时，会长称主席，由汪益乐担任。1930年奉令按新颁布商会法改组，宋宝贤任主席。1936年再行改组，辖南货、酱油、百货、粮食、豆腐、国药、木商、菜馆、茶馆、图书教育用品、纸业、烟商、估衣等同业公会。湖镇、灵山等镇建有商会组织，1937年归并县商会。1946年改组时下辖同业公会有21个，新增瓷香、皮鞋、承揽、旅店、水果、薪炭、面粉、屠宰等同业，个人会员337人。1949年4月成立龙游县商会维护团，5月解散。

我们根据两本征信录的信息，结合民国《龙游县志》及应辉等人对晚清、民国时期龙游商号的研究成果，对在城店铺商号位置、所属行业等有关信息及驿前、茶圩、桥东及各乡店铺商号进行统计分类，形成表格，便于后人查阅。

附件一：龙游城为育婴堂供货的各店铺商号（35家），光绪十四年四月

汪福泰、圣昌、源兴、王万顺、朱圣丰、丰泰、益美

周顺泰、王正丰、叶隆盛、叶振大、郑正奉、汪成泰、张恒源
丁福生、汪登瀛、裕生、益生、王同盛、游鼎隆、益丰
王义兴、协成、余松盛、达昌、同新、同裕、林茂盛
程大源、乾大生、隆茂、楼恒新、同盛、毛德兴、宋隆顺

附件二：涉抽洋药捐，城乡各土店商号（117家），光绪十六年九月
在城：
洪义兴、丰泰、福昌溶、黄坤泰、叶隆盛、裕源、春祥
姜隆盛、义生荣、程裕茂、源兴、同益、复隆义、汪成泰
容大恒、吕元兴、费生元、万兴、裕昌、得泰、王文丰
恒裕、福源、应合兴、王同盛、宏兴、张瑞丰、丁福生
王祥源、程万瑞、叶振大、陈嘉盛、汪恒盛
东乡：
源泰、张升泰、益生、福顺、裕号、汪裕盛、同仁堂
刘裕丰、裕盛、元裕、元兴、隆盛、公泰、公盛
西乡：
汪同泰、汪锦昌、汪泰森、汪广和、何大有、汪德泰、德隆昌
德兴、泰源
南乡：
黄裕茂、金万生、余大生、洪永裕、邱益生、黄益茂、程正泰
汪怡松、同顺兴、同昇临、许正元、益大茂、汪怡丰、吴长盛
大昌、张复茂、天福堂、福生堂、傅源和、万兴、郭恒兴
唐玉利、张仁泰、恒盛道、朱广源、叶义源、通和、叶洪达
钟万兴、广和、周保和、周万和、振茂、振源、唐同亨
北乡：
胡正隆、裕恒昌、王德源、黄元泰、徐长泰、恒泰衍、龙盛
怡顺兴、季瑞茂、顺兴隆、张松茂、范瑞兴、李同兴、同亨协
同茂、叶益昌、协泰源、胡万茂、协成、徐裕兴、叶万泰
徐和茂、协丰、洪源怡、洪茂、蒋顺昌

附件三：龙游纸商行名号（17 家），光绪二十年三月

驿前：同泰、同茂

溪口：宁波纸商、成记、坤源、同发、甡记、乾大、恒源
兴记、怡生

湖镇：汪裕盛

茆头：森昌、恒亲、元通、源记、源泰

附件四：部分在城商号沿街分布一览，宣统至民国时期（103 家）

（一）太平路（旧称大街、东门街等）南侧，自通驷桥由东向西

1. 程泰（南货）

2. 纸店（纸业）

3. 三元斋（对联）

4. 姜益大

姜德明，绸布、煤油、香烟、染坊、钱庄，清光绪十年（1867 年）安徽绩溪人姜德明创办，始营毡帽丝线之类小百货，连年亏本，后转与同乡胡跃文，沿用姜益大招牌，扩大经营绸布、煤油、香烟等，办染坊、钱庄（1884 年）。抗战失陷后，钱庄停业。

5. 陈永泰（纸、杂货）

6. 王同顺（纸业）

7. 同茂和（纸业）

8. 同顺福（烟商）

9. 信泰

正对大众路口（旧称濠沿街），余梅岳，袜厂，余梅岳先在上海学习织袜手艺，1927 年购几台织袜机器，前店后厂。

10. 龙宫饭店

朱公雨，饭店，朱鹏飞的儿子朱公雨，后经营朱泰生百货店，因学徒用火不慎被毁；又创办龙宫饭店。

11. 钟表店

12. 广和

石板街东侧，叶小山，糕饼、酱坊，十字街头为糕饼店，酱坊在石板街上，民国期间酿酒、制酱较为著名。

13. 滋福堂

石板街西侧，余恩镙，药店，清光绪九年（1883 年）余恩镙创办，1919 年前后改其曾孙余筱秋独资经营，次年余绍宋投资 1000 元合股，成县内一大药店。

14. 三角店（杂货）

15. 天翔百货（百货）

16. 皮鞋店

17. 龙游地方银行

城隍殿对面，姜启周，银行，1928 年筹备，1930 年 1 月 1 日开业，姜启周任总经理，1932 年向农民发放抵押贷款，1935 年 2 月设金华分行，8 月因资金周转困难停业，转让浙江地方银行。

18. 丁丰源饭店

19. 铁店（朱天玉、朱天锡父朱三古创办）

20. 香店（原农资公司书记陈根有父亲创办）

21. 裕昌馆（饮食店，胡成才父亲胡能松创办）

（二）太平路北侧，自通驷桥由东向西：

1. 天香楼（观音阁）

酒店，观音阁依着桥礅，始建于清代，原位于永安门外南城墙边。民国二十三年，因衢寿公路建设迁于桥西首北面，前临灵山江，后倚城墙，西式洋房，三间四层楼。一层城墙边过道，二层餐馆，三层旅馆，四层观音阁，祀观音。四层内有高级茶室，陈设着藤制太师椅和古朴的红木茶几。重建后的观音阁易名为"天香楼"。天香楼每层都备有多盏汽灯，夜晚也亮如白昼，平时贵宾云集，门庭若市。天香楼于 1942 年被日寇窜扰时炸为灰烬。后复在东门开设随园酒家。制作葱花肉、剔骨鸡等杭州名菜，花色颇多。

2. 鲍奶永食堂（鲍奶永，饭店）

3. 宋祥泰盐店（宋祥泰，盐店，团石汪也有宋祥泰）

4. 王泰兴（京货）

5. 民生书局（马家巷口，朱艺芳，书局，一间店面）

6. 同和布店

张同和，布店，张之楷，字则夫（海宁人士）

7. 益丰绸布店

包益丰，布店，包益丰即包辰初祖上，对面即姜益大。全称：益丰绸缎呢绒洋货布庄，开设浙江龙游东门大街。

8. 同裕布店（江南春，布店，解放前曾任龙游商会会长）

9. 傅万胜瓷器（大众路东侧，傅万胜，瓷器）

10. 天祥文具店

11. 叶佛生（大众路西侧，瓷器）

12. 信丰泰

13. 泰昌绸缎布庄

河西街东，郑小亭，绸缎布庄，徽商，来往信封上落款龙游东市街；郑小亭，过年牌九打得很好。

14. 义泰兴棉布店

河西街西，棉布店，徽商。汪环洲（字，业诗）随父来龙游经商，后创办义泰兴。汪环洲为汪诚一父亲。

15. 三友（南货）

16. 程大源熙记号

十字街，布店，其主人年轻时为龙游商会会长，广告地址为十字街。

17. 城隍殿（龙游游艺会）

戏院，五四新文化运动后，城隍殿改名中山纪念厅，南端修建戏台，后宫四进改建成县城毓英初等小学堂。

18. 陈绍兰糖果店

（三）大众路（旧称濠沿街）东侧，自太平路由南至北

1. 老胡子医院（第二家，医院，郑氏）

2. 灯笼店（现邮电局位置，曹氏，绍兴人）

3. 老凤翔金店（金店）

4. 源濠银楼（布店）

5. 打铁店（铁店）

6. 理发店（理发）

7. 徽州会馆（会馆，新安会馆，龙游剧院处）

8. 龙游县商会

会馆，设在新安会馆内。龙游县于宣统元年组建龙游县商会，次年

核准，时称龙游县商务公会，会员 100 余人，总董叶世恒。民国初改称龙游县商会，会长胡光炎。

9. 吉安客栈（旅馆，1956 年改为国营旅馆一部）

10. 云杏堂（汪容伯，药店，1930 年汪容伯迁至大众路徽州会馆边）

11. 胡记豆腐干

刘荣富，豆腐，上世纪四十年代，县城西门"刘麻子"和"豆腐胡"创立，以豆腐干内裹开洋，经多道工艺制作，有"素火腿"之称。

12. 江西会馆（会馆）

13. 西山义塾

学校，民国二十六年（1937 年）创办，后停办，1915 年拨江西府同乡会部分基金重建，改称西山小学校。1936 年因资金短缺停办。1941 年重建后为私立豫章初等小学校。

14. 钱荣禄棉线厂（棉线）

（四）大众路西侧，自太平路由南至北

1. 天一堂（药店）

2. 保和典当（典当，1923 年 8 月 21 失火焚毁停业）

3. 同丰南货（南货）

4. 民强书店（书店）

5. 明德堂（药店）

（五）清廉路（石板街）东

1. 游鼎隆（游鼎隆，猪肉铺、豆制品店，光绪十四年四月列入育婴堂供货商号）

2. 棉花店（丝线，老板娘被称"棉花西施"）

3. 童亿泰服装店（江西上饶人）

（六）清廉路（石板街）西

1. 张氏水果店（张永富姐）

2. 畅乐园（菜馆，张氏开）

3. 仁山医院（清廉路与县前街交叉口）

（七）河西街

1. 四美轩照相馆

余祥铺，照相馆，光绪三十年（1904 年），河西街祝家巷内四美轩照相馆开业，为衢州第一家照相馆，主人余祥镛。

2. 茶店（方锡荣父开）

3. 和平戏院

（八）胜利路

1. 公和旅馆

胜利路 45 号（大南门路），旅馆，民国时期，1956 年改为国营旅馆三部。

2. 大达旅馆

旅馆，民国时期，1956 年改为国营旅馆二部。

（九）县学街

1. 龙江旅馆

县学街 19 号，严宝坤，旅馆，民国时期，1956 年改为国营旅馆四部。

2. 城厢电气股份有限公司

严宝坤，火力发电厂。1925 年 6 月，县城工商界人士集资 7000 元，在县学街创办城厢电气股份有限公司，配德国产 15 千伏安交流发电机、瑞典产 30 匹马力木炭机各 1 台，发电供电城内照明。1936 年 5 月，朱乐村兄弟经营，易名乐记电气公司。

（十）桥东

1. 胡同和油车

桥下菜地巷，胡景镐，油车，前身胡义和油车，清光绪元年（1875 年）武举人胡景镐创办，后转与桥下范家帮拥江山籍族弟胡景亮、胡景芬兄弟，1912 年迁油车于东华街，改名胡同和。

2. 纪仁昌（米行）

3. 谢裕新

4. 胡合和（杂货）

5. 张德丰

6. 胡玉魁

7. 吴隆盛

8. 雷樟登

9. 黄吉祥

10. 冯炳荣

11. 李招宝

12. 姜攀高

13. 胡景渤

14. 合记

15. 徐李高

16. 胡景修

17. 五丰酱园

桥东东华街，酱坊。1953年转地方国营，生产黄酒、白酒。

（十一）驿前

1. 同茂

2. 张豫盛过塘行

张芬，过塘行，辟有专门的"背板埠头"，有水面200余亩供停放木筏，有专业装卸组织"金板会"、运输组织"永清会"，拥有土地2000余亩，店面数十间。

3. 程万瑞（杂货、洋药）

4. 正大

5. 张瑞丰（杂货、洋药）

6. 江洪兴

7. 仇恒丰

8. 方恒兴

9. 益达林

10. 张鼎盛（张芬，木行，张芬曾任龙游商会会长）

11. 万兴木行

12. 巨川木行

13. 潘万源木行

14. 同泰丰木行

15. 徐景福木行

16. 茂泰木行

附件五：其他在城商号（未确定具体地址），宣统二年（165家）

祥泰栈（旅馆）、朱圣丰（山货）、汪福泰（米、纸、桐油）、王正丰（米、

山货、酱园、小辣椒）、天吉楼、达昌泰（纸业）、成泰兴、天和楼、秦
万顺、同盛（纸业）、王正大（米行）、同新（山货）、何鼎新（蜡油）、
源兴（山货，洋药）、葆寿堂、允吉楼、叶振大（纸业，印色油，笔墨）、
叶复隆、王启泰、楼福泰（钱庄）、源丰栈（旅馆）、协和、信源楼、泰
山堂、泰和、邱公栈纸号（纸行）、祥源、广泰、仁和楼、黄坤泰（杂货，
洋药）、得泰兴、程义诚、谢裕新（米行）、元亨、王祥源、荣盛、正和
楼、永生堂、裕源（杂货，洋药）、永昌、晋丰（钱庄）、周顺泰（纸业）、
詹源顺、祝三合、劳德昌、陈荣泰、丰圣豫、严瑞通、瑞源、严福隆、
德昌、傅聚顺、万义兴、汤日新、天保楼、松盛坊、陈荣昌、周日兴、
复泰、福记（程福记，桐油）、朱同顺、万丰、仁兴、聂永盛、茂昌、
沈上茂、关源顺、万隆兴、春茂、泰来、咸有恒、饶诚润、方隆泰、大
兴楼、吴仁昌、林合利、邱茂盛、章万泰、吴本立、程荣大、范同兴、
陈金位、夏义和、义丰、陆明昌、范永兴、聚丰园、严万享、文宝斋、
义泰鞋店（鞋店）、文魁斋、吴春泰、裕昌馆（面馆）、胡裕昌、刘万和、
邵源昌、龙义泰、陈万兴（杂货，洋药）、和盛（刘和盛）、聚茂春（蔡
聚茂，粮油）、泰万顺、陈裕盛、吴桑懋、陈裕昌、寿长兴、陈履升、
吴福兴、同兴馆、万隆（鲍万隆）、俞鼎发、诚顺鑫（饶诚顺，精油商号）、
永兴、聂天和、源盛、杨源茂、义泰豆腐店（豆腐）、黄春泰、吕永和、
叶松茂、春泰、姜隆盛（杂货，洋药）、唐泰源、合裕隆、金一昌、吴
福昌、合成、王履坦、陆成泰、雷茂兴、永润和、顺兴、张兆喜、丰泰
（山货，米行）、徐生大（米行）、严复隆、郑源顺（米行）、圣昌（山货）、
广泰懋、太和、永生春、张恒源（山货）、隆茂（山货）、嘉禾（米袋）、
朱圣昌、严荣记、黄吉昌、协和尧、庆丰乾、万昌、庞安邦、福隆织袜
厂（1927年开设）、益信织袜厂（1928年开设）、同泰馆（面馆）、岑山
饭店、张丰茂（面馆）、大华（旅馆，民国时期）、惠宾（旅馆，民国时
期）、仪真照相馆（民国时期）、万象照相馆（民国时期）、协记酱园（酱坊，
民国时期）、叶泰丰（禽蛋批发，民国时，叶泰丰等三家商行经销禽蛋，
大多运上海洋行出售）、徐祥泰（禽蛋、白炭批发，民国时，徐祥泰等
三家商行经销禽蛋，大多运上海洋行出售。现存印有"龙游徐祥泰蛋庄
白炭批发"墨戳银元一枚）、协泰（禽蛋批发，民国时，协泰等三家商
行经销禽蛋，大多运上海洋行出售）、民生印刷所（印刷，印刷业始于

民国初年，贫民习艺所分设印刷部，1929 年有民声印刷所，1949 年新民、民星、春记三家）。

附件六：茶圩及各乡店铺商号，宣统二年（93 家）

（一）北乡茶圩

恒兴（宋恒兴，官盐兼米业）、宏茂（钟宏茂）、合顺（来静川，合资经营，米业）、汪怡泰、汪益乐（米行，清末汪益乐以三四千元资金在茶圩开设汪怡泰米行，收购大米装船出运，大多在萧山的临浦镇上岸，转运苏杭等地。1927 年龙游商会改组，汪益乐担任主席）、合盛（酱坊）、泰昌、荣盛、仁和堂（药店）、树德堂、徐长泰、阙裕隆、恭美、裕茂昌、黄元泰、钱永泰、信昌烛号、黄新盛、天瑞堂、聚大、徐昌利、雷兴万、冯正顺、姜兴隆、王乾康、白义兴、徐长兴、范恒盛、官日升、森春堂、永利、聶万成、罗万兴、意发兆记、裕恒昌、云杏堂（药店，1908 年，汪容伯在茶圩村创立，1930 年迁至大众路徽州会馆边）、茶圩哺坊（哺坊）、茶圩铁炉（铁炉）。

（二）北乡凤基坤

同聚源、范达源（粮油）、周阿高、郑凤梧

（三）北乡蛮王殿

同裕山货、顺兴隆

（四）北乡荷朵桥

协昌

（五）北乡乌墈

林万成

（六）北乡钱家

王恒兴

（七）北乡三门源

会隆号（杂货，民国初，门楣上商号依存）

（八）东乡湖镇

光裕（纸业）、谦益、森记、允成、大顺（米行）、张福顺（杂货、洋药）、宋元兴、仁和、隆盛、甡记（纸商）、隆记（米行）、林甡记（纸业）、郭振泰酱坊（酱坊，规模较大）。

（九）东乡茆头

范聚源（纸业）

（十）东乡七都

李豫诚（米行）、徐生大、曾益丰、蔡福兴、郑听记、张松茂（杂货、洋药）、郭恒记

（十一）南乡灵山

汪怡丰（米行）、吴长盛（杂货、洋药）、黄裕茂、洪森记、傅荣顺、鼎丰、沈茂盛（酿酒）、黄益茂、邱立生、黄隆盛、华大昌、苏万盛（酿酒）、吴元泰

（十二）西乡詹家

汪德泰（杂货、米、洋药）

（十三）西乡团石汪

汪隆茂、祥泰、嘉禾、万丰

（十四）西乡马叶

汪泰森（杂货、洋药）、大来（张大来，酒坊）、洪德兴（杂货、洋药）、鼎茂（米行）、汪隆茂

阜宁巷，游鼎隆

龙游城内，阜宁巷是一条不知名的小巷。明隆庆三年（1569年）夏，龙游新城完工后，城市的街巷机理逐步清晰。万历壬子《龙游县志》记载，当时全城共有大街、县前石板街、河西街和桥下街等四条主街，一个十字街，二十九条巷，其中有县南巷（"文化大革命"期间，由石板街水闸头起，南北走向改名为兴无巷，东西走向改名为朝阳巷），但无阜宁巷。阜宁巷与朝阳巷所在的大部分区域属于阜宁坊，但究竟何时才始有"阜宁"之名，我们无从得知。"阜"有"物资多，物阜民丰"之意，或许先人们称呼阜宁巷时，有安居乐业之期。

阜宁巷南北走向，始于大街，中与朝阳巷垂直，终于小南门。城南居民到灵山江取水、洗涤等，小南门是必经之路。自古以来，灵山江上，船来舶往，灵山江就是重要的水路运输线，沿江近百里地带的南屏纸、竹制家具、手工艺品以及毛竹、木材等都由此源源外运。至20世纪30年代，东门船埠逐渐兴起，这是灵山江环城最大的商业码头，码头从小南门一直延伸至小东门。

于是，阜宁巷成了南门码头的人货通道，人来人往、熙熙攘攘并不亚于河西街，商贾巨擘也纷纷在阜宁巷购置房产。从民国三十年（1941年）绘制的龙游城布防图可知，阜宁巷自北而南，西侧依次为张德荣、余岫云、余##、游紫坭和余姜氏四户大宅。因西侧沿街有"程泰"糕饼店，人们也称阜宁巷为程泰弄堂。阜宁巷东侧宅的规模要相对小一些，依次为曹□□堂、余樟□家祠、李明璋宅、劳柄林宅、周志□宅、阜宁□□、汪周氏宅、姜德荣宅、余东祥宅和曹氏家祠等。阜宁巷的大部分旧宅至今仍保持着原貌，有的民宅还保留着商铺式排门结构，依稀可见以前商贸交流的痕迹。

其中，张德荣为张同和绸布庄主人，此宅为其另一处房产，现已不存。余岫云即清初乡贤余恂，清徐复在《余岫云太史霁阁四首》中吟道："果自南归日，城东结小楼。有山如在屋，无树不含秋。雁影冲寒度，云光傍槛浮。一编常自把，欹枕听溪流。"这句"有山如在屋"似乎与"阜"字的土山之意相符，也许此处曾是一高地。当然，余岫云的大水楼早在清晚期已毁，此宅可能是后人为纪念余太史而在遗址上所建的祀堂。那么还有一户游紫坭又是何许人物？

问及世居龙游的老人，他们对"游鼎隆"均有所耳闻。"游鼎隆"是游氏家族经营的商号，游紫坭是其家族成员之一，但此游姓并非源于县西九都前游村，而是来自江西省清江县（现樟树市）游家村。

咸同之乱后，龙游城满目疮痍，百业待兴，商帮故里吸引了大量外来人口迁居龙游经商兴业，其中就有游紫坭的祖上。可惜，如今已没人记得游氏始迁祖的名号。

游氏始迁祖先在龙游石佛乡创办瓷器店，主要经营景德镇瓷器，这或许与其来自江西有关。后来，游氏先人又在十字街头滋福堂对面的转角处购置了两间店面，创办"游鼎隆"商号，东北面紧依"广和"商号。"游鼎隆"经营主要业务是猪肉和豆制品两大类。据民国《龙游县志》"绅士请由山货店铺经抽育婴堂捐公禀"记载，光绪十四年（1888年）四月，龙游城为育婴堂供货捐款的各店铺商号中就有"游鼎隆"等三十五家。那么，可以证实，"游鼎隆"商号至少在光绪初就已创办。民国时期，因十字街改造，游氏的店面让出了较多位置。"游鼎隆"虽缩小了经营场地，生意却依旧十分兴隆。

经营上的成功，有了些积累的游氏先人便在阜宁巷购置了这栋大宅，可见这栋旧宅至少建于咸同之乱前。老宅坐北朝南，总占地面积约千余平米，原有楼屋四间，平屋十八间，猪栏屋三座。十字街店面用以销售，老宅猪栏屋用以养猪，而豆制品剩下的豆腐渣作为饲料，可见游氏家族经商之精明。楼屋是一座近乎正方的对合走马楼，两进六开间二楼的格局，虽然少有装饰、朴实无华，也足见主人的家族壮大、人丁兴旺。老宅的一楼由游氏家人居住，二楼则提供给商号的伙计使用。大门则开在建筑第一进左山墙，面东而临阜宁巷，精美的石库门，小巧的砖雕门罩。从雅致的"琴棋书画"雕刻上隐现出的是主人崇尚教育的尚文思想，泛青而略显沧桑的茶园石，承载的却是岁月的记忆。如果说"游鼎隆"商号是游氏家族的谋生之地，那么，老宅就是他们的安身之所。

老宅早已没了原有的辉煌，它也像那个多灾多难的时代，历经坎坷。抗战时期，老宅的部分建筑曾被典当给邻居余和福，老宅也被日寇侵占过，墙壁上曾贴满日寇的印刷体标语，鬼子撤离后，两扇门板也不见了。大办钢铁时，老宅内还办过食堂；"文化大革命"时，朝阳小学又在此设过一个班，朝阳小学原址在原巷内幼儿园位置，1972年随朝阳小学一同撤销。

别看"游鼎隆"这小小的猪肉摊和豆腐店，小行业也有大作为。由于"游鼎隆"商号名声在外，吸引了许多江西同乡来龙经营猪肉摊。有些"游鼎隆"的伙计学成之后也纷纷自立门户，如"杨永隆"号、"蓝万兴"号等。游紫坭排行老大，抗战结束前，他还担任过江西会馆会长。每到正月，来阜宁巷拜年的同乡更是络绎不绝。而地处文化东路原北门小学处的江西会馆，游绍焜老人还记得，他是1942年就读于江西会馆的豫章小学，学费全免，当时校长是黄埔军校毕业的傅尔梅。

据游绍焜介绍，当时伯公游紫坭主持江西会馆的日常工作，"游鼎隆"商号的具体经营则交由祖父游紫封（排行老二）负责，而实际当家的是祖母姜漂连。

当然，以义取利，乐善好施，这是龙游商帮一以贯之的品格。正如有位朋友收藏过一支"游鼎隆"商号的大秤杆，秤杆上镶嵌有"周永昌造""邵湧南"（判断是制秤工匠）及"游瑞清"的名字，在秤杆上用银嵌其星，颜色是白色，暗喻做生意要心地纯洁，不能昧良心（黑心）。

在宣统二年的《平政浮桥征信录》中记载，宣统元年分，收"游鼎隆"每日捐钱二文，共收七百八十文；宣统二年分，收"游鼎隆"每日捐钱二文，共收一百八十文。在东门百子桥的功德碑上，留有"游鼎隆"之名。在龙游县堰工总局发放的晚清时姜席堰执照上，其中就有游鼎隆的缴费征信。

执　照

地字第壹仟伍百贰□号

龙游县堰工总局，为制给收照事今据十一都一图业户游鼎隆承荫田
叁石缴到姜席堰修理经费钱〇千叁佰〇拾〇文正，除俟工竣将收付各数
彙总禀。县报销存案并刊示徵信录外合给收照是实。光绪二十六年叁月
廿七日，堰工总局给

　　游鼎隆扯上世界灌溉工程遗产姜席堰，这与姜席堰的管理制度有关。
姜席堰在长期的运行实践中，形成了一套行之有效的"官督民办"的管
理体系。在组织机构上设有堰董会、堰工局等。此执照上的堰工局即为
常设机构，行使监督管理职能，提出维修方案，负责经费筹集及使用，
重大事项向县衙呈报。在经费筹集上，自明代始，姜席堰就实行"承荫
田捐钱制度"。明钱仕《重修姜村席村二堰记》记载："退而筹度事宜，
区处财用，经营区役。富者输财，贫者效力，逾所而大功告成。"清光
绪高英《兴修姜席二堰谕并条款》更是明确了标准："至于经费，现在
本县核实估计，按照卢（灿）前县旧章，内承荫各田按亩捐钱一百六十
文。""仍俟工竣，由承办之绅将修堰工程出入细账，刊刻征信录，分送
捐钱农户，以昭核实。"

　　原来，游鼎隆的缴费征信执照因此而刊。而在时间上，此执照为光
绪二十六年（1900年）三月，已是知县杨葆光任上。

　　可以说，晚清时姜席堰日常的管理，游鼎隆等商号也是尽过心的。
从迁居龙游始，至中华人民共和国成立初期，游鼎隆的经营者坚守着"义
利并取、乐善好施"的品格。他们拥有巨额财富时，往往将财富用之于
社会，服务于社会、造福于民众。同时，义和善可以传颂，也是一种商
业品牌，能使其获得良好的市场信誉，这正是游鼎隆的成功之道。并且，
游氏家族与余越园交好，游鼎隆商号名即为余先生所题；1945年游紫封
去世，其墓碑为余先生亲书。而其次子游章辉少时还做过余的书童，直
到先生去世后才返回龙游。

　　中华人民共和国成立后，因为游鼎隆的屠宰行业属工商业，豆制品
行业属手工业，1956年公私合营后，游瑞菁被安排到水作社上班，游

氏家族竟没有受到大的冲击，甚至阜宁巷老宅也归游氏后人所有。正所谓，执刀而立求生计，证悟生慧修善果。

我忽然开始怀念旧时的好了，可以倚窗等雨来，等叶落，等雪飘，等花开，日子过得很慢。往事随风，小巷依存。落暮时分，是那盏清冷的路灯引着我走进了阜宁巷。自本地居民搬离后，阜宁巷显得更加落寞，老宅前的枯草摭掩了台阶，屋内黑咕隆咚，我是不敢坐到门槛上，万一主人探出头来问今朝的肉价是多少，我真回答不了。可是，心里又期待，若哪家待字闺中的小姐从阁楼上抛下一个红绣球，刚好砸中了我，我又该如何是好？

徽商与龙游徽戏的引进

　　龙游地处钱塘江上游，金衢盆地腹心。境内水系发达，灵山港是龙游人的母亲河，衢江自西往东横贯中部，流程二十八公里，最终通过钱塘江直达杭州，与大运河相接。沿江两岸，舟船穿梭，码头众多，马叶、团石、茶圩、驿前、张家埠、湖镇，形成衢江水路交通要道。明代中叶，龙游人面对日益发展的商业经济，为世风所染，从商人数剧增，龙游商帮进入了鼎盛时期，"遍地龙游"之谚，世人皆知。龙游商帮的名声吸引了邻省、邻府、邻县的人们向龙游迁徙。

　　龙游为东南孔道之咽喉，历来是兵家必争之地，历经宋方腊起义、各朝代更替、耿精忠之乱和咸同兵燹等多次战乱，家园被毁、生灵涂炭。战后重建，引来了大量外来人口的迁入。

　　在外来人口中，安徽人占有很高的比例。如姚西塘姚氏，先祖于宋淳祐年间由徽州迁来。韦塘朱氏，先祖于宋大中祥符四年（1011年）由池州青阳县迁居盈川，景祐四年（1037年）再由盈川迁居韦塘。志棠、虎墓岭席氏，先祖世居安徽桐城淡竹村，宋末席汝钰，始迁居志棠，席氏夙以武艺世其家。后天坞吴氏，由歙县迁来。龙门桥李氏，汉李膺八世孙机荣，官居徽州，子孙遂为婺源人，后迁龙门桥。石峰胡氏，先祖是婺源石枧人，元大德六年（1302年）迁来。下平山胡氏，清雍正九年（1731年），由绩溪迁来。大路顶童氏，由婺源迁来。上塘施氏，由徽州迁来。寺湖、姜尚山下、大公殿朱氏，由婺源迁来。梧村戴氏，明初由安徽龙武迁来。金龙戴氏，由休宁迁来，等等。龙游姓氏源于安徽者，数不胜数。

外来人口的大量迁入，促进了龙游经济的发展，也促进了各种文化的交流与融合。如南宋经商的突出代表朱世荣，便是安徽池州青阳人的后裔，据《韦塘朱氏谱》记载："朱世荣，字元灏，号烟波。年二十，好博，其父逐之，流寓常州致巨富，置产亘常州三县之半。后归里，复大置产。当时，以为财雄衢、常二郡云。"

明代中叶，徽商崛起于黄山白岳之间，其中有一部分商贾沿水路或陆路来到龙游，从经营生漆、药材和文房四宝开始，到发展经营盐业、造纸业和典当行等大宗商品，并逐渐在龙游生根开花，与一大批本土龙游人和商业阶级组成一支名享海外的龙游商帮。

湖镇汪文俊为歙县人，明崇祯十四年（1641年），经营盐务始居龙回陈村，后来其子时明、明顺迁至湖镇定居。

积庆堂叶氏，乾隆二十年（1755年），始迁祖叶光日，原歙县人，行商至西安峡口，偶游县北叶村，就定居下来。

迁徙龙游的安徽后人不仅将家安居在龙游，也将善于经商的基因植入龙游。

在商业往来中，徽商在龙游占有极为重要的地位。地处大众路的原徽州会馆（亦称新安会馆）是龙游城内最堂皇的会馆。晚清时，龙游县商会也设在新安会馆内，这标志着徽商在龙游经商的成功。

历史上，比较突出的徽商代表人物程廷柱，于康雍年间（1662—1735年）率三个弟弟在浙经商，后成为金、衢二府的富豪。程廷柱（1710—1781年），字殿臣，号瑞斋，国学生，"自幼豁达，卓有立志，厚重少文锦"，先在玉山经商。二弟廷柏经营兰溪油业；三弟廷梓坐守杭州，分销售货；四弟廷恒往来于江汉经商；廷柱总理商务。而后他们又"创立龙游典业、田庄，金华、兰溪两处盐务，游埠店业，吾乡丰口盐业，先绪恢弥广焉"。

凌仲礼，歙县丰南人，号梅川，"少随父游至龙游"，"名大噪江湖间"。
[摘自清乾隆二十四年（1759年）凌应秋纂的《沙溪集略》手抄本]

到了晚清，龙游城内比较知名的商号也大多为徽商，如早年任龙游商会会长的程大源熙记号的主人，1927年任龙游县商会会长的"怡泰米行"的汪益乐，"姜益大"的创始人姜德明及胡跃文，"广和"的叶小山，"云杏堂"药号的汪容伯，"龙游施医所"的江梓园等都来自安徽。

民国时期，"义泰兴棉布店"的创办人汪環洲来自歙县江村環村，先随父来龙经商，后其子汪诚一少时也寓龙就读小学。还有苏军驻外蒙库伦少将司令员胡成材，绩溪荆州下胡家人，其父胡能松在龙游城开设餐馆两家，胡成材少时也在龙游读书。

在南乡，比较有代表性的是溪口镇下徐村的徽商，以生产经营土纸、屏纸、花尖为主。下徐村的纸业源于清光绪初年徽州府歙县叶姓人，其中较有名的商号有叶振大号、叶振兴号和叶泰兴号等。

庞大的徽商群体在龙游扎根之后需要文化来维系，徽商在激烈的商业竞争中需要文化，成功之后更需要文化来保持和发展已有的财富，而徽戏正是这种文化活动的重要载体之一。有些实力雄厚的徽商，还蓄养优伶、组织家班蔚然成风。在许多徽商眼里，戏剧可以作为炫耀自己，"竞尚奢丽"的资本，以提高自己的地位，获得精神上的满足。他们以徽州会馆或迁徙地宗祠为集聚点，在会馆或宗祠内修缮大型戏台，如志棠席氏宗祠内仍保存着活动式古戏台，每逢神诞或团拜，都要邀徽班演戏，供徽商与合作伙伴们团聚交流，又扩大了徽戏的影响。徽商把戏剧作为一种公关活动和交流手段，客观上也促进了徽戏艺术的发展。

而徽商真正喜爱戏剧更出于内在情感的需要。世人常用"徽骆驼"和"绩溪牛"来形容走出家乡四处经商的徽商，一方面说明了徽商创业的艰辛，另一方面指的是徽商具有忍辱负重、坚忍不拔的精神。"前世不修，生在徽州；十三四岁，往外一丢。"徽州人自己却把因生活所迫，早年外出经商，看作是被家乡与亲人的"丢"弃。长年在外，浪迹天涯，远离故土，远离亲人。心境的寂寞，生活的孤独，竞争的残酷，使他们内心感到十分空虚和疲惫，怀乡之情和心灵豁缺之需填补便可想而知。徽戏成了徽商思乡的最好精神食粮。

徽戏从安徽传入金衢地区，大致与徽商的迁徙路线是一致的。龙游乡间有俗语："水路即是商路，商路即是戏路。"《中国婺剧音乐》（徽戏）认为，在起初段时期，其路线不外乎三条：一条是从徽州（今歙县）沿新安江顺流进入严州府的淳安、遂安、建德、寿昌、桐庐等县，然后，沿富春江逆流而上，进入金华、衢州各县；另一条是由婺源白沙关翻越山岭，从陆路进入常山、开化，经常山港水路到衢州、金华；还有一条是安庆徽班沿长江而下，经南京、扬州，沿大运河经苏州进入杭州，然后，从钱塘江逆流而上，到兰溪、金华、衢州。当然，也有可能部分徽班是到达杭州后，先进入绍兴，然后进入浦江、东阳、义乌等县；或从江西玉山进入江山、衢州，再到金华。应该说，徽戏传入金衢地区还是以水路为主。[1]

另据老艺人回忆说，龙游（巨州）徽班主要是从婺源（原属安徽徽州府）传入的。1950年的华东戏曲改革会议上，龙游籍老艺人周越先等人要将高腔、昆曲、徽调、滩簧、时调六种剧种合并统一取名时，曾提出徽调起源于婺源，而金华古时又称婺州，所以统一取名叫"婺剧"，也进一步佐证了龙游徽戏是从安徽婺源（今属江西省上饶）传入的。

婺源徽班与徽州徽班虽然唱调相同，仍各有特色，一般说，徽州徽班规模较大、水平较高，每班有四五十人，行头整齐而华丽，盔头、把子名目繁多；而婺源徽班，则规模较小，水平较低，一般戏班仅二十七八人，行头也不及徽州徽班丰富华丽，故从不参与"斗台"。

婺源徽班进入龙游的时间约在清康熙年间。歙县人汪文俊有一姑表兄弟叫陈尔德，是徽州府婺源陈氏徽班班主。清康熙五年（1667年），经在湖镇经商二十五年的汪文俊的引荐和资助下，陈尔德率徽班首次来龙游演出，并逐步站稳脚跟，同时打开了遂昌、松阳、建德、兰溪等县"戏路"。

陈尔德在戏班成立时制作雌雄"戏签"各一支，用于联系"戏路"。雄签上刻有似龙非龙的图案，雌签上则刻有似凤非凤的图案。"戏签"上方刻有一个比较大的"戏"字，右下方竖刻"婺源陈氏徽戏"，左下方竖刻"大清康熙壬寅"。由此推测，陈氏徽班应成立于清康熙元年（1662年）。据汪文俊后人回忆，陈氏徽班成立五周年时，在拜先祖唐明王仪式时，陈尔德曾将银质的雌签赠给先祖汪文俊，一方面感谢其引荐"戏路"到龙游，另一方面拜托其在经商之机继续帮助开拓"戏路"。由此说明，婺源陈氏徽班来龙游的时间应该是清康熙五年。此戏签为银质，形同戒尺，一直由汪家后人保存至"文化大革命"初期，汪家被造反派抄家后遗失。据湖镇老人回忆，金华专署文化局有王姓造反派在批斗台上亮过此戏签，作为狠批"封资修"的证据，后此戏签下落不明。

徽戏由婺源传入龙游，还有一条重要的陆路。宋室南迁后，建都杭州，

---

[1] 金华市艺术研究所：《中国婺剧音乐》（徽戏上），中国戏剧出版社2008年版，第49页。

为了方便同长江沿岸抗金前线的联系，官府修建了东起京城杭州，西接赣湘的官道。婺源徽班由婺源白沙关翻越山岭，从陆路进入开化、常山，再到衢州，穿过衢江区峡川镇进入龙游境内，又经真武山下、汤溪桥、西垣、乌石山脚，出梅岭关入寿昌。

通过全县古戏台调查也可以印证这一点，官道附近的横山志棠，遗存的古代宗祠建筑最多，古戏台的分布也最为密集，如志棠村就有三个古戏台，《东陵侯》厅戏台后的左厢房横梁上，留有不少演戏题记。原厢房为二层，上层是优伶宿处，演出之余，笔墨书之。东厢房壁上尚有"乾隆三十五年二月，集秀班在此六叙，沈德文、童德华二人""嘉庆四年二月初，金邑三秀班到此一叙，好乐也。永砥题。""杭城忠清里水陆寺巷口在此一叙。"

同村的雍睦堂也留有不少戏班遗迹，其中"东邑大鸿禧班民国廿五年五月初二开始""夜演　全本梅龙镇、白水滩、白云洞""日演　崔子杀妻、八虎下幽州连二""夜演　落马湖连二、全本玉石篮""日演　全本大战金沙滩、全本景阳冈""夜演　红梅阁、第壹本天宝图""日演清河桥、大破牛头山""夜演　三雅园、全本吞蛇记"。从题记可知，东阳县的鸿禧班（二合半班）在雍睦堂戏台演了三天四夜的戏。其中《崔子杀妻》《八虎下幽州》《景阳冈》《大破牛头山》等都是徽戏。

徽戏引入龙游前，境内主要是本土的高腔班和昆腔班在活动，徽戏引入后，立即引起轰动。徽班演出时，头夜必奏精彩的《花头台》，必演《七擒》《采莲》等场面宏大的戏，以便亮出演员阵容和行头，极有气势。特别是流畅柔和的徽调西皮和二黄，引起龙游人的共鸣，符合龙游人灵巧机智、争强好胜、热情好客、急公好义的性格。

徽戏传入龙游后，很快融合了龙游本土文化，形成了具有鲜明地方特色的龙游徽戏表现形式。

龙游徽戏与徽商始终保持着千丝万缕的联系。徽商强大的经济实力，为龙游徽戏的发展提供了必要的物质基础，徽商的审美情趣、道德情感直接影响着徽戏的思想内容和艺术风格，徽戏的诸腔杂奏、不断演变的特点，体现了徽商兼收并蓄、开放创新的风格；徽戏追求的排场豪华、武艺高超等舞台表演艺术，也是徽商的精神需求、审美选择的结果。而龙游本土文化又为徽戏的发展注入了新元素。

图书在版编目(CIP)数据

古城印记 / 方小康著 . —杭州：浙江工商大学出版社，2020.12

（龙游文库 . 2019）

ISBN 978-7-5178-4212-5

Ⅰ．①龙… Ⅱ．①方… Ⅲ．①文化史—龙游县 Ⅳ．①K295.54

中国版本图书馆 CIP 数据核字（2020）第 258961 号

古城印记
GUCHENGYINJI

方小康 著

责任编辑 沈明珠

封面设计 天　昊

责任印制 包建辉

出版发行 浙江工商大学出版社

（杭州市教工路 198 号　邮政编码 310012）

（E-mail:zjgsupress@163.com）

（网址:http://www.zjgsupress.com）

电话:0571-88904980,88831806(传真)

排　版 杭州天昊文化艺术有限公司

印　刷 浙江千叶印刷有限公司

开　本 710mm×1000mm　1/16

印　张 128

字　数 1860 千

版 印 次 2020 年 12 月第 1 版　2020 年 12 月第 1 次印刷

书　号 ISBN 978-7-5178-4212-5

定　价 298.00 元（全九册）